2. Auflage

Ungekürzte Fassung

Umschlag, Design & Layout: Aki Shiroiyama
Korrektur: languagetool.org
Buchversion 1.5

ISBN: 979-8-368-36407-0

33 : 3
DREIUNDDREISSIG DREI
KURZGESCHICHTEN

Für Thi Thuy Nguyen

 Prolog

Ein schwarzer und stummer Raum inmitten eines undurchdringbaren Geflechts von unendlichen Dimensionen, welcher in seiner Einsamkeit darum bittet, gefüllt zu werden, eine Bestimmung zu erhalten. Leblos reflektieren die glänzenden Fernsehbildschirme die übermächtige Leere, als direkter Spiegel der Wirklichkeit, welche sich abrupt verändert, als ein anfängliches elektrisches Summen in ein chaotisches weißes Rauschen übergeht und nacheinander die Fernseher die Umgebung erhellen, so weit, dass ein leerer rustikaler Ledersessel offenbart wird, gehüllt in das künstlich weiß-blaue Licht der flimmernden Geräte.

Dies soll also der Ort sein, welcher für die nächsten Jahrtausende das Zuhause zweier Geschöpfe wird, einem Mann und einem schwarzen Dunst –

Licht und Schatten. Materialisiert schleicht jene konturlose Gestalt auf vier Beinen über das betagte Parkett und nähert sich irritiert der Sitzmöglichkeit, als flüsterte eine animalische Kausalität, dass dies die einzig zufriedenstellende Handlung sei.

„Miau.", dreht sie neugierig ihren Kopf zur Seite, nach einer Erkenntnis suchend, die ihr auf der Reise zu diesem Raum verloren gegangen ist.

Weshalb ist sie hier?

Aus dem Nichts materialisiert bildet sich zunächst ein Skelett, welches von Muskeln, Nerven und Blutgefäßen überzogen, kontinuierlich mehr Gestalt annimmt, bis sich das flauschige Tier gewiss sein kann, dass ein Mann darin sitzt, erschöpft nach Atem ringend, gefangen in seiner eigenen körperlichen Reaktion auf externe Stressoren.

Ungläubig sieht er sich um, den intensiven emotionalen Schmerz kontrollierend, welcher aus der Erinnerung hervorgeht, dass er den Kampf verloren hat. Nun ist er hier in diesem Zimmer, fühlt die teils raue Oberfläche seines Throns und verliert sich in den kontinuierlich springenden schwarz-

weißen Punkten auf den Bildschirmen vor ihm, nicht verste-
hend, was all dies zu bedeuten habe.

„Bist Du mein neuer Herr?“, fragt das schwarze Geschöpf, aus dem Nichts auf seinen Schoß springend, um nach
seiner Aufmerksamkeit zu trachten.

„Ich weiß es nicht.“, antwortet er schwach, seine Augen schließend, um das Vergangene zu resümieren.

„Doch wir werden es herausfinden.“, fügt er optimistisch hinzu, darauf wartend, dass die Zukunft Licht in die Dunkelheit bringt, auch wenn er mit jeder weiteren vergangen Sekunde sich einer Tatsache sicherer wird:

Er und sein treuer Begleiter sind nicht grundlos hier.

 Empathie

Morgen

Lichtfäden ziehen sich rhythmisch über den grauen Beton der verdreckten Straßen dieser Stadt ohne Namen. Vereinzelnd gebrochen durch gesichtslose Schattensilhouetten, jammernd und kriechend über das monotone Leben, verdeckt durch banale, freudvolle, jedoch kaum logisch nachvollziehbare Momente, welche das austauschbare Leben eines jeden Individuums legitimieren sollen. Ein jenseits des natürlichen Ursprungs gezüchteter Hund hinterlässt seine Notdurft, gefolgt von den innerlich zerrissenen Gedanken des Herrchens, welches keine Anstalten macht, eben jenes Symbol des Lebendigen zu beseitigen, bis es als stinkende Masse an einer Schuhsohle in das Leben eines anderen getragen wird.

Diese Reizüberflutung als kontinuierlicher Stressor schlägt ungemein aufs Gemüt und wird sporadisch in verbale Feindseligkeiten entladen, in zumeist falschen Momenten. Ein Radfahrer ist bemüht, gedanklich den unter Zeitnot geratenen Kraftfahrzeugführer aus dem Auto zu zerren, um seinen Unmut verbal zu demonstrieren, ihn und somit seine Wertigkeit übersehen zu haben. Unverblümt hallen die kraftvoll vulgären Worte durch den Lärm aus Motorengeräuschen, AirPod-Monologen und überladener elektrischer Musik, doch ungehört werden sie aufgrund des Gewöhnungseffektes bestenfalls zur Kenntnis genommen. Nicht ein anderer Passant dreht sich interessiert zu diesem Konflikt

– zu uninteressant – Wichtigeres wartet in den sozialen Medien auf den Einzelnen.

Schnell swipen die Finger nach rechts. In Bruchteilen einer Sekunde entscheidet eine aufgedonnerte Frau über ihr Schicksal, den Urheber des mühevoll errichteten

Datingprofils in ihr Leben zu lassen. Niemand scheint ihre überhöhten Erwartungen erfüllen zu können – der Wunsch, als Mensch wahrgenommen zu werden, steht im ersichtlichen Kontrast zum, den männlichen Trieben ansprechenden Profilbild, welches ihre sekundären Geschlechtsmerkmale hervorhebt und kaum Platz für Persönliches bietet. „Notgeiles Arschloch.", zischt sie angewidert und verschwindet in den Abgaswolken der Verbrennungsmotoren unnötig verschwenderischer SUVs an einem Ort, der nicht mit ländlichen Abenteuern einlädt, sondern nichts als planierte Gleichgültigkeit zulässt.

Seufzend wende ich mich von diesem alltäglichen Spektakel ab und fasse mir an mein sich schmerzvoll zusammenziehendes Herz, gefolgt von einem Anflug schwerfälligen Atmens. Erschöpft sackt meine ausgemergelte Hülle auf das unordentliche Bett als Uterus-Ersatz längst vergangener sozialer Fusion. Die gläsernen Augen suchen nach einer temporären Lösung dieses kaum zu ertragenen emotionalen Zustandes und verharren auf über den Boden verstreuten kleinen Pillen, welche unscheinbar und unschuldig zwischen Tabakkrümeln und leeren Getränkedosen darauf warten, Teil meines neuronalen Transmittersystems zu werden, nicht, um Glück oder Freude auszulösen, sondern Abstand zur emotionalen Wahrheit meiner Einsamkeit zu gewinnen.

Der tiefe Schmerz eines inneren Vakuums bleibt, jedoch kann ich ihn aus der Distanz heraus betrachten und so tun, als gehörte er nicht zu mir. Beinahe automatisiert würge ich dieses chemische Gift hinunter und ergebe mich dem eintretenden Placebo-Effekt, welcher mich etwas erleichtert, meinen Atem in die Stille dieses verdunkelten Zimmers tragen lässt. Verwirbelt weichen in der Luft hängende Qualmformationen dem verbrauchten Sauerstoff und glühen in den vereinzelt eintretenden Lichtstrahlen auf – ein physikalisches Spektakel, welches für einen Augenblick mein Interesse weckt und den Wunsch aufkommen lässt, Teil dieses Tanzes zu werden.

Kaum verblasst und zu Boden getragen, stecke ich mir eine Zigarette in den Mund und erleuchte meine innere Dunkelheit mit einer kleinen Flamme exotherm oxidierenden Butans. Knisternd warm frisst sich das Feuer durch die getrockneten und zerstückelten Tabakblätter und gibt das wohltuende Nervengift frei, welches versucht, die endlos stehende Zeit einer Stagnation zeitlich zu unterbrechen. Ich lebe, um einen Pfad eines unendlich lang gedehnten Suizids zu beschreiten, in der Hoffnung, dass meine Billionen Zellen, welche entgegen meines Wunsches, diesem Dahinsiechen zu entfliehen, meine Hülle am Leben halten und irgendwann zu einem menschenähnlichen Konstrukt mutieren.

Metastasierend, zerstörend, unaufhaltsam.

Eine materialisierte schwarze Galle. „Wieder drei Minuten.", flüstere ich erschöpft und belohne die Reste der Zigarette mit einem schnellen Tod durch Erdrücken. Ein letztes aufbäumendes Glühen vor der nun wieder brachial eintretenden Dunkelheit dieses Morgentiefs.

„Guten Morgen, liebe Depression."

Erschöpft sitze ich eingefallen in einem durchgesessenen roten Sessel und spüre die besonders beanspruchten Stellen des abgegriffenen Leders – winzige Fetzen, die nur darauf warten, penibel abgepult zu werden, bis der innere Schaumstoffkern des Möbelstücks zum Vorschein kommt. Mein Blick ist starr. Ziellos hängt er im Nichts der Raumdimensionen fest, gefolgt von einer monotonen Stimme, welche detailliert das Grau meiner Existenz verbalisiert.

Der Versuch, hierdurch die Frage zu beantworten, wie es mir geht, mag angesichts dieses umständlichen Denkens kaum möglich sein, doch wie soll ich etwas beschreiben, was in mir selbst nicht vorherrscht? Wie erkläre ich das Gefühl der Gefühllosigkeit? Etwas, das nicht existent ist, ist nicht definierbar, exakt wie die Division durch null. Und wieso habe ich das Gefühl, mich rechtfertigen zu müssen? Reicht es nicht aus, dass es mir nicht gut geht? Nein, muss ich jenen Gefühlszustand legitimieren, indem ich ihn akribisch visualisiere, nur damit „normale" Menschen einen winzigen Hauch von Empathie entwickeln können? Wie erkläre ich einem von Geburt an blinden Menschen, dass der Himmel zum Abend hin zwischen einem kühlen Blau und einem warmen Orange getaucht, ein Lichtspektakel generiert, das so manchen Menschen Tränen in die Augen treibt?

Egal wie sehr ich mich bemühe, ich scheitere daran und fühle mich daher wie ein Betrüger, der vorgibt, etwas zu sein, das er nicht ist – als spielte ich nur die Rolle eines Gebrochenen, denn wenn mich jemand nach der Kausalität fragte, so müsste ich mir eingestehen, an Banalitäten zerbrochen zu sein, die für den „Durchschnitt" kaum bedeutsam sind. Ich verurteile mich selbst dafür, dass es ein unüberwindbares Hindernis für mich ist, morgens aus dem Bett zu steigen, um arbeiten zu gehen.

Normale Menschen, ungefähr 75 % der Bevölkerung Deutschlands, sind in der Lage, ohne nennenswerte Schwierigkeiten genügend Motivation und Antrieb zu generieren, um die Bettdecke beiseite zu werfen, die Füße auf den Boden zu mobilisieren, ausreichend Rumpfstabilität aufzubauen und sich in den stabilen Stand zu bringen. Und mir, obgleich es nicht an Muskeltonus, neuronaler Funktionalität oder gar einer Extremität fehlt, ist jenes an sich Routinierte vergönnt.

Ich scheitere an mir selbst – Tag für Tag. Und nun stagniere ich darin, der Therapeutin, welche mir falsch zulächelt, begreiflich zu machen, dass es nicht an fehlendem Willen mangelt, ihre Ratschläge umzusetzen, sondern ich es schlicht und ergreifend einfach nicht konnte.

Ich kann nicht.

Sie mag bemüht darin sein, ihre Fassung nicht zu verlieren, wertschätzend und geduldig auf mich zu wirken, doch ihre aufeinander gepressten Zähne und die dadurch hervortretenden *musculi masseter*, die durch Anspannung hervortretende *arteria temporalis superficialis* springen mir ins Bewusstsein und verraten die internalen emotionalen Prozesse dieser Frau. Meine Anwesenheit in diesem bewusst eingerichteten Raum mit seinen warmen Farben, den erdenden Brauntönen des Mobiliars und Hoffnung schenkenden Bildern an den Wänden ist nicht gewollt.

Ihr kurzer Blick zur Uhr hinter mir verrät die Unbehaglichkeit in ihr – versteckt hinter dem aufgesetzten therapeutischen Lächeln. Sie mag versuchen, empathisch auf mich einzugehen, rational mögen sie meine Worte erreichen, doch emotional ist es, als spräche ich eine andere Sprache. Sie kann nicht nachvollziehen, wie es sich für mich anfühlt, einsam zu sein – egal wie sehr ich versuche, jene Emotionen durch Metaphern begreifbar zu machen. „Ich fühle mich so einsam.", werfe ich klagend in den Raum hinein, internal begleitet durch aufkommende Assoziationen, Erinnerungen an Momente, welche in brachialer Offensichtlichkeit beweisen, dass es zwischen mir und den Menschen dort draußen keine aktive Interaktion gibt. Ich bin bedeutungslos für sie und wäre ich nicht mehr existent, das Leben ginge für jene Menschen einfach weiter.

Sie löst ihre seit 42 Minuten verharrende Position auf ihrem Sessel und deutet an, dass für heute ihre Zeit für mich ein Ende gefunden hat. Ich erkenne ein wirkliches Lächeln in ihrem Gesicht, denn nun ist ihre Tortur mit mir beendet. Noch bevor ich den Raum gedankenversunken verlasse, wirft sie mir einen scheinbar gut gemeinten Satz hinterher:

„Sie sind nicht einsam, ich bin bei Ihnen."

Metallisch quietschend rotiert der Schließzylinder entgegen dem Uhrzeigersinn und zieht den Riegel aus dem Türrahmen.

„Ach, scheiße!", klingt es genervt gebrochen hinter der Tür, bevor jene mittels eines Fußes kraftvoll aufgeschoben wird.

„Bist Du da?"

Der Schlüsselbund fällt auf das polierte Holzfurnier einer KOPPANG-Kommode und fügt einen weiteren Kratzer hinzu. Ein paar Schuhe schleifen unsanft über das betagte Parkett und ziehen eine hauchdünne schwarze Spur in die Rillen des gereiften Holzes des Bodens, welcher unter der Last des Körpergewichts etwas nachgibt. Doch die Altbauwohnung bleibt stumm, verweigert eine Antwort. Lediglich eine dumpfe Kriegsschauplatzgeräuschkulisse bricht die unangenehme Stille und bereitet die eintretende Frau auf das mögliche visuelle Szenario vor.

„Warst Du einkaufen?", fragt sie den Mann, welcher mittels Headset, abgeschirmt von der nicht digitalen Umwelt, in Jogginghosen und T-Shirt vor einem 52-Zoll-OLED-Display sitzt, konzentriert und koordiniert die Tasten eines kabellosen Controllers bedient, währenddessen er dem aufgeheizten TeamSpeak folgt und affektiv ein paar vulgäre Auswürfe beisteuert. Auf dem Bildschirm erkennt sie eine staubige Straßenszene, verschanzte Soldaten, Granatenblitze und Explosionen. Ein heilloses Chaos, doch nicht nur in der per GPU generierten Simulation, sondern auch rund um das männliche Geschöpf herum.

„Warst Du einkaufen?", wiederholt sie erschöpft ihre Frage, vermutet jedoch im Kontext der Szene, dass jener

Mann nicht wie abgesprochen einen Betrag zu einer ausgewogenen Haushaltsaufteilung geleistet hat.

„O, hey Schatz.", redet er an ihrer Frage vorbei und widmet sich wieder dem Kriegsschauplatz zu, ohne auch nur für eine Sekunde seinen Blick zu ihr gerichtet zu haben.

„Danke.", flüstert sie sarkastisch in die Stimmung und verlässt ohne weitere Worte das Wohnzimmer, internal gegen eine aufkommende Wut kämpfend. Reflektierend begreift sie, dass sie nicht auf ihn wütend ist, sondern auf sich selbst, denn als sie heute Morgen mit ihrem nur halbwachen Partner sprach, hätte ihr klar sein müssen, dass eben jene Absprachen nicht in das Bewusstsein des Mannes drangen und mit seinem erneuten Einnicken im Nichts verschwanden. Zusammengefallen sitzt sie am LERHAMN -Tisch und starrt gedankenversunken auf den Kühlschrank, welcher genauso gähnend leer ist, wie am Morgen.

„Leere.", flüstert sie leise in das halbvolle Weinglas und resümiert die heutigen therapeutischen Sitzungen, währenddessen eine angenehm fruchtige Note eines *Rosso di Toscana* über ihre schwere Zunge läuft, doch nicht um sie zu lockern, sondern den erdrückenden Gedankenkreis in ihrem Bewusstsein.

Mit dem fortschreitenden Wandern des Zeigers steigt der Promillegehalt. Assoziativ lockern sich ihre emotionalen Blockaden und geben bisher kontrollierte Gefühle frei. Eine tiefe Trauer besteigt die Bewusstseinsebene und zwingt ein paar funkelnde Tränen hervor.

„Eigentlich solltest Du mich glücklich machen.", spricht sie mit der halbleeren Flasche und zieht sie mit beiden Händen näher zu sich heran.

„Wer?", fragt ihr hereintretender, sich am Kopf kratzender Freund und blickt irritiert in die obskure Szene. Ohne zu antworten, wandern ihre tränenden Augen zum Fragenden und verharren dort merkwürdig leer, bis er jenes Anstarren nicht mehr erträgt und zum Kühlschrank hin ausweicht. Akribisch sucht er im Schutz der geöffneten Tür nach verwertbarem Essen.

Ihre Daumen streichen sanft über das weiße Etikett und lösen jenes etwas an den Ecken. Affektstarr verfolgen ihre Augen jene streichende Bewegung und die zunehmend größeren Eselsohren. Ein Räuspern löst sich als Vorbote eines aufkommenden Impulses, sich mitzuteilen.

„Irgendwie fühle ich mich einsam."

Stille.

„Aber ich bin doch bei Dir." …

 Zufall

Tag Eins

Nichts.

Ausgehend von einem kleiner als eine Planck-Länge komprimierten grell leuchtenden Punkt expandiert binnen einer quadrillionsten Sekunde mit exponentiell zunehmender Geschwindigkeit Raum, gefüllt mit Materie und Energie – schneller als Licht. Die Gravitation trennt sich und bildet die erste physikalische Konstante. Sie ist es, welche verhindert, dass sich diese kosmische Inflation selbst zerreißt. Es herrschen unvorstellbar hohe Temperaturen.

Mit dem Ende dieser Inflation fällt die Temperatur im Neugeschaffenen auf einige Billionen Grad und ermöglicht, dass die vier physikalischen Grundkräfte – die starke und schwache Wechselwirkung, die elektromagnetische Wechselwirkung und die Gravitation – getrennt voneinander agieren können, sodass die ersten Bausteine der Materie in Form von Quarks und Gluonen sich frei in jenem extrem heißen Plasma bewegen können.

Eine Sekunde nach dem Urknall sind die Temperatur und der Druck so weit gesunken, dass sich nun Quarks zu ersten Protonen und Neutronen verbinden, den Bausteinen des Atomkerns. Es folgen Elektronen, Neutrinos und weitere Elementarteilchen.

Wenige Minuten nach dem Urknall entstehen die ersten Atomkerne, in welchen sich Protonen und Neutronen zu den Kernen von Wasserstoff und Helium verbinden, 550 Millionen Jahre später entstehen aus ihnen in Supernovae die ersten Sterne und somit der Grundstein für späteres Leben.

Eine Milliarde Jahre später interagieren die physikalischen Teilchen so weit, dass die ersten Galaxien entstehen, darunter auch die Milchstraße. In jener Galaxie, am Rande des Orionarms, im Zentrum eines rotierenden Gasnebels, verbinden sich vor 4,6 Milliarden Jahren Wasserstoff und Helium zum Vorläufer der Sonne und beginnen aufgrund des immens entstehenden Drucks aus deren Gravitation heraus und den daraus resultierenden extrem hohen Temperaturen jener Verbindung eine exotherme chemische Reaktion in Form von Fusion – die Sonne glüht auf. Doch nicht alle Materie schwindet in der Gravitation jenes Sterns. Als physikalische Gegenkraft, der Fliehkraft, halten sich Teilchen in einer sich rotierenden Spindel um jenes leuchtende Objekt – schwere Staubteilchen, welche in Orbits um das Gestirn herumwandern und später die Planeten des Sonnensystems bilden.

Aufgrund ihrer Masse und damit einhergehenden Gravitation ziehen sich jene Staubpartikel gegenseitig an und verbinden sich. Aus dem Sternenstaub formen sich kleine Brocken, Eiskristalle und Körner, im Verlauf dann kleine Steine und schließlich, nach mehreren Tausend Jahren, Felsen. Aus Felsen werden Planetenvorläufer, welche miteinander kollidieren, sich gegenseitig einverleiben und so über Millionen an Jahren an Größe und Gravitation dazugewinnen. Ähnlich der Sonne erzeugen jene physikalischen Kräfte glutheiße Gebilde mit aufgeschmolzener Oberfläche, in deren Gesteine, Minerale und Erze schmelzen. Eines dieser zieht als Proto-Erde 150 Millionen Kilometer von der Sonne entfernt seine Bahn – in der habitablen Zone der Sonne.

Ein gewaltiger Himmelskörper schlägt vor 4,5 Milliarden Jahren mit 36 000 km/h auf diese Proto-Erde auf und zerberstet in Millionen an Trümmern und Partikeln, welche von der Schwerkraft gebunden, die Erde umkreisen, sich abkühlen und miteinander wieder verbinden, bis schließlich ein einzig großer Brocken um die Erde herumwandert: der Mond.

Innerhalb von Millionen Jahren kühlt sich die Kruste der Erde wieder ab. Dampf aus dem Erdinneren regnet als Wasser ab und sammelt sich in Talbecken zu Meeren und bildet zusammen mit der optimalen Entfernung zur Sonne und deren Strahlung die Bedingung für aufkeimendes Leben.

Anorganische Teilchen verbinden sich vor 3,5 Milliarden Jahren in ihrer Affinität stabiler Elektronenbahnen zu einfachsten organischen Verbindungen, aus denen die ersten winzigen Zellen ohne Zellkern hervorgehen und in Form von zellkernlosen Cyanobakterien es dem Leben ermöglichen - aufzukeimen, indem jene eine weitere lebensnotwendige Bedingung erfüllen:

Sie produzieren Sauerstoff und nutzen die Energie der Sonne, energiereiche chemische Verbindungen aufzubauen.

Atome verbinden sich zu chemischen Stoffen. Chemische Stoffe gehen in ihrer Affinität nach Komplexität in Nukleotide über, die Vorläufer der Ribonukleinsäuren, welche nicht nur als Träger genetischer Information fungieren, sondern in den Ribosomen ebenso die Translation dieser Information in Proteine katalysieren und somit die Entstehung von Zellen ermöglichen.

Jene differenzieren sich progredient und bauen das komplexe System lebenserhaltender Strukturen und Prozesse auf, die heute in jeder Zelle vorzufinden sind. Im Verlaufe der Jahrmillionen differenzieren sich jene Ribonukleinsäuren weiter und gehen in Desoxyribonukleinsäuren über, welche in einer Doppelhelix angeordnet, die für die Zellfunktionen notwendigen Informationen enthalten und so komplexere pflanzliche und organische Gebilde schaffen können.

So sind vor einer Milliarde Jahren die ersten vielzelligen Organismen auf der Erde vorzufinden. Im Kontext der Affinität, den sich kontinuierlich verändernden Umweltbedingungen zu trotzen, differenzieren sie sich immer weiter. Aus den vielzelligen Organismen werden die ersten nur Zentimeter langen Würmer, welche als Vorläufer der Wirbeltiere den Übergang von wirbellosen Meerestieren zu größeren Wirbeltieren wie Gliederfüßer ermöglichten, vor allem durch Stabilisierung und Herausbildung einer Skelettstruktur.

Das Hervortreten unterschiedlicher Spezies schafft einen evolutionären Wettlauf zwischen Jägern und Gejagten, sodass vor 500 Millionen Jahren alle Hauptgruppen im Tierreich vertreten sind.

Die ersten Krebse und kieferlosen Fische bevölkern das Wasser. Immer wieder verändern sich auf der Erde schlagartig die Umweltbedingungen, sodass über 95 % der bis dato aufgetretenen Lebewesen in Massen aussterben und evolutionär besser angepassten Spezies Platz machen. So bewältigen vor 440 Millionen Jahren die ersten Pflanzen den Schritt aus dem Wasser ans Land. 100 Millionen Jahre später folgen mit den Amphibien die ersten Wirbeltiere. Die Erde ist nun Heimat diverser pflanzlicher und tierischer Vielfalt. Riesige Farne und die ersten Bäume bieten eine geeignete Umwelt für die ersten Insekten.

Vor 300 Millionen Jahren sichert die Entwicklung des Schalen umhüllten Eies die Fortpflanzung und das Gebären tierischen Lebens über dem Wasser. Die Reptilien können sich nun entwickeln, die Vorläufer der späteren Dinosaurier, welche 100 Millionen Jahre später die Erde zu Wasser, zu Boden und zu Luft erobern.

Die Pflanzen differenzieren sich weiter und ermöglichen nun eine Fortpflanzung über Samen. Die ersten Säugetiere treten hervor und bilden den evolutionären Vorteil, unmittelbar nach der Geburt mobil zu sein. Das Bewachen von Nestern wird daher überflüssig.

50 Millionen Jahre später entwickeln sich die ersten Vögel und Blütenpflanzen. In der Pflanzenwelt vollzieht sich die Entwicklung allmählich von den Nadel- zu den Laubbäumen. Die ersten Hybride sind die Ginkgobäume. Später dann entstehen die ersten richtigen Laubbäume, wie Eiche und Walnuss.

Gräser verbreiten sich über das Land.

Vor 65 Millionen Jahren sorgt ein Zusammenspiel aus einem gewaltigen Meteoriteneinschlag und zunehmendem Vulkanismus für das Aussterben der größten zu Land lebenden Spezies – den Dinosauriern.

Durch den Wegfall der bisherigen dominanten Lebensformen gedeihen die Säugetiere wie Vorläufer heutiger Pferde. Wie zuvor die Reptilien, wird die nun dominante Spezies immer komplexer und größer, sodass Höhlenbären, Mammuts, Wollnashörner und Vorläufer des Menschen wie die Neandertaler hervorgehen, die jedoch aufgrund des nun permanenten Wechsels zwischen Warm- und Kaltzeiten aussterben.

Der aufrechte Gang des modernen Menschen ermöglicht nicht nur die Nutzung der Hände, sondern auch die Entwicklung von Werkzeugen, wodurch der Mensch die evolutionäre Stagnation mittels Adaption der Umwelt kompensieren kann und sich somit auf allen Kontinenten ausbreitet.

Aus den einstigen Sammler- und Jägerkulturen entwickelten sich durch die Nutzung der Landwirtschaft die ersten sesshaften Gesellschaften. Der Mensch domestiziert Tiere und Pflanzen und gedeiht durch das artifiziell kreierte Nahrungsmittelwachstum exponentiell.

Ein Kinderlied durchströmt die hektische Atmosphäre, die Straße eilig überquerender Menschen. Überall füllen banale Geplänkel die mit Abgas und Gerüchen von frittierten Nahrungsmitteln versetzte Luft und schaffen ein Wirrwarr an Tönen, aus dem keine friedliche Melodie entnommen werden kann

– es ist laut und unübersichtlich.

Abstrahiert spiegeln vereinzelt Pfützen die leuchtenden Werbetafeln und Schilder wider, kaum ein Zentimeter, der nicht mit künstlichem Licht ausgestrahlt ist, sodass die erschöpften Gesichter merkwürdig in den verschiedenen Farbtönen anmuten. Angestrengt fokussiert sich der Blick auf das Wesentliche zwischen den hiesigen Reizen.

Das blaue Licht der Fußgängerampel, die Straßenmarkierung des Fußgängerüberweges, der unkontrollierte Schwarm hunderter Menschen, die gleichsam versuchen in jenem kurzen Zeitintervall sicher die Straße zu überqueren. Gedrängel, der Sog des Menschenflusses, welcher unaufhaltsam zwischen den gewaltigen Hochhäusern instabile Objekte mit sich reißt und nicht mehr freigibt.

Unsicher, den Blick gesenkt, versucht ein Mann nicht hinunter in die Tiefen gezogen zu werden, kleinschrittig ist der Gang, kurzatmig und zitternd der Körper, der Kopf zwischen den Schultern versteckt, ist jede ungewollte Berührung mit Anderen ein Schmerz auslösender Stressor. Verschwommen ziehen entgegenkommende Fratzen an ihm vorbei und verlieren sich im Treiben dieser Großstadt. Die Emotionen sind versteckt hinter einer Maske der Gleichgültigkeit und einem Leben ohne erstrebenswerte Ziele.

„Zu viel.", flüstert er immer wieder vor sich hin und sucht in seinen Gedanken nach einem sicheren Ort. Fragmentarisch baut sich kognitiv ein Kirschblütenbaum inmitten eines goldenen Feldes auf, dessen Blüten im Sog jener urbanen

Lawine abgerissen werden, es kostet Kraft und Konzentration, neue weiß- und rosafarbene Kinder gedeihen zu lassen, zu viel, um noch genügend Aufmerksamkeit für diese Straßenszene aufbringen zu können. Zu viel, jedem einzelnen Individuum auszuweichen.

Ruckartig drückt ihn eine Schulter nach hinten, der sichere Stand kollabiert und zwingt den Mann, teils auf die Knie zu fallen, währenddessen weitere Körper ungeachtet des Gestürzten von allen Seiten Druck ausüben und ihn am nassen Boden halten. Auf den schmutzigen Händen gestützt, blickt er überfordert zum Himmel.

„Halt, Stopp.", bittet er orientierungslos und verängstigt, doch im Lärm dieser Stadt verhallt sein Gebet im Marschschritt funktionierender Hüllen.

In jener Dunkelheit, in jenem Chaos tritt ein ruhebringendes Ereignis ein – der Duft von Kirschen unterwandert den städtischen Gestank und erreicht das Bewusstsein des Gefallenen.

Ringend um Luft und Platz, streckt er seine Hand zur Quelle aus und ergreift ein pulsierendes Warm in der nächtlichen Kälte. Augenblicklich zieht es ihn aus der Dunkelheit heraus und bringt ihn zurück in den Trubel des Fußgängerüberwegs, sodass er aufatmend in die Augen seiner Retterin blickt.

Lächelnd weiten sich ihre Iriden und ziehen ihn in den unlösbaren Bann einer tiefen Erkenntnis.

Beginnend vom Urknall bis zum aktuellen Moment durchlebt er die kosmische Entwicklung und das dichte Geflecht an Kausalitätsfäden, welche aufgrund der vier physikalischen Grundkräfte unvermeidlich zu dieser einen Begegnung geführt haben. Die Entstehung der Sonne, ein gewaltiger Meteoriteneinschlag, der Wechsel von Kalt- und Warmzeiten, das Aufblühen und Verwelken von individuellen Leben, jede einzelne Entscheidung eines jeden Lebens.

Bewegungslos, ihre Hand haltend, finden sich zwei Lichtpunkte im stellaren Licht und schaffen einen neuen Pfad, welcher dicht verwoben gemeinsam in die Ferne schnellt.

„Welch ein Zufall…", lächelt sie warm, währenddessen das Leben an ihnen vorbeizieht.

 Reise

Frühling

Eine leichte fruchtige Brise streicht über die im Sonnenlicht aufglühenden Ähren eines tanzenden Weizenfeldes unter den wandernden Schatten reisender Wolken. Die behütenden Umarmungen frühlingshafter Wärme umgarnen die aufblühende Natur unberührt und frei. Ein seichtes Flüstern geht durch das Rascheln des Getreides und füllt den Frühlingshauch mit Zweisamkeit. Im tiefen Grün vertrauter Augen spiegelt sich jenes Schauspiel und schafft seinen eigenen friedvollen Moment.

„Und jetzt stell Dir vor, wie sich ankommende Wellen an den Felsen brechen.", lächelt sie warm in die angenehme Stille dieses innigen Augenblicks. Die Augen geschlossen, liegt behütet sein Kopf auf ihrer weichen Bauchdecke und lauscht den wundervollen Worten ihrer Vision, währenddessen sich ihr Körper im Zyklus der Atmung hebt und wieder senkt.

„Das aufgebrochene Wasser bricht das einfallende Licht und schafft viele kleine Regenbögen, welche die Küste in ein buntes Farbenspiel tauchen, als wäre diese Szene ein frisches Aquarell mit in sich verlaufenden Farbtönen."

Ihre Augen geschlossen, lauscht sie der gleichmäßigen Atmung des auf ihr liegenden Mannes und streicht mit ihren Fingern durch sein hellbraunes Haar.

„Die Möwen, getragen von der salzigen Luft, füllen das Rauschen mit lebendigen Willkommensgrüßen den ankommenden Wellen entgegen, welche liebevolle Botschaften über die ganze Welt getragen haben, nun den einsamen Wanderern am Strand die Füße umspülen." Sie hebt ihren Kopf und blickt zum Horizont, welcher, gebrochen durch die Skyline jener Stadt, die eintauchende Sonne beginnt zu verdecken und nichts übriglässt, als einen orange-violett gefärbten Himmel, gleichmäßig unterbrochen durch hinein getupfte Wolken. Ein latentes Gefühl von Trauer zeichnet sich im Gesicht der Frau ab, ihre streichende Bewegung hält ein und weicht einem hörbaren und schweren Atmen.

„Es wird Zeit, oder?", flüstert mit geschlossenen Augen der Mann, bemüht die aufkommende Sorge mit einem Trost spendenden Lächeln zu verdecken, doch jene hat bereits das Herz der Frau eingenommen, sodass sie sich schmerzerfüllt an die Brust fasst, welche sich unabänderlich zusammenzieht und der Lunge den Platz nimmt, frei zu atmen. Es schmerzt, währenddessen sie sich bemüht, die abkühlende Frühlingsluft einzuatmen. Mit einem leichten Stöhnen findet sie wieder hinaus und verhallt im Rascheln wippender Ähren.

„Danke, dass Du für mich da bist, wenn es mir schlecht geht.", spricht erschöpft die Frau im zunehmenden Lärm einer dicht befahrenen Kreuzung. Ihr Blick tastet die unterschiedlichen Konturen und Texturen des Asphalts ab und sucht nach etwas Ungewöhnlichem im Versuch, anderweitige Gedanken zu blockieren.

„Dafür musst Du Dich nicht bedanken.", erwidert der Mann, ihren Blick suchend, wie ein Süchtiger seine Droge, obgleich er weiß, dass der Konsum, wie sehr es ihm auch danach trachtet, nicht die Lösung des Problems ist, sondern die Ursache.

„Ich meine, ich werde immer für Dich da sein, weil…", versucht sein Herz, die Hoffnung in Worte zu kleiden, unterbrochen durch ein laut eintretendes Warnsignal einer Schranke.

Sie blickt fragend zu ihm herauf, als seine Worte durch den vorbeifahrenden Shinkansen fragmentiert, keine klare Botschaft erkennen lassen und zu viel Raum für Interpretationen und Assoziationen lassen. Schmerzerfüllt erwidert sie schwach seine unvollständige Botschaft:

„Du mein bester Freund bist." In ihrer Version seines Satzes steckt zu viel schmerzvolle Wahrheit, als dass er in diesem Augenblick in der Lage ist, jene zu korrigieren. Der Glaube daran, dass sie mit exakt dieser Wortwahl die Entscheidung einer möglichen Zukunft bereits getroffen hat, lässt ihn verstummen und hinterlässt nicht mehr als ein mühevoll aufgesetztes Lächeln.

In diesem Augenblick wiegt das Ziehen in seinem Herzen genauso schwer, wie das ihre. Der einzige Unterschied liegt in der Kausalität dieses atemnehmenden Gefühls.

Abwesend streift sein Blick die vorbeiziehende Landschaft, welche versucht mittels Reisfelder, Wälder und plätschernde Bäche das Gemüt zu erhellen. Doch in diesem Augenblick sind seine Gedanken an die Vergangenheit gegenwärtiger als die Gegenwart selbst. Goldene Ähren flackern imaginiert auf und überdecken das saftige Grün der verschwommenen Landschaft.

„Nächster Halt: Sakuragawa.", informiert die elektrische Stimme und initiiert das Packen einiger Mitfahrender. Teilnahmslos bleibt sein Blick in der Ferne und zeichnet die schwachen Konturen dieser Frau in den goldenen Grund. Lebendig rennt sie zwischen dem tanzenden Weizen und streicht mit ihrer Handinnenfläche die aufglühenden Körner, als wäre jenes Feld das funkelnde Meer, von dem sie immer wieder gesprochen hatte. Doch allmählich wird die eigentliche Landschaft klarer – der Zug entschleunigt und bereitet so einige Reisende auf den Ausstieg vor. Quietschend beenden die eisernen Räder ihre Rotation auf dem Metall der Schiene, Dampf der Hydraulik des Bremssystems entweicht pfeifend und ergänzt das Signal sich öffnender Türen. Und so verlassen einige Passagiere diesen Waggon, um anderen Platz zu machen – ein ständiges Kommen und Gehen.

„Sakuragawa.", formen seine Lippen den Namen dieser Haltestelle und initiieren eine weitere Erinnerung an sie.

„Später, wenn es mir besser geht, werden wir gemeinsam zum Meer reisen und dann sehe ich endlich das funkelnde Wasser und die singenden Möwen. Ich habe sogar bereits die Route geplant. Siehst Du? Hier sind wir. Und dann fahren wir über Utsunomiya, Sakuragawa, Kasama und Mito." Lächelnd begleiten Gefühle von Glück, Frieden und Hoffnung die einhergehenden Bilder.

„Entschuldigen Sie, darf ich mich hierhersetzen?", fragt eine betagte, jedoch zugleich ungewöhnlich weiche Stimme und lässt die Bilder mit dem sich beschleunigenden

Zug wieder verblassen. In die Realität zurückkehrend nickt der Mann der alten Dame bejahend zu, sich traurig an das Herz fassend.

„Liebe kann Quelle unglaublicher Freude sein, jedoch auch tiefen Schmerzes.", kommentiert sie ungefragt seine Mimik.

„Sie meinen?", fragt er irritiert und blickt in durch die Zeit tief gezeichnete Falten eines lächelnden Gesichtes, dessen Augen jedoch jung geblieben sind.

„Ich habe in meinem Leben so viele gebrochene Herzen gesehen und den schmerzerfüllten Blick." Spricht sie warm, ihre Hände besonnen auf ihren Beinen liegend.

„Ich wusste nicht, dass dies so offensichtlich ist." Etwas beschämt senkt er seinen Blick und erforscht seine internalen Gefühlszustände, um zu erkennen, dass es mit den Gefühlen nie so einfach ist, wie es scheint.

„Für diejenigen, die es sehen wollen, sind die Gefühle anderer Menschen ein offenes Buch. So viele Geschichten schreien sich unausgesprochen heraus, doch kaum jemand nimmt sich die Zeit ihnen zuzuhören."

„Vielleicht, weil jeder in seiner eigenen Geschichte gefangen ist.", flüstert er mit glasigen Augen in das Zugabteil.

„Es ist nicht die Geschichte an sich, sondern deren mögliche Verläufe. Ein festgelegter Faden erzeugt kein Leid, der Mensch folgt ihm und nimmt dessen Verlauf akzeptierend hin. Doch die Geschichten, welche keinem klaren Faden zu folgen scheinen, lassen die Menschen verzweifelt nach einem festgelegten Ende suchen. Dabei kann niemand anderes oder das Schicksal, diesen Faden für sie zeichnen, diese Aufgabe, so schwer sie auch zu sein scheint, obliegt den Menschen selbst."

„Konnten Sie ihren Faden selbst zeichnen?", fragt der Mann neugierig, den Blick aus dem Fenster richtend.

„Nein, mir hat wohl der Mut gefehlt.", lächelt sie warm, sehnsuchtsvoll auf den stark gealterten Ehering blickend, um sich selbst kurz in verblassenden Erinnerungen zu verlieren.

„Was ist mit Ihnen?", hebt sie neuen Mutes, suchend ihre Augen.

„Ich bin dabei, denke ich." Neben der alten Frau sitzt sie und lächelt warm, als wäre sie selbst ein lebendig gewordener Sommertag. Er lächelt ihr verliebt zurück, wissend, dass sie in diesem Augenblick erkennt, welche Herzensbotschaft in seinem Blick mitschwingt.

Herbst

Als atmete das Meer, erheben und senken sich bedächtig die seichten Wellen und zeichnen den goldenen Sand temporal etwas dunkler, währenddessen kleine Wassertropfen im goldenen Licht einer gemächlich untergehenden Sonne funkeln. Seine Füße sinken mit jeder weiteren Welle etwas tiefer in den aufgeweichten Sand ein. Es ist ein angenehmes Gefühl, als wäre das Wasser eine liebevolle Berührung, eine unausgesprochene Botschaft. Regungslos steht er inmitten dieses lebensspendenden Elements und blickt auf einen aufgefalteten Brief in seinen Händen, währenddessen die letzten Worte der alten Dame in seinem Verstand nachklingen.

„Mit der Liebe ist es, wie mit einem Sonnenuntergang. Es gibt diesen Moment, in dem es weder Tag noch Nacht ist und es an der Entscheidung des Herzens liegt, ob der Tag zu Ende geht oder beginnen wird. Und solange man seine Liebe nicht offenbart, ist beides möglich. Doch letztendlich muss die Entscheidung getroffen werden, damit der Faden seine vorbestimmte Richtung geht."

„Danke, alte Frau.", flüstert er in die salzige Brise hinein und blickt gestärkt zum Horizont und den weichen Konturen seiner besten Freundin.

„Nun, hier sind wir also. Der Ort, zu dem Du immer hinwolltest, wenn es Dir wieder besser geht.", seine Augen füllen sich mit salzigen Tränen, den Kindern der Meere. Teils fortgetragen von der kühlen Brise brechen sie das einfallende Sonnenlicht und schaffen winzige Regenbögen auf der Haut des Mannes. Mit tiefer Trauer erfüllt, schluchzt er in das Meeresrauschen und benetzt den aufgefalteten Brief in seinen Händen mit etwas Nass, sodass ein paar Worte beginnen bis zur Unkenntlichkeit zu verschwimmen.

„Es ist genauso schön, wie Du es mir immer beschrieben hast und ich verstehe nun, weshalb Du unbedingt ans Meer wolltest." Weinend sucht seine rechte Hand im Rucksack, währenddessen er weiterspricht:

„Nun wird Dein Wunsch endlich erfüllt. Ich hoffe es gefällt Dir hier." Er zwingt sich angestrengt ein Lächeln auf die Lippen und hebt vorsichtig eine Urne aus dem Rucksack. Glänzend reflektiert sie die Umgebung und spiegelt das Gesicht des Trauernden wider, welcher sich in ihr erkennt und den Mut aufbringt, das zu sagen, was seit so langer Zeit schwer auf seinem Herzen liegt:

„So lange habe ich gezögert es Dir zu sagen, weil ich Angst davor hatte, dass Du meine Gefühle nicht erwidern wirst. Doch nun verstehe ich, dass es vielleicht genau diese Worte gewesen wären, welche Dir die Kraft gegeben hätten, weiterzuleben."

Er streicht sanft mit seiner Handinnenfläche über die glänzende Fläche, fokussiert nimmt er jedes Detail des eingravierten Reliefs wahr.

„Ich liebe Dich so sehr.", schluchzt er in das Meeresrauschen und legt seine Stirn auf die glatte Fläche der Urne, in der Hoffnung, der einen Frau, in der er sich verliebt hat, nah zu sein.

„Und ich wünschte, Du hättest es noch erfahren." Feine Tropfen hängen sich an das Gefäß und funkeln gleich dem atmenden Meer, um assoziiert eine unübersehbare Verbindung herzustellen. Sie und das Wasser, das Wasser und sie. Seine immer enger werdende Brust, die Spannung im Gesicht und die Kurzatmigkeit vernebeln den rationalen Verstand und treiben immer weitere Tränen in seine Augen, die im Verschwommenen nach einem Halt gebenden Fixpunkt suchen.

Am Horizont entdeckt er jenen Punkt in Form ihrer Gestalt. Freudestrahlend tanzt sie über dem Wasser, als hätte es nie ihre Erkrankung des Herzens gegeben, als wären die letzten Monate nichts als ein Albtraum gewesen, aus dem er nun erwacht ist. Lachend dreht sie sich zu ihm und winkt ihm zu, doch ihre Worte, vom Wind fortgetragen, erreichen ihn nicht. Es ist lediglich seine Fantasie, welche den Inhalt vervollständigt und ihm ein Lächeln auf seine Lippen zaubert, die Tränen trockenwischt, den Brustkorb von jeder Schwere befreit, das Atmen erleichtert. Mit der Urne in den Händen geht er tiefer und tiefer in das klare azurblaue Wasser und vernimmt ein Gefühl, welches seit dem Tod jener Frau nicht mehr in ihm wohnte:

Lebendigkeit.

Die Wellen schlagen höher und höher, erreichen zunächst seinen Bauch, später den Brustkorb. Angetrieben von der Liebe, lässt er sich vollends vom Wasser umgarnen und findet in ihrem damaligen Wunsch seinen Lebensfaden.

„Warte auf mich."

 Traum

Erwachen

Erschrocken erwache ich aus der lähmenden Kälte eines intensiven Traumes.

Eindrücklich flackern Fragmente jenes Erlebnisses in meinem Bewusstsein auf und hinterlassen ein beklemmendes Gefühl von Unwirklichkeit und obgleich mit jeder vergangenen Sekunde die bewussten Erinnerungen verblassen, verbleibt die Gewissheit transportierter negativer Emotionen, als hätte mich etwas in den Traumbildern gejagt, gefunden und infiltriert. Unkenntlich für andere trage ich es in mir verborgen und lasse mich durch das eindringliche Flüstern lenken. Diese Welt, dieser Raum, mein Bett – ich kenne diesen Ort und doch wirkt es unwirklich fremdartig, kein Gefühl einer Heimeligkeit möchte einkehren, es verwehrt sich meiner subjektiven Realität, welche gleich einer Flut das Objektive fortspült.

In der Phase verschoben befinde ich mich nicht gänzlich im Hier und Jetzt, ein Teil schwingt in einer anderen Frequenz, und versetzt mich zwischen zwei Dimensionen, sodass ich weder hier noch dort in der Lage bin, aktiv Manipulation auszuüben und dazu gezwungen bin, die Begebenheiten als gegeben hinzunehmen, nein, als unabänderlich. Vielleicht stehe ich auf, gehe in das Bad, putze mir die Zähne und wasche mich, ich bin mir nicht sicher, ob jene Betätigungen tatsächlich durch mich realisiert werden oder aber eine Kraft, die sich jenseits meiner Person befindet. Vielleicht ist dort etwas, was mich steuert, was mich antreibt, mir die nächsten Handlungen leise zuflüstert oder aber mich an hauchdünnen Fäden durch das Leben zieht. Es ist beklemmend zu erkennen, dass die Kontrolle über das eigene Ich nicht dem eigenen Bewusstsein unterliegt, sondern jenes lediglich mit einem kraftvollen, alles umgebenden Stromes schwimmt, die Aktion und die Impulse erkennend, doch machtlos, beinahe ohnmächtig.

Jeder meiner Gedanken, meiner Gefühle, meine Träume und Ängste sind nichts anderes als Produkte einer Kausalität, unabänderlich gebunden an Gesetzmäßigkeiten. Es herrscht keine Alternative, kein freier Wille, sondern lediglich eine fest definierte Reaktion auf äußere Reize. Und dies bedeutet, ich befinde ich in diesem Zustand zwischen den Welten, weil es so sein muss, ich reflektiere diesen Zustand, da meine neurologische Struktur keine andere Reaktionsweise erlaubt, meine Persönlichkeit ist die Summe der fest definierten Erfahrungen und Reaktionen darauf. Dies bedeutet, dass ich über keinerlei Selbstwirksamkeit verfüge und egal, was auch immer ich mache, die Dinge ihren Lauf nehmen.

Ein beklemmendes Gefühl von Fremdsteuerung, auch wenn jene aus mir selbst heraus entspringt und ich in diesem Augenblick jene unbewusste Programmierung liebend gerne aus mir herausreißen möchte, nur einen winzigen Moment wirklich freier Wahl.

So sitze ich auf meinem Bett und blicke zur Einrichtung, welche eine visuelle Repräsentationsfläche meiner Persönlichkeit darstellt. Dort auf dem Regal steht eine kleine Bendy-Figur, farblos lächelt sie in die Szene hinein, ohne zu erwarten, jemals aufgrund meiner Spiegelneuronen eine Antwort zu erhalten.

Was soll sie aussagen, für welche meiner Persönlichkeitsaspekte stehen, wenn nicht für eine kontinuierlich lächelnde Hülle, ungeachtet internalen Chaos, einem innewohnenden Vakuum?

Eine innere Leere, die ich um jeden Preis zu füllen, den Zustand der Unvollständigkeit zu beheben versuche.

Doch wie und wo?

Ich sehe mich orientierungslos um und erkenne doch nur die kahle Einöde meines Zimmers, welches mir keine funktionalen Antworten liefern kann. Es wirkt, als wäre hier

nie etwas Lebendiges gewesen, steril, gleich einem Katalog-
bild, alles ordnungsgemäß an seinem Platz und obgleich es
Leben simulieren soll, verrät ein genauerer Blick, dass hinter
der Fassade ein leeres Vakuum innewohnt.

Und ich als Teil des Ganzen habe nun die Aufgabe,
jene Leere zu füllen. Jenseits dieses Ortes, der so befremdlich
ist, als wäre ich nie zuvor hier gewesen. Ein Erwachen aus
dem allumfassenden Grau meines Daseins, müde reibe ich
mir den Schlaf aus den Augen und erkenne die wahre Gestalt
der Dinge, ungeschminkt und hässlich.

Eine Welt, die einem Albtraum gleichkommt.

Ich weiß nicht wohin, doch meine müden Beine tragen mich aus diesem Traum, meine schweren Hände drücken die knarrende Tür auf, mein vernebelter Verstand sucht nach einer Fährte und lässt sich durch etwas Unbekannten lenken.

Orte, welche unmöglich nebeneinander existieren können, haben sich zu einer neuen Struktur verbunden, sodass Fragmente wohlbekannt, simultan etwas angsteinflößendes Neues an sich haben, doch in diesem Augenblick nehme ich jene Andersartigkeit als unabänderliche Wahrheit der Dinge hin. Ich hinterfrage sie nicht, sondern schwimme in einem mystischen Sog, welcher mich zur Bahnstation trägt.

Sie ist der Anfang meiner Reise.

Instinktiv weiß ich, welchen Zug ich nehmen soll, kein Gedanke an Richtung und Zweck verloren, stehe ich nur kurz auf dem Bahnsteig und blicke zum aus dem Nichts kommenden Zug. Verschwommen zieht er seine Farbgebung hinter sich her und lässt ihr lediglich durch seine Entschleunigung die Möglichkeit, den Ursprung einzuholen, sodass die Farben nun wieder an ihrem vorgesehenen Platz sind.

Ich steige ein und treffe auf eine bekannte Person.

Eigentlich kann ich nicht wissen, dass ich sie kenne, denn eine genauere Reflexion offenbart, dass ihre Gestalt, ihre Gestik, ihr Gesicht eigenartig unscharf die Möglichkeit bietet, gleichzeitig mehrere Personen zu sein.

Eine Frau, vielleicht meine Freundin, oder aber eine zukünftig wichtige Person – ich bin mir nicht sicher, doch sie ist es und kommt auf mich zu, um augenblicklich ihre Hand in die meine zu legen. Ein angenehmes Gefühl von Wärme und Nähe durchströmt meine Hülle und lässt jene Handlung unkommentiert geschehen. Ungefragt lege ich meine Lippen auf die ihre und treffe nicht auf Widerstand, woraus ich schließe, dass sie meine Freundin sein muss, ob nun aus meiner Vergangenheit, Gegenwart oder Zukunft.

Der ins Rollen gebrachte Waggon durchstößt die physikalischen Grenzen von Raum und Zeit und katapultiert die Passagiere, die Frau und mich an einen unwirklichen Ort. Verschwommen und überlagert lassen die abstrakten Farbflächen die Interpretation zu, dass außerhalb des Zuges ein Krieg herrschen muss. Explosionen und Geräusche unzähliger feuernder Handfeuerwaffen füllen die Stille, in welcher nicht ein Fahrgast auch nur einen Anflug von Panik entwickelt, als wäre jene Situation eine hinnehmbare Tatsache.

Die Frau an meiner Seite nickt mir zu und verweist auf ein Objekt, welches sich mit hoher Geschwindigkeit auf uns zu bewegt, doch ehe ich reagieren kann, zerreißt es den Waggon in zwei Hälften und zieht alle Anwesenden außerhalb des fragmentierten Korpus. Noch im Flug erkenne ich unscharfe Silhouetten angreifender Fremder, welche nach unserem Leben trachten, als wäre dies ein indiskutables Recht.

Ein Gefühl von Bedrängnis, Ohnmacht und existenzieller Angst erfüllt jede Faser meiner Hülle und erzeugt den mich vollkommen einnehmenden Gedanken zu fliehen, auch wenn jene Entscheidung mich von meinem eigentlichen Ziel abbringt, obgleich ich jenes nicht kenne.

Ich weiß nur, der mir vorbestimmte Ort entfernt sich kontinuierlich und je näher ich ihm bin, desto mehr wird jene Welt alle notwendigen Mechanismen aktivieren, das Erreichen zu verhindern. Doch ungeachtet des Großen und Ganzen muss ich mich aus meiner momentanen Lage befreien und spanne meine gesamte Muskulatur an, nein, ich ziehe mich gedanklich nach oben in die Lüfte. Mit zusammengebissenen Zähnen spüre ich die wachsende Anspannung in mir, eine unsichtbare Hand, welche mich hinaufträgt. Ich weiß nicht, weshalb ich diese Eigenschaft in mir trage, ich weiß auch nicht, wer mich lehrte, die Gravitation zu umgehen, doch in diesem

Augenblick erkenne ich, dass mich mein Körper in die Höhe zieht und die Distanz zur Kriegsszene kontinuierlich zunimmt.

Ich fliege, weil ich es möchte. Es ist keine Selbstverständlichkeit, es kostet immens Kraft und Konzentration, immer wieder drohe ich zu sinken, doch ehe meine Füße erneut den Boden berühren, bringe ich mehr Energie auf und erlebe, wie ich blitzartig nach oben schieße und die Wolkendecke streife.

„Ich kann doch fliegen, warum mache ich es dann nicht.", höre ich meine Gedanken lautwerden und fühle einen Anflug von einkehrender Sicherheit.

Manchmal, und dessen bin ich mir absolut bewusst, ist die Flucht das einzige Mittel, um einer Gefahr aus dem Weg zu gehen.

Ich schwebe durch die engen Gassen einer nächtlichen Szene und blicke auf die anonymen Menschen, welche akzeptieren, dass ich jenseits ihrer Häupter die Physik auf den Kopf stelle. Am Horizont beginnt es zu dämmern und auch wenn ich nun einfach zu meinem Ziel hinfliegen könnte, zwingt mich eine internale Kraft auf den Boden dieser Straßen. Und wieder nehme ich dies als Tatsache hin und lande sicher auf dem kalten Asphalt, um erschöpft zusammen zu sinken. Ich bin müde und kraftlos, obgleich ich weiß, dass alleine meine Einstellung, meine Motivation Quelle meiner Energie ist und alleine meine Entscheidung jene generiert.

Doch ehe ich mir weitere Gedanken dazu machen kann, überkommt mich eine existenzielle Angst und die Gewissheit darüber, dass ich mich in Gefahr befinde.

Etwas Kolossales ist auf der Suche nach mir und durchstreift die Straßen dieser Stadt. Irrelevant ist die Kausalität der Suche nach mir noch die Wahrscheinlichkeit der Existenz eines Riesen. Hier und jetzt zählt alleine die tiefe in mir anwachsende Angst und der Versuch der Bedrohung zu entkommen, da mir die Fähigkeit fehlt, mich jenem Aggressor entgegenzustellen.

Alleine die Vorstellung von seiner Größe und Kraft lähmt mich bis ins Mark. Und so bleibt mir keine andere Möglichkeit, als Schutz zu suchen, mich zu verstecken, an einem Ort, an dem er mich nicht finden wird, doch ich habe nicht viel Zeit, denn die bebende Erde deutet auf seine Nähe zu mir hin. Ein kurzer Blick über die Seitenkante bestätigt die unheilvolle Vermutung.

Gewaltige Umrisse schneiden den Hintergrund, das Dunkle füllt die neblige und nächtliche Atmosphäre, als sei jene Kreatur die personifizierte Nacht, eine befreite Naturgewalt. Mein Herz schlägt mir beinahe durch den Brustkorb, schnell und flach ist meine Atmung, ein Anflug von aufkommender Panik, welche durch meinen heruntertropfenden Schweiß die Umgebung infiziert.

Hastig eile ich in den nächsten Hausflur und suche nach einer guten Möglichkeit mich zu verstecken und angesichts der Dimensionen des Aggressors entscheide ich mich dafür, die Kellerräume zu nutzen, weit unter dem Sichtfeld des Riesen.

Beinahe automatisch greift meine Hand nach den Türklinken und öffnet Tür um Tür, meine Beine tragen mich die Stufen hinunter, meine Augen versuchen sich in den schützenden Schatten zu orientieren.

Etwas erleichtert stehe ich in der Dunkelheit der unterirdischen Räume und luge durch ein winziges Fenster, um sicherzugehen, dass jene Kreatur an diesem Gebäude vorbeizieht. Doch jenes Monster spürt instinktiv meine Anwesenheit und entgegen jeder Wahrscheinlichkeit blicke ich nicht an deren vorbeiziehende Gestalt, sondern in das aufglühende Rot einer geweiteten Iris.

Es hat mich gefunden und egal, welchen Pfad ich auch wähle, die Angst wird mich finden, egal wie schnell ich auch bin, sie wird mich einholen und mein Herz infiltrieren.

Transformiert zu einem Geflechtnebel trachten die organischen Fäden nach meiner Person und durchstoßen meinen Thorax, um sich tief in meinem Herzen festzusetzen. Wie aufkeimende eisige Kälte breitet sich die Trostlosigkeit in mir aus, durchströmt meine Arterien und Venen, bis mein inneres Vakuum vollends mit Verzweiflung gefüllt ist und mir jeden noch so kleinen Funken Lebendigkeit aus dem Körper drückt.

Mit meinen letzten klaren Gedanken wird mir bewusst, dass ich erneut das Ziel nicht erreicht habe. Wieder und wieder scheitere ich an diesem Vorhaben. Enttäuscht gleite ich in die ewige Dunkelheit und hinterlasse einen dumpfen Schrei, welcher in dieser Welt verhallt und jeden Beweis meiner Existenz ausradiert.

Erschrocken erwache ich aus der lähmenden Kälte eines intensiven Traumes.

Eindrücklich flackern Fragmente jenes Erlebnisses in meinem Bewusstsein auf und hinterlassen ein beklemmendes Gefühl von Unwirklichkeit und obgleich mit jeder vergangenen Sekunde die bewussten Erinnerungen verblassen, verbleibt die Gewissheit transportierter negativer Emotionen, als hätte mich etwas in den Traumbildern gejagt, gefunden und infiltriert.

Unkenntlich für andere trage ich es in mir verborgen und lasse mich durch das eindringliche Flüstern lenken…

 Backstage

First Take

Affektstarr verharrt eine junge Frau zusammenge-
sunken auf einem britisch grünen Sessel, welcher durch seine
hohe Lehne und ausgeprägten Armstützen beinahe die Assoziation einer Umarmung erzeugt und der darin sitzenden Person die Möglichkeit bietet, sich vertrauensvoll fallen zu lassen, sofern sie dies denn möchte.

Doch jener Frau ist zu dieser Stunde und zu dieser
Minute nicht gegeben, das Vertrauen zu finden, auf die unabänderliche Statik des Sessels zu bauen, sich erden zu lassen.
Nein, jeder Anflug von Überzeugung ist einem glühenden Gefühl von Ohnmacht gewichen, welches sich auf ewig in das
Herz gebrannt hat, eine Wunde, äußerlich nicht sichtbar, jedoch unbestreitbar negativ auf das weitere Leben einwirkend.
Stechend ringt sie nach Atem, der Blick verstreut, verliert sie
sich im internalen Chaos ausschlagender Emotionen und so-
matischer Begleiterscheinungen.

Unregelmäßig treten unangekündigt Panikattacken
auf, Herzrasen, Schwitzen bis hin zu einem schwer be-
schreibbaren Zustand, das Gefühl eines mentalen Verlassens
des Körpers, der Situation. Und egal, wie sehr sie sich auch
vornimmt, jene emotionale Entgleisung aufzuhalten, zu kontrollieren, mitgerissen im affektiven Flow existiert sie nur
noch für die Angst und kann sich selbst gegenüber nichts anderes als Hass empfinden.

Hass für ihre Schwäche, Hass gegenüber ihrem Körper, Hass in diesem Augenblick im Sessel zu kauern, unfähig
den Worten des Therapeuten zu lauschen.

Einzelne Bilder flackern auf, unscharf, doch die damit
einhergehende Ohnmacht und Kontrolllosigkeit ist so signifikant und gegenwärtig, als fände das traumatische Erlebnis in
dieser Sekunde statt. Das, was war und das, was ist, haben

keine zeitliche Differenz zueinander, überlagert befindet sie sich nicht in der Praxis ihres Psychotherapeuten, sondern weit entfernt. Nur dumpf und unklar erreichen sie ein paar Wortfragmente des Mannes, sie kann sie nicht verstehen und noch weniger umsetzen. Verloren in einem dunklen Wald aus nebligen Stämmen, feuchten und verästelten Boden, orientierungslos.

Sie hört ihren beschleunigten Puls in ihren Ohren klingeln, das Rauschen ihres Blutes in den Arterien, die Enge ihres Brustkorbes, als sei jener in einer Zange eingespannt, welche sich kontinuierlich zusammenzieht und ihr die Luft aus der Lunge presst. Sie findet keine klaren Gedanken, keinen Anhaltspunkt einer rettenden Tür aus dieser, auf den Kopf gestellten, Welt und schreit ihre Panik in das verschluckende Nichts der Dunkelheit.

„...meine Stimme...", bricht durch die dünnen Fäden des Morastes und ergreift behutsam ihre Hand. Ein winziger Funke Wärme in der alles lähmenden Winterkälte ihrer inneren Welt, vielleicht so etwas wie Lebendigkeit, nicht eindeutig interpretierbar, jedoch soweit angenehm, dass es sich vielleicht lohnt, zu lauschen, zu folgen.

„...hier...", schneidet das Licht den Vorhang aus kondensiertem Wasser in zwei Teile und bildet einen kleinen Pfad, eine Möglichkeit von Rettung, doch sie kniet in der feuchten Erde und drückt ihre Handinnenflächen auf ihre Ohren, andere aggressivere Worte rufen nach ihr und sie erkennt erschrocken jene Stimme und die brutale Wahrheit, welche mit ihr schwingt.

„Lass mich in Ruhe!", kreischt sie schluchzend in das Flüstern und erblickt seine unscharfen Konturen im dichten Nebel dieses unheimeligen Ortes. Und sie begreift, dass in diesem Labyrinth der Angst kein Entfliehen möglich ist. Ihre Emotionen und Gefühle haben jenes Gebilde geschaffen, Grashalm um Grashalm, Stamm um Stamm, jeden

Kubikmillimeter Moos auf den maroden Ästen betagter Bäume, welche im seichten Luftzug knarren und knarzen.

„…Hand…", bläst ein Wind durch das Geäst und lichtet einen Teil der Nebelhänge, um vereinzelten Lichtstrahlen die Möglichkeit zu geben, die der Frau reichende Hand zu erspähen. Doch noch möchte sie jene rettende Geste nicht sehen, nicht wahrnehmen, dass ein menschlicher Kontakt nicht ausschließlich aus Aggressionen, Hass und Gewalt besteht.

Noch ist sie nicht soweit, ihre durch Erfahrung negativ konditionierte Perspektive zu verlassen. Denn noch und dies ist in den Tiefen ihres Unterbewusstseins vergraben, hat sie auf der Suche nach einem Schuldigen im Dickicht menschlicher irrationaler Psyche nur eine Person aufgefunden:

sich selbst.

Optimistisch füllt eine kristallklare Stimme die beginnende Dämmerung und singt: „Days of burning sun, watch the colors run…" Die Augen geschlossen gleitet die Aufmerksamkeit einer jungen Frau vollends in die durch jene warmen Worte der gläsernen Stimme erschaffene imaginierte Szene und betritt einen warmen Sommertag, welcher jede erdenkliche Art von Blumen aufblühen lässt, welche in den fallenden Regentropfen glitzern.

„Ein Sommerregen.", lächelt sie in die untergehende Sonne hinein und stellt sich vor, Teil dieses idyllischen Farbspiels zu sein, nein ein funkelnder Regentropfen im warmen Licht des Erdensterns.

Die saftig grünen Blätter rascheln zum Lied und tanzen sich in einem behutsamen Schlaf neu gewinnender Energie für den nächsten Tag. Wolken brechen die einkehrenden Strahlen und werfen einen unscharfen Schatten auf den Grund. Mit dem Wind wandernd verlaufen die dunklen und hellen Farben zu einem lebendigen Aquarell. Und diese junge Frau ist ein Teil dieses natürlichen Kunstwerks, dessen Verbindung sie sich vollkommen bewusst ist und daraus resultierend jeden Atemzug ihr gesamtes Dasein genießt.

Beinahe tänzelnd läuft sie den unter den Bäumen liegenden Weg - eine ihr vertraute Umgebung, seitdem sie noch klein war. Jeder Stamm, jeder Busch, jede individuelle Einzigartigkeit dieses Ortes ist ihr bekannt und dennoch unterwirft sie sich keiner Gleichgültigkeit, sie schätzt die natürliche Ruhe jenseits des städtischen Trubels und der Menschen, die in ihrem Verhalten keinem nachvollziehbaren Muster zu folgen scheinen und daher mehr Mysterium als Bereicherung für sie sind.

Der Wind, das Rascheln, die Gesänge der Vögel, das sind für sie berechenbare Variablen eines vorhersehbaren Lebens, existent, jedoch nicht überraschend, dynamisch, doch in fest definierten Grenzen starr.

Gedanklich begibt sie sich in eine Welt, die Sicherheit bedeutet, jenseits der Brutalität der Realität. Getragen durch die Musik als Portal zwischen dem Hier und dem Dort wandelt sie entlang einer natürlichen Ursprünglichkeit, unberührte Pflanzen und Bäume, ein plätschernder Bach, das Summen von emsig suchenden Bienen und sie als Malerin dieser Szene, mit der Möglichkeit, durch einen gedanklichen Pinselstrich einfach alles nach ihren Vorstellungen zu gestalten. Hier ist sie der Mittelpunkt, denn die Umwelt reagiert auf sie, beachtet sie und reflektiert in ihrer Reaktion die Existenz der jungen Frau.

„Ich lebe.", flüstert sie lächelnd und blickt zu den wandernden Wolken im violett-orangefarbenen Himmel.

Abrupt fühlt sie einen Körper dicht an den ihren gepresst, größer, stärker, fixiert er ihre Position und zwingt einen Schrei hervor, welcher durch eine kalte auf ihrem Mund gepresste Hand unterdrückt wird. Warmer, aufgeregter Atem bläst entlang ihres Nackens; sie riecht etwas Fremdes, etwas Menschliches, nein, etwas Männliches. Kraftvoll zieht diese brachiale Stärke an ihrem Stand und bewegt sie abseits des vertrauten Pfades. Sie hört ihn atmen, hört die Anstrengung in seiner Exspiration und das aufgeregt hastig pochende Herz.

„Wenn Du Dich wehrst, stirbst Du.", schleudern seine Worte ihre imaginierte Welt hinfort und hinterlassen die eisige Kälte existenzieller Unsicherheit. Sie möchte sich wehren, möchte sich befreien, irgendwie die Kontrolle über diese Situation gewinnen, doch sie kann nicht, denn ein größerer Gegner als der sie fixierende Mann hat sie aufgesucht:

die Angst.

Die Angst zu sterben initiiert ein neuronales Feuerwerk in ihrer Amygdala und aktiviert eine Kaskade von hormonellen Reaktionen. Sie möchte schreien, möchte flüchten, möchte kämpfen und der Körper reagiert. Adrenalin wird ausgeschüttet, ihre Atmung passt sich der Situation an, der Herzschlag beschleunigt, der Blutdruck steigt und doch bleibt sie starr in den Händen des Aggressors, welcher sie zum Boden drückt.

Schmerzhaft spürt sie jede Unebenheit, jeder Grashalm, jedes vertrocknete Blatt – ihre Aufmerksamkeit ist geschärft, doch genau das möchte sie nicht. Sie möchte nicht hier sein, nicht dieses Schicksal erleiden. Sie möchte fliehen. Als der Mann beginnt ihre Hose über ihre Beine zu reißen, schließt sie ihre Augen und entschwindet in eine Welt, die ihr mentalen Schutz anbietet.

Als letztes Fragment ihres Bewusstseins löst sich eine Träne, welche in das Dunkle des Waldes verschwindet.

Ausgemergelt, blass und schwach sitzt eine frisch geduschte Frau teilnahmslos auf ihrem Bett und starrt in einem Handtuch gewickelt in die Leere einer monotonen weißen Wand. Beruhigend streichen ihre Finger über ihren linken Arm und ertasten jede Unebenheit selbst zugefügter Narben. Schmerz als Möglichkeit sich zu spüren, Schmerz als Beweis ihrer Existenz und eine der letzte verbliebenen Möglichkeiten Kontrolle auszuüben.

Mehr als jenes Gefühl ist ihr nicht geblieben, denn die einstige bunte Welt ist einer eisigen Leere, einem unstillbaren Vakuum gewichen. Sie weiß, dass jene junge Frau damals im Wald in eine Welt geflüchtet ist und niemals wieder zurückkehrte.

Zurückgeblieben ist eine leere Hülle, eine gebrochene Seele.

Jene Hülle, welche kraftlos zur Uhr blickt und verachtend die sich kontinuierlich bewegenden Zeiger zur Kenntnis nimmt. Ein Seufzen erfüllt die Stille des sterilen Zimmers und initiiert einen weiteren Automatismus. Ohne darüber nachzudenken, greift ihre rechte Hand zu einer unscheinbar wirkenden Tasche, sicher fixiert sie die Griffplatte zwischen Zeigefinger und Daumen und zieht den Schiebekörper entlang unzähliger Schließglieder, bis der Reißverschluss geöffnet ist und den Inhalt preisgibt:

Make-up, Puder, Rouge, Eye-Liner, Kajal-Stift, Lippenstift, Foundation, Mascara und Lidschatten liegen unsortiert kreuz und quer im Make-Up-Täschchen, doch keines dieser Utensilien kann sich dem geübten Griff der Frau erwehren.

Nach und nach trägt sie die unterschiedlichen Produkte auf ihr Gesicht auf, überdeckt Hautunebenheiten, dunkelt die Lider, zeichnet die Konturen ihrer Augen nach und steigert die Sättigung ihrer Lippen. Im Spiegel blickt sie auf die allmähliche Transformation eines gebrochenen Mädchens zu einer Frau, welche es versteht, mittels gezielter Akzente die Aufmerksamkeit auf sich zu lenken und die Begierde des anderen Geschlechts zu entfachen.

Sie hat Erfahrungen gesammelt und weiß um die zu betonenden Regionen, so wie es die Werbung, nein, die gesamte Gesellschaft von einer Frau verlangt. Leben um zu betören, Leben um ausschließlich in Äußerlichkeiten zu investieren, als zählten keine inneren Werte.

Dass dies so ist, hat sie am eigenen Leib erfahren müssen.

Während ihre Hände eine Maske auf ihr Gesicht tragen, katapultieren sie Flashbacks in jenen Moment zurück, welcher in brachialer Art und Weise die Natur der Dinge offenlegte. Geräusche, Gerüche, Gesehenes und Gefühltes vergegenwärtigen sich und erzeugen die Illusion, als sei sie exakt in diesem Augenblick wieder im Wald bei diesem Mann.

Sie zittert und spürt die aufkommenden Affekte, welche wie falsch Gegessenes die Speiseröhre hinaufschießen und einen verzweifelten Schrei hervorbringen, ein fragmentiertes Relikt einstiger Lebendigkeit.

„Reiß Dich zusammen.", zischt sie zwischen ihre gebleichten Zähne und erhebt sich vom Bett, um das feuchte Handtuch abzulegen und das visuelle Gesamtergebnis zu begutachten. Ein Vergleich mit den unzähligen Models in den zahlreichen Frauenmagazinen bestätigt die erfolgreiche Transformation eines Menschen in eine Puppe als Projektionsfläche männlicher Gelüste.

Emotionslos verlässt sie den letzten sicheren Ort in ihrem Leben und betritt ein manipulativ eingerichtetes

Zimmer. Plüschtiere, Neonschild, Lichterkette, Dildo, Vibrator, Handschellen, Butt-Plug und Peitsche warten geduldig auf die eintretende Artistin.

Gleichgültig leer aktiviert sie ihren Computer und greift nach ihrem pinken Lovense Lush, um ihn in ihre Vagina einzuführen. Sie startet den Browser und klickt auf die gespeicherte Internetpräsenz für Cam-Models. Emotionslos meldet sie sich mit ihrem Namen und Passwort an und blickt auf ihr Profil. „Saltedhoney Live Sex Show" steht bunt im Header.

Eine Träne als versiegendes Fragment ihrer Person bildet sich und fällt glitzernd auf den rosafarbenen Teppichboden.

Allmählich heben sich ihre Mundwinkel zu einem Lächeln und begrüßen die anonymen Männer des Internets, welche in den nächsten 8 Stunden für all das bezahlen werden, was sie von ihr verlangen, im Glauben dadurch Kontrolle über sie zu haben.

„Hey Boys.", lacht sie aufgeweckt…

 Dämmerung

Schweigen

Es dämmert entlang des bergigen Horizonts und füllt die leicht nebelverhangenen Abhänge in ein zunehmend kupferfarbenes Gold, welches einen Teil der Lichtstrahlen bis tief in die Täler reflektiert. Verschwommen, unscharf, durch die Distanz in seiner Sättigung reduziert, gibt jene ferne Gebirgskette einen Einblick in die hiesige Natur dieser kahlen Landschaft.

Es ist still, lediglich eine Ahnung einer Brise vermag es ein wenig an den spitzen Kanten der Felsen in ein leises Pfeifen zu brechen. Nicht so weit, dass es unangenehm wäre, vielmehr eine willkommene Abwechslung in der sonstigen Geräuschkulisse aus trockenem Sand, welcher durch den Wind getragen, am robusten Stein der Berge schleift. Sandkorn um Sandkorn vertiefen sich die Rillen und bilden im Kontext genügend aufgebrachter Geduld eine kaum merkliche, doch kontinuierlich stattfindende Transformation des Gesteins, welches sich nicht erwehren kann, seine scharfen Kanten diesem Wind mitzugeben.

Partikel, welche kurzzeitig in der Sonne aufglühen und im Eintritt der tiefen Täler verdunkeln. Der Kontrast zwischen den Höhen und Tiefen dieser Landschaft könnte so nicht gewaltiger sein. Ein ausgeprägter Hell-Dunkel-Kontrast, welcher selbst durch diffuses Licht der teils gewaltigen Wolkenmassen nicht gemindert werden kann. Brachial bringen sie noch schärfere Winde, noch gefährlichere umherfliegende Gesteinsfragmente mit sich, gekrönt von Blitzen, welche, kaum direkt sichtbar, Areale der schweren Wolkendecken und -türme für einen Hauch einer Millisekunde erhellen, ohne dass sie jemals die kondensierten Wassermassen verlassen. Elektrizität in ihrer reinsten Form, wunderschön anzusehen, doch unberechenbar und furchteinflößend zugleich.

In dieser kargen Welt vermögen es nur wenige Pflanzenarten, den Naturgewalten und Temperaturschwankungen zwischen Tag und Nacht zu trotzen. Ausreichend Wärme unter den zwei Sternen dieses Systems, einem entfernten hellen Riesen, welcher die goldenen Farben und das notwendige Spektrum für die vereinzelte Flora spendet, sowie einem nahen blauen Zwerg, welcher kaum unter den Horizont taucht und so die Nacht mit einem mystischen Zwielicht beschenkt, so dunkel, dass die hellsten Sterne naheliegender Galaxien erkennbar sind, doch so hell, dass die Gebirgsspitzen nie im Schatten liegen.

Über Milliarden von Jahren passten sich die primitiven pflanzlichen und eukaryotischen Zellen jenem Spektrum an und brachten eine bemerkenswerte Art von Blüten hervor, welche am Tage unter dem grellen Licht des Riesen beinahe das gesamte Lichtspektrum absorbieren, um nicht zu verbrennen und in der Nacht jene überschüssige Energie durch ein eigenes Leuchten wieder abgeben. Ein Sternenhimmel auf dem Boden als Spiegel der endlosen kosmischen Welt. Nur einmal während der vollständigen Rotation um die zwei Sterne sinken die Temperaturen so weit, dass jenes kondensierte und ewig in der Luft verbleibende Wasser abgekühlt zum Grund fällt und eine gänzliche Transformation initiiert, aus der kargen Welt ein temporäres Eden zu kreieren. Einmal im Jahr ist der gesamte Planet mit leuchtenden Pflanzen bedeckt und wird selbst zu einem blauen Zwerg.

Und in diesem kleinen Intervall zwischen Regen und Dürre vermag es jene aufblühende Landschaft eine ganz spezielle Lebensform hervorzubringen, welche die Zeit des Sandes und des Staubes, der Temperaturschwankungen vertrocknet in Stase verbringt, um für einen winzigen Augenblick zusammen mit den Pflanzen das Reich der Lebenden zu betreten und sich fortzupflanzen, um daraufhin wieder ein scheintotes Dasein zu fristen.

Nur der Geduldige und der scharfe Beobachter wird jenes Wunder zu würdigen wissen und sich in die in die Lüfte freigegebenen, leuchtenden Sporen verlieben, welche sich auf eine mehrere Millionen Jahre lange Reise durch die Galaxien begeben, nur um auf andere Planeten in der habitablen Zone unter besseren Bedingungen als neue Zivilisation aufzublühen. Gleich einer Milchstraße ziehen jene kleinen Zellen durch den, auf Kohlenstoff basierende Leben, tödlichen Kosmos und zeichnen magisch schimmernde Nebel, bis sie irgendwann ihr Ziel erreichen und ihre Mitose beginnen.

Geduldig, nicht gegen Raum und Zeit, sondern mit ihnen, einem tief verankerten natürlichen Instinkt versprochen, sind sie die Sternenkinder des Planeten Lux0903 im Ossian-Doppel-Sternensystem der Galaxie Fos.

Still ist es zwischen den Sternen, nicht eine Schallwelle mag jenes unbehagliche Schweigen zu brechen, lediglich elektromagnetische Wellen und Gravitation kommunizieren über Milliarden von Lichtjahren miteinander und führen einen Dialog, den nur aufmerksame Wissenschaftler zu verfolgen wissen. Gelehrte wie jene des interstellaren Explorationsschiffs „Exerevno". Schlafend durchqueren sie die unvorstellbaren Distanzen zwischen dem Sonnensystem und fernen Galaxien jenseits menschlicher Vorstellungskraft, nur um darauf zu hoffen, in den unendlichen Weiten irgendwann einen Planeten zu finden, der ihre Aufmerksamkeit verdient, währenddessen die künstliche Intelligenz ohne jegliches Zeitgefühl unermüdlich ihren Blick in die verstecktesten Winkel richtet, um ihrer Programmierung zu folgen, unreflektiert und unerbittlich, analytisch und uneingeschränkt rational.

Ein warmes Summen als Indikator elektrischer Lebendigkeit füllt die leeren Gänge und Räume, welche seit Jahrhunderten keinen biologischen Lebensformen mehr das Gefühl eines Zuhauses vermitteln. Dunkelheit, denn die Maschinen benötigen kein Licht, keine Konversation, lediglich sporadisches Piepen kalkulierender Prozessoren, welche die ankommenden Signale abtastender Radare und Empfänger auswerten, das Geräusch zirkulierenden flüssigen Wasserstoffs, welcher jene empfindliche Technik heruntergekühlt und rhythmisch wiederkehrende Geräusche der Vital-Monitore, der sich in Stase befindenden Reisenden. Noch ahnen sie nicht, dass ihr Schlaf nun endlich ein Ende gefunden hat und sie jenseits der von der Erde aus sichtbaren Galaxien ein Sternensystem gefunden haben, welches es wert ist, entdeckt zu werden.

Doch aus den routinierten Subprogrammen werden abrupt, rasch startende Hauptprogramme wie Lebenserhaltung, künstliche Gravitation, differenziertere Scanprogramme und nicht zuletzt die Initiierung des Aufweckens. Mittels

Infusion und Erwärmung werden die Träumenden in die tödliche Realität des Weltraums zurückgebracht, der Herzschlag beschleunigt sich, der Blutdruck steigt, die neuronale Aktivität nimmt zu und allmählich öffnen sie ihre Augen, nicht wissend, wohin sie die lange Reise geführt hat.

Zwei Stunden später füllen die seit langem verbalisierten Gedanken die lichtdurchfluteten Räumlichkeiten.

„Professor, die Werte des Planeten Lux0903 sind vielversprechend. 15,9 % Sauerstoff und 84,2 % Stickstoff, bei 1,5 Hektopascal atmosphärischer Druck und 10,3 N kg Gravitation.", lächelt einer der Männer in die Runde der Gelehrten und blickt hoffnungsvoll durch die Scheibe zum angesteuerten Planeten, welcher durch zwei Sonnen angestrahlt in einem Lichtspiel aus Weiß und Blau die ästhetische Affinität befriedigt.

„Und die Strahlung?", fragt nüchtern der ältere Mann, konzentriert die differenzierten Diagramme und Tabellen studierend.

„In unseren Raumanzügen sind wir geschützt."

„Ich sehe jedoch keinen Hinweis auf tierisches Leben, die Pflanzendichte liegt bei 50 Individuen pro Hektar, ein schwieriges Unterfangen, vom fehlenden Wasser im Boden nicht mal gesprochen.", kommentiert der Gelehrteste und kalkuliert die Erfolgschancen des Vorhabens, auch wenn ein Funke von Hoffnung nicht gänzlich zu vermeiden ist.

„Es ist ein Versuch wert.", entgegnet euphorisch ein weiterer Mann und erspäht ein zögerliches, doch nicht zu verneinendes bestätigendes Nicken des Projektleiters.

Es ist zwölf Stunden später. Ein rauer Wind fegt über das kahle Relief ausgetrockneter Landschaft, in welcher die vereinzelte Flora taumelnd um Halt kämpft. Doch

ungewohnter Weise kommen die neuen Luftvektoren nicht
von der Seite, sondern von oben und kündigen die Landung
eines sinkenden Shuttles an, welches mittels Repulsoren effizient die Gravitation zu überwinden vermag. Wenige Sekunden später, zum ersten Mal seit Existenz dieses Planeten, betritt eine fremde Spezies die unberührte Ästhetik eines mystischen Planeten. Neugierig und wissensdurstig betritt sie den
festen steinigen Grund einer Welt, die sie für formbar hält. Unter dem Zischen sich ausgleichender Atmosphäre öffnet sich
die seitliche Luke und ermöglicht es den Forschenden jenseits von Technik, die Eigenarten und die Schönheit dieses
Areals zu entdecken.

„Auch wenn unsere Liebsten auf der Erde längst
verstorben sind, so hoffe ich, dass wir als Menschen hier
neu gedeihen können.", kommentiert nachdenklich einer der
Forschenden die festgeschriebene Vergangenheit und mögliche Zukunft des Homo sapiens im Licht der aufgehenden
Sonnen des Planeten Lux0903.

Ein tosender Sturm reißt Sand und Gesteinsfragmente mit sich und transformiert jene zu tödlichen Geschosse, welche hunderte Meter weiter in Beton und Glas einschlagen, tiefe Narben hinterlassen und die restlichen Überbleibsel von Fenstern zerbersten lassen, um deren Partikel mitzuschleudern und kontinuierlich an Masse zu gewinnen.

Mauern und Säulen, Wände und Brücken, jedes Relikt einer Vergangenheit liegt zerschmetternd in Trümmern, um mit der Zeit wieder eins mit dem Grund zu werden. Kein Lachen spielender Kinder füllt die einst großzügigen Alleen, kein Lärm technischer Bewegungsmittel bricht das stille Rascheln wandernden Sandes. Lediglich jene kinetische Energie vermag ein Überbleibsel vergessenen Lebens sein, das einst diesen Ort füllte. Eine Stadt ohne dessen Erbauer und den Bewohnern, für welche jene konstruiert wurde, stattdessen Straßen, welche beinahe vollkommen im Schutt und unter Sand begraben, nur erahnen lassen, dass sie eine gesamte Zivilisation getragen haben. Die einstigen Kronen dieses Königreiches, beinahe bis zur Unkenntlichkeit zusammengefallen und eingesunken, wirken nun selbst wie leblose Felsen, welche jener trostlosen Ödnis einen einsamen Charakter verleihen. Ein Labyrinth von künstlichen Zeugen des kolossalen Scheiterns und zugleich ein Mahnmal, sofern irgendwann ein jemand jene untergegangene Kultur studiert.

„Hier waren wir.", schreit jene Szene verzweifelt zum wolkenverhangenen Himmel, um sich mit dem dort tanzenden Staub zu verbinden, verdammt dazu, niemals mehr den Grund zu berühren. Von weit oben blickt sie ernüchtert unter sich, schweigend, doch nicht vergessend, dass die kurze Existenz einer auf Kohlenstoff basierenden Spezies ausgereicht hat, die über Milliarden Jahre stattfindende natürliche Transformation dieses Planeten zu vernichten, sodass exakt in diesem Augenblick nichts mehr an die einstige bescheidene und unberührte Schönheit erinnert.

„Hier waren wir.", fällt ein Stück Verkleidung kraftlos von einer deformierten Wand und zerbricht in unzählige Hinterbliebene.

„Hier waren wir.", taumeln die Kleinstpartikel geschmolzenen Sandes in den unwirklichen Verwirbelungen, über stark erodiertes Metall kratzend, welches früher einmal Statik, Halt und technologischen Fortschritt repräsentierte und heute durch die trocknen Sandstürme durchlöchert und fragmentiert, jeden einstigen Glanz verloren hat.

Ein lebloser Felsen im unendlichen Kosmos rotiert teilnahmslos um seine eigene Achse, eine instabile Laufbahn um zwei Sterne ziehend, heizt die solare Strahlung zunehmend die Oberfläche auf und bricht aufgrund ungleichmäßiger Wärmeverteilung in ihre einzelnen tektonischen Platten auf, um in Millionen von Jahren eine nicht wiedererkennbare Ansammlung von Gesteinsformationen im kühlen All zu werden.

Nichts wird jemals an die vergangene Erscheinung erinnern, wenn die Sternengravitation eben jene Formationen im Zuge einer Gravitationsspirale immer näher zur Chromosphäre zieht und alle Materie zurück zu ihrem Ursprung findet. Dann noch werden irdische interstellare Raumschiffe schweigend durch das allumfassende Schwarz treiben und warten.

Jahrhunderte, Jahrtausende, Jahrmillionen … schlafend warten deren Herrscher in ihren Stasekapseln darauf, dass in fernen Galaxien am anderen Ende dieses Universums ein kontinuierlich arbeitender Computer die Entscheidung trifft, dass eintreffende Signale mit den vorab fest definierten Parametern übereinstimmen und ein neuer Planet mit Möglichkeit des Lebens bereit ist, den Anfang seines unvermeidlichen Endes zu akzeptieren.

Irgendwo anders ziehen der Weile leuchtende Sporen einsam durch das Vakuum, der Kälte und der Strahlung als längst vergessene Kinder eines Planeten, der nicht nur seine bescheidene Schönheit verloren hat, sondern auch sein Dasein.

„Exerevno 2", ziert blass ein sandblauer Schriftzug die lädierte Außenhülle eines menschlichen Raumschiffes, welches mit Lichtgeschwindigkeit springend, sich den physikalischen Gesetzmäßigkeiten von Raum und Zeit unterwirft.

Doch es hat Geduld und Ausdauer. Im Vergleich zu einem Planeten scheinbar winzig und unbedeutend.

„Hier sind wir.", entsendet es in die Stille, die niemals ihr Schweigen brechen wird.

 Dornröschen

Es war einmal …

jenseits jeder Vorstellungskraft, hinter dem Horizont und darüber hinweg, akkurat auf einer planierten Fläche liegend, ein Land, gekrönt durch Gebäude, welche beinahe bis zu den Wolken reichten und im Licht untergehender Sonne majestätisch aufglühten.

Ein Reich der Technik, der Elektrizität und der Informationsverarbeitungstechnologie, welche es möglich machte, das Leben eines jeden Bürgers auszuspionieren, Meinungen zu beeinflussen und Essen gemütlich von zu Hause aus zu bestellen, ohne auch nur einen Fuß vor die Tür zu setzen.

Es war eine Zeit, in der durch aggressive Globalpolitik im Sinne der Gier nach Ressourcen andere Kulturen zerschlagen und deren Gesellschaftssysteme dadurch destabilisiert, eine neue Form der Gewalt hervorbrachte – den Terrorismus. Und jene selbst geschaffene Demonstrationsform gefährdete ein jedes Leben, sodass die schrittweise Einschränkung der Grundrechte eines jeden notwendig erschien und applaudierend begrüßt wurde. Die Angst, Opfer eines radikalisierten Messerstechers zu werden oder eines Attentäters, welcher mittels eines unnötig protzigen SUV in Menschenmengen fuhr, schuf Ketten jener Furcht und kaum jemand verließ noch seine Wohnung, sondern flüchtete in eine digitale Metawelt, in welcher das Chaos der progredienten Globalisierung vergessen schien und jene unzähligen Variablen auf einfache Quests reduziert wurden, die im Gegensatz zum realen Leben begreifbar und überwindbar waren. Ein Gefühl von Selbstwirksamkeit und Kontrolle in der digitalen Welt, die Illusion ein bedeutsames Leben zu führen in einer Gesellschaft, in welcher ein Jeder austauschbar und anonym unter acht Milliarden Menschen wandelte.

In eben jener Welt gab es ein kleines Mädchen, welches als Tochter einer alleinerziehenden Mutter die Auswirkungen einer gewollten Kapitalverschiebung brachial am eigenen Leib spürte, denn währenddessen die wenigen Reichen und Regierenden durch politische Entscheidungen den Bürgern immer tiefer in die Brieftasche fassen konnten und so reicher wurden, verarmten die Armen und gerieten ins Existenzminimum, welches vollends kollabierte, als die Zentralbank durch ihre länderübergreifende Zinspolitik das Geld regelrecht entwertete und so selbst etwas so Einfaches wie Butter zu einem Luxusgut wurde. All dieses Chaos erzeugte einen gesellschaftlichen Wandel, denn wenn es keine externen, rettenden Felsen in der Brandung gab, so wenigstens Rettung durch die Besinnung auf das eigene Ich, sodass der hiesige Egoismus aufblühte, wie Blaualgen im Hochsommer. Doch nicht jeder vermochte es, die Utopie der eigenen Großartigkeit aufzubauen und zerbrach an den expandierenden Egos der anderen, sich selbst die Schuld gebend, waren Depressionen und andere psychische Störungen unvermeidlich.

Und so litt auch jenes kleine Mädchen an einer tiefgreifenden Störung, einhergehend mit Hoffnungslosigkeit, Antriebslosigkeit, Leere, Verzweiflung, Selbsthass, Insuffizienzerleben, Appetitlosigkeit, Durchschlafproblemen, Ängstlichkeit, Nervosität und Lebensüberdrüssigkeit.

Sie hasste sich dafür, dass sie nicht die Kraft aufbringen konnte, sich über das Agieren der anderen Menschen zu erheben, um Kontrolle über ihr eigenes Leben zu gewinnen.

Sie hasste sich für ihre Schwäche und die Rücksichtnahme der Bedürfnisse anderer, nur weil sie unfähig war Konflikte auszutragen, denn im Streit, so glaubte sie, würde ihr auch noch die restliche Liebe ihr gegenüber entzogen werden und sie zu einem wertlosen Menschen ohne Bestimmung dahinvegetieren.

Doch die Wahrheit war, niemand liebte sie. Selbst ihre Mutter, welche aufgrund genetischer Verbindung biologisch dazu gezwungen war, konnte nicht mehr als Abscheu hervorbringen, denn sie gab ihrer Tochter die Schuld für die Schwere ihres Lebens.

Es war einfacher, Andere in die Verantwortung zu ziehen, als in Reflexion den funktionalen Weg der Veränderung zu gehen. Und so wurde jener toxische Habitus vorgelebt, nahm ihn sich partiell das Mädchen zu eigen und entschied einen Pfad zu beschreiten, auf dem ihr niemand folgen konnte, der Weg der allumfassenden Ruhe des mächtigen, aber friedvollen Nichts.

ein Moment bedächtiger und behütender Stille, eines der wenigen vertrauten Gefährten eines Mädchens, welche in der Einsamkeit ihr zu Hause fand und seitdem in ihr weniger das bedrückende Gefühl der Leere sieht, sondern den Schutz des Reizlosen.

„Dieses Leben, es ist mir zu laut.", schreibt sie affektstarr auf ein liniertes Blatt Papier, setzt die Minenspitze ab und hält emotionslos inne. Ereignisse dieses Tages katapultieren vor ihr geistiges Auge und bilden in ihrer Summe ein intensives Drama ohne Happy End und Fanservice.

Verschwommene, zu grotesken Fratzen verzogene Gesichter blicken mit ihren dunklen und leblosen Augenhöhlen in das Innerste der Seele und kotzen dunklen Schleim in sie hinein. Wie heißes Pech brennt es sich durch die Eingeweide und verklebt die lebensnotwendigen Funktionen zu einem Sammelsurium des internalen Chaos.

„Geh sterben, Du Fotze.", hallt die brachiale Aggression der Angreifer durch das Bewusstsein und zersplittert das Kontinuum der formalen Logik, um das limbische System in Fetzen zu zerreißen – ein emotionaler Sprengkörper, dessen Druckwelle jede Art von Freude eliminiert und das Mädchen dazu zwingt, im Glauben vor emotionalen Schaden eine radikale Zäsur zu allen Gefühlen vorzunehmen, sodass nun eine allgegenwärtige Leere jede Grundlage für Lebenswillen verdrängt.

Zittrig hebt sie ihren Kopf und blickt zur lautlosen digitalen Uhr an der gekachelten und vergilbten Wand eines heruntergekommenen Bades, welches durch unnötige und ablenkende Dekoration wie eine schlechte Pointe, das aufgeschlossene Publikum zur Flucht zwingt. Doch sie ist hier, sitzt auf dem Boden des kalten Steinguts und nimmt jene Kälte an ihrer nackten Haut wohlwollend zur Kenntnis. Kälte als Projektion, welche es ermöglicht, eine winzige Ahnung der Welt dieses Mädchens zu erhalten, welche die Uhrzeit lautlos liest:

„3:33Uhr." sprechen ihre Lippen und initiieren einen tief verborgenen Plan, welcher sich wie ein Stadtplan entfaltet und mit jeder weiteren aufgedeckten Seite an Prägnanz gewinnt, so weit, dass beinahe jeder andere Gedanke darin ertrinkt und dem Automatismus röchelnd Platz macht.

„Im Leben bin ich gestorben, im Tod werde ich leben.", kritzelt sie teilnahmslos auf das Papier und beendet ihre Ausführung mit ihrem Namen, welcher, kaum auf das Papier gesetzt, durch eine Träne bis zur Unkenntlichkeit verschwimmt und so in Vergessenheit gerät.

„Vergessen.", flüstert sie beinahe hoffnungsvoll und erhebt sich schwach in den Stand, um das faszinierend ruhige Wasser in der kalkigen Badewanne zu beobachten. Nicht eine Bewegung verzerrt die kristallklare Reflexion der Umgebung, als sei dies ein einladender Vorbote des beschrittenen Pfades.

Eins mit dem Nichts, eins mit der Bewegungs- und Zeitlosigkeit in einer Zeit, die zu schnell, zu hektisch, zu intensiv auf das Mädchen eingewirkt hat und durch ihren Verlauf die zerbrechliche, fleischliche Hülle erodieren ließ. Rissig, übersät von Narben, gleicht die organische Barriere der Oberfläche einem ausgetrockneten Flussbett, welches jedes zuvor darin gedeihende Leben mit in den Tod zog.

Jene aufgebrochenen Platten saugen sich mit dem lauwarmen Wasser voll, als sie sich hineinlegt und das Gefühl assoziiert, nun mehr fluide als starr zu sein.

Wellen dehnen sich von ihrem, sich im Kontext der Atmung hebenden und senkenden Brustkorb aus und verlaufen bis zum Rand der Wanne, um dort gebrochen zu erlöschen. Die ersten Wellen tragen rote Partikel mit sich, welche gleich Rauch in die Umgebung greifen, metastasieren und so zunehmend die gesamte Farbe in ein lebendiges Rot tauchen.

Lächelnd liegt sie kaum atmend in Thrombozyten, Erythrozyten, Leukozyten, Blutplasma und anderen

Bestandteilen, die aus ihrem Inneren hervorquellen und im Zuge der Diffusion ein Molekülgleichgewicht anstreben.

Die Augen geschlossen, unternimmt ihr zentrales Nervensystem eine letzte Anstrengung und feuert einige erleichternde Impulse in die zunehmende Stille. Die Wüste jener Stadt, welche sich durch das Grün der Dinge frisst und die Menschen als deren unwissentliche Träger wie damals die Flöhe bei der Pest.

Dem Schwarz des Lebens folgt das Weiß des Nichts.

und Du wirst der Wahrheit Gestalt erkennen.

Ein schrilles, jedoch gleichmäßiges Piepen breitet sich wellenartig in der Stille aus und verdrängt das Nichts, nebelartig ziehen Eindrücke der Vergangenheit in das Bewusstsein und verschwimmen unscharf ineinander, bis eine nicht zu verleugnende Orientierungslosigkeit das Individuum zur Erkenntnis zwingt, dass etwas an der Situation nicht stimmt, denn die Erfahrung, aus realistischen Begebenheiten heraus, steht in einer offensichtlichen Dissonanz zum kognitiven Chaos aus fragmentierten Impressionen und Affekten. Lediglich das Piepen kreiert eine Art roten Faden, dem der vernebelte Verstand in seiner Verwirrtheit zu folgen versucht, etwas Greifbares im abstrahierten Zustand.

Und so nähert sich das Bewusstsein der Quelle des Piepens, welches mit jedem weiteren Schritt an Klarheit und Deutlichkeit gewinnt, bis eine Ahnung über dessen Beschaffenheit entsteht, ein nervtötendes Geräusch, welches mit ähnlichen Tönen aus der Vergangenheit abgeglichen wird. Und abrupt ist jene Unwissenheit fortgefegt und die eine unumstößliche Wahrheit brüllt in das somnolente Ich:

ein Herzmonitor.

Die schweren Augenlider öffnen sich zu einem winzigen Spalt, die Retina schreit durch das einfallende grelle Licht ohrenbetäubend auf und zwingt die Lider sich wieder zu schließen, bis aus dem Bedürfnis der Kontrolle heraus der Verstand erneut den Puls entsendet, die Lider zu öffnen, um sich visuell orientieren zu können.

Unscharf und ohne Kontrast wird zunächst lediglich eine unkenntliche Idee des Ortes in das Bewusstsein projiziert, helle Farben, geometrische Grundformen, etwas Dunkles und Helles. Angestrengt versuchen kognitive Prozesse aus den wenigen Informationen eine Idee von Realität zu zeichnen, scheitern jedoch und hinterlassen ein beängstigendes Fragezeichen.

Der Mensch erträgt keine Erkenntnislücke, sie widerspricht dem Bedürfnis nach Sicherheit durch Kontrolle. Und so, auch wenn es zunächst mit Schmerz verbunden ist, werden die Augenlider noch weiter geöffnet und der Retina Zeit gegeben, das einfallende Licht akkurat zu verarbeiten und zu interpretieren. Aus den diffusen Farbflächen werden zunehmend schärfere Konturen und eine wahrheitsgetreue Idee der Situation und des Ortes entsteht.

Ein Krankenhaus, evtl. die Intensivstation, eine sitzende Person, Schmerz erfüllte Schreie aus den Nachbarzimmern, Gewusel von überarbeiteten Pflegekräften und verbalisierter Unmut von Angehörigen, welche mit einer ärztlichen Einschätzung nicht zufrieden sind. Ein Übermaß an einströmenden Reizen, welchen den aufkommenden Schmerz der Schnittwunden an den Armen, der ungünstig platzierten Flexüle am Handrücken und dem Tubus in der Luftröhre dennoch nicht zu überdecken vermögen.

Unverhofft schlägt die Konsequenz der durchgeführten suizidalen Handlung in das Bewusstsein, einhergehend mit Gefühlen wie Scham, Schuld und Verzweiflung, dazu verdammt zu sein, weiterhin im Reich der Lebenden dahinzuvegetieren, jedoch nun dazu gezwungen zu sein, sich mit der Tat auseinanderzusetzen, welche von keinem selbst Betroffenem nachvollzogen werden kann.

Beinahe vorwurfsvoll sitzt ein Mann neben dem Krankenbett, ein Klemmbrett auf dem Schoß, mustert er die Aktionen und Reaktionen des Mädchens, welches sich nichts sehnlicher wünscht, als dass eben jener Mann ein tugendhafter Prinz sei, welcher die Prinzessin aus dem Winterschlaf wachgeküsst hat, um mit seiner reichenden Hand jene Adlige aus den Klauen der bösen Königin Depression zu ziehen.

Doch dies ist nicht die Aufgabe des Psychologen.

Seine Aufgabe wird darin bestehen, eine alternative Perspektive in das scheinbar ausweglose Dilemma zu setzen, welche letztendlich mit einer schweren Reise einhergeht. Die Reise der Adaption. Denn die soziale Umwelt lässt sich nicht verändern und so bleibt im Rahmen kognitiver Dissonanz nur die Wahl, die pathologische Einstellung zu den Dingen abzulegen.

Demotiviert schließt das Mädchen seine Augen und entschwindet in ein Königreich, in welchem jener steinige Pfad nicht notwendig ist. Eine Welt, in der eine Fee das Leben des Mädchens per Magie radikal verändert.

Ach wäre das schön, wenn es so einfach wäre und das Abenteuer begänne mit:

Es war einmal...

 Ampel

Grün

Über 2100 Kreuzungen befinden sich in einer verkehrsreichen Stadt irgendeines Landes, irgendeiner scheinbar zivilisierten Informationsgesellschaft als Weiterentwicklung einer vorhergehenden Industrienation.

Über 9500 Straßen, bei über 1,2 Millionen Autos, ein hiesiges Gewusel an motorisierten Fahrzeugen muss akkurat durch jene urbane Infrastruktur gesteuert werden, mit dem Ziel, den Verkehrsfluss nicht abzuwürgen und Unfälle zu reduzieren.

Immer geschmeidig im Workflow.

Daher lenken über 2100 Ampeln den Verkehr, auch wenn der subjektive Eindruck entstehen mag, dass jene Leuchtsysteme viel zu oft und lange auf Rot stehen und dadurch den Verkehrsfluss behindern. Fußgänger sehen einen Nachteil zu ihrer Last und Fahrzeugführer zu ihrer – egal wie man es dreht und wendet, irgendjemand muss immer stehen, auch wenn die Zeit einem ins Ohr brüllt, die Füße in die Hände zu nehmen und gleich Roadrunner die Distanz zwischen der zu engen, aber überteuerten Mietwohnung und der ausbeuterischen Arbeitsstelle zu überwinden. Das Gefühl von einem unsichtbaren Mörder verfolgt zu werden, lässt die Nackenhaare aufstellen, den Puls rasen und den Schweiß über die Stirn laufen, einhergehend mit einem Übermaß an Ungeduld und schlechter Laune.

Es ist ein diesiger, latent unangenehm kühler Herbsttag im Klimawandelsommer, das Befinden aufgrund erzwungenen Jackentragens im Keller, reizen die urbanen Licht- und Geräuschstressoren das Nervensystem zusätzlich, sodass jede Form sozial angemessenen Verhaltens an einem seidenen Faden hängt, bereit jederzeit ohne eine ausreichend objektive quantitative Kausalität zu reißen, sprich:

gespannt wie ein Flitzebogen, halt nur ohne Spaß.

Ungeachtet möglicher Kausalitätsfaktoren, welche der Mensch in der Regel nicht reflektiert, sondern stattdessen im Flow negativer Affekte schwimmt, entladen sich Aggressionen zumeist in den Situationen, die rein gar nichts mit der angestauten Wut zu schaffen haben, wohl möglich, dass ein verbaler Angriff gegenüber einer anderen Person noch deutlich in der Komfortzone liegt, sprich es ist einfacher jemanden zusammenzuschlagen, als an den Ursachen eigener Probleme zu arbeiten. Die reine Reizüberflutung, der Untergang in anonymen Menschenmassen, Chaos und unüberschaubare Verhaltensweisen Anderer fluten den Thalamus, das menschliche Gate zum Bewusstsein, und initiieren unter Einbezug des limbischen Systems eine Hyperalertness, welche selbst durch das Frontalhirn, Sitz für Kontrolle und sozial angemessenem Verhalten, nicht mehr aufgehalten werden kann.

Der Mensch sieht plötzlich rot und rennt in die nächste Eskalation wie ein Bulle in das wedelnde Tuch eines Matadors.

Ungeduldig steht ein Passant am Sinnbild menschlicher Fehlhandlungen, einer roten Ampel und wiegt jede unnötig vergangene Sekunde mit Gold ab, denn Zeit ist Geld und von beidem scheint im Leben zu wenig vorhanden. Im Versuch sich selbst emotional zu regulieren, wischen die Finger über das gesprungene Retinadisplay eines überteuerten angebissenen Apfels und manövrieren sich hektisch durch die hiesige dramatisierende Nachrichtenwelt, auch wenn jener Dauerkonsum im Kontext kontinuierlicher Informationsabsorption zu dysfunktionalen neuronalen Veränderungen führt, d.h. das Gehirn prägt sich auf negative Schlagzeilen und versetzt den Körper in einen Dauerstresszustand.

Binnen Sekunden werden Tonnen an Informationen inhaliert und flüchtig auf die Ampel geblickt, welche für die Autofahrer auf Rot springt. Da eben auch Kraftfahrzeugführer nur stressanfällige Menschen sind, huscht ein, im Kontext

knapper Erdölreserven unnötig verschwenderischer Renn-
flitzer bei offensichtlichem Dunkelgrün noch über die Fahr-
bahn und verschwindet zufrieden in der Ferne.

„So eine Fotze!", schreit der Passant wütend hinterher und fühlt sich ersichtlich in seinem Respekt und seinem
Recht auf eine gefahrlose Überquerung der Straße verletzt.

Insgeheim wird ein stiller Fluch hinterhergeworfen,
der Autofahrer möge in die nächste Häuserwand krachen,
wenn nicht Poller zum Schutz vor terroristischen Anschlägen
vorher eine abrupte Entschleunigung erzeugen.

Möge es der gleiche Tag, die gleiche Woche, ein Monat oder ein Jahr später sein – die ungerechte Situation der verbotenen Ampelüberquerung ist wohl möglich längst im Unrat verdrängter Erinnerungen gelandet und stinkt vor sich hin.

Der Passant, mittlerweile das neuste Modell eines immer noch angebissenen Apfels in der Hand, sitzt angespannt in seinem Sportsitz eines dermaßen tiefergelegten Fahrzeuges, dass mit viel Glück ein 80 g/m² dünnes Blattpapier zwischen Unterboden und minderwertigen Asphalt passt – bei gutem Wetter. Die Uhrzeit des gestochen scharfen Retinadisplays, welches neuerdings sogar gefaltet werden kann, lässt die Uhrzeit zu einem Stechinstrument schärfen und bohrt sich tief in das angespannte Bewusstsein, sodass Schweißperlen über die Stirn rinnen und das teure Wildleder eines elendig abgeschlachteten Tieres, welches nun als Sportsitz wiedergeboren wird, beschmutzen, ein weiterer Grund auf der Stelle auszurasten und darüber nachzudenken, die exokrinen Drüsen im Gesichtsbereich via Botox zu terminieren, denn alles, was im Entferntesten mit animalischer Menschlichkeit assoziiert wird, muss wie auch die Umwelt niedergebrannt und planiert werden.

Aus dem Subwoofer im Kofferraum klatschen 180Beats/Minute um die Ohren, versenken die Haarzellen im Innenohr und tragen jene mechanische Reizung in das durch die Verkehrssituation übererregte Nervensystem. Um die Anspannung zu reduzieren, wird ein stark zuckerhaltiges und koffeinhaltiges Getränk mit Taurin hinterher gekippt, denn die Aufmerksamkeit könnte für eine Millisekunde abflachen und etwas Spannendes verpassen, z.B. den, durch passende Kleidung ungewöhnlich stark hervorgehobenen Hintern eines aufgedonnerten minderjährigen Mädchens, welches sich ausschließlich durch die lüsternen Blicke der Männer identifiziert, um im gleichen Atemzug laut nach #metoo zu schreien.

Der Mann als Gefangener seiner „animalischen"
Triebe hat sich in seiner Evolution etliche Male die Halsmus-
kulatur beim Versuch, einen ungezogenen Blick zu erhaschen,
gezerrt, nur um dann gegen die brachiale Wahrheit zu klatschen, dass vielleicht Appetit geholt werden kann, doch ge-
gessen, mein lieber Freund, wird immer noch zu Hause.

Jene veraltete Weisheit wird gnadenlos von 25 % der
Männer missachtet, aus einem Drive-In wird ein Fuck-In, auch
wenn die Rechnung neun Monate später das ersparte Kapital
sprengt und die niedergeknüppelte Beziehung. Wer kauft
schon eine ganze Kuh, wenn er nur Milch möchte - vor allem
Hafer-, Soja-, Mandel- oder Kokosmilch?

Der Mann, welcher nun hin- und hergerissen zwischen Top-News bei TikTok, Instagram, Snapchat, Twitter, Fa-
cebook und dem geilen straffen Hintern switcht, hat nun aufgrund begrenzter Aufmerksamkeitskapazität das eigentlich
Offensichtliche, nämlich die Verkehrssituation, nicht mehr im
Blick und gnade ihm Gott, Allah oder die heilige Gießkanne,
dass die Polizei unterbesetzt und demotiviert, heute nicht mit
einem hochmodernen Blitzgerät zwischen schlecht parken-
den Autos steht und nur darauf wartet, Bonuspunkte zu verteilen, wie Supermärkte Payback-Coints.

Der Hauptgewinn ist ein beinahe mit 200 € preis-
günstiges Fitnessprogramm im Kontext eines einmonatigen,
erzwungenen, zur Arbeit Laufens.

Abrupt hebt die grüne Ampel den gelben Mittelfinger
und rüstet sich für den totalen roten Krieg.

„Fuck you!", schreit der überforderte Fahrer, den angebissenen Apfel durch die Fahrgastzelle werfend, reagiert
das Rückenmark noch bevor das Bewusstsein vom auslösen-
den Reiz und der erfolgten Reaktion Kenntnis nimmt. Ohne
Zutun der terrestrischen Gravitation stampft sich der rechte
Fuß in das Gaspedal und lässt den 450PS V6 Motor aufheulen,
sodass der Drehzahlmesser temporär in den roten Bereich
ausschlägt und das Fahrzeug über die durch die StVO

festgesetzte Geschwindigkeitsbegrenzung beschleunigt. Wäre es ein Formel-1-Rennen, der Mann stünde nun mit einem glänzend polierten Pokal auf dem Siegertreppchen im Blitzlichtgewitter eifriger Fotografen.

Doch die Siegerehrung bleibt aus, trotz eines kurzen Blitzlichtes.

„Fuck, Scheiße!", ertönt das grollende Wüten des Fahrers, welcher die Gerechtigkeit dieser Welt in diesem Augenblick für nicht existent in die ewigen Jagdgründe kicken möchte.

„Ausgerechnet ich.", schlägt er auf das mit Leder bezogene Lenkrad und denkt in jenem Augenblick an den glücklichen Sportflitzer an der Ampel, welcher trotz seines ersichtlich bewussten Überfahrens der roten Ampel ungeschoren davonkam.

Drei Wochen später trifft der Hauptgewinn des kurzen Rennens in Form eines hübschen Bußgeldbescheides ein und plötzlich werden die 450PS, die 6 Ventile, der Allradantrieb, die beheizbaren Sportsitze, der Subwoofer im Kofferraum und die kleine grüne, umher baumelnde, duftende Tanne irrelevant. Nun heißt es täglich von der Wohnung zum drei Kilometer entfernten Fitnessstudio zu laufen, ein Warm-Up vor dem Cool-Down.

Nun heißt es, die kognitive Dissonanz aufzulösen, zwischen dem Wunsch, gleich Arnold Schwarzenegger potenziellen Weibchen den Kopf zu verdrehen und der Affinität, so wenig Wegstrecke wie möglich per Fuß zu bewältigen. Natürlich könnte er sich einen Monat entspannt zurücklehnen und die freigewordene Zeit in Bildung, Achtsamkeit oder Entspannungstechniken investieren, doch die heimlichen Blicke der Frauen haben eine solide Basis oberflächlich entstehender Selbstliebe geschaffen, sodass eben ein Ausbleiben jener visuellen Bestätigung seine Lebensexistenz vernichtete.

Die aktuelle Wettersituation verdrängt nicht den inneren Schweinehund, ein latenter Anflug von Selbsthass aufgrund der Wichtigkeit eigener Ästhetik trotz des hinunter klatschenden Regens durchströmt die Arterien des aus nur 5 % Fett bestehenden Körpers des regelmäßig pumpenden Mannes und somit 12 % weniger als ein Cheeseburger.

Ein komplexes Geflecht von neuronalen Signalen zerren den im Regen Laufenden emotional von einem Pol zum Konträren, Wut auf den über Rot fahrenden Sportwagen, Hass auf die eigene Unaufmerksamkeit, Zorn auf den immer zur Verfügung stehenden angebissenen Apfel, Trauer um die als ungerecht empfundene Strafe in Form negativer Bestrafung, der einmonatigen Wegnahme seines eigenen Sportwagens, welcher nun aufgrund ungenügend vorhandener Parkplätze ungenutzt im Parkverbot steht und zu einem Accessoire degradiert, den Weg beinahe jeden Metalls geht: die Rückführung in einen energetisch günstigeren Zustand durch Oxidation.

Wie oft erlebte er, dass Menschen bei Rot über die Ampel gehen, Fahrradfahrer die Vorfahrt und Ampelphasen missachten und selbst Kraftfahrzeugführer im Kontext von selbst geschaffenem Zeitdruck das verpflichtende Haltesignal ignorierten, ohne dass auch nur einmal eine negative Konsequenz erfolgt wäre?

Das daraus resultierende Muster ist eindeutig: Tue, was Dir gefällt und komme damit davon. Dass er selbst in unzähligen Situationen gleiches Verhalten zeigte und nicht mehr als ein leichtes Kopfschütteln erzeugte, ist in jenem Augenblick vergessen, dass das subjektive und egoistische Ich zerbräche an der Tatsache, nicht besser als der übrige Rest zu sein, doch um unter acht Milliarden Menschen eine Existenzlegitimation zu erhalten, muss die eigene Person über die Anderen gestellt werden.

In Gedanken steht er seufzend an einer eben erst auf Rot gesprungenen Ampel und schiebt jeden Anflug eines aufkommenden internalen Konfliktes in die Verdrängung, um sich auf sein Trainingsprogramm zu fokussieren, denn wenn schon sein Auto als Statussymbol und Fliegenfalle für oberflächliche Frauen nicht zur Verfügung steht, so seine definierte Muskulatur als Zeichen der Fähigkeit, ein kleines und zierliches Mädchen zu beschützen, auch wenn im Rahmen der Emanzipationsbewegung medial behauptet wird, dass das weibliche Geschlecht nun durchaus selbst in der Lage ist, sich selbst zu behaupten

– die evolutionären primitiven und animalischen kognitiven Prozesse springen nach wie vor auf jene einfachsten Reize an und lassen die Lubrikation überschießen.

„Ach, fuck off.", zischt der Mann und setzt im Zuge unnötig imponierenden Verhaltens seine Füße auf die Straße, der Blick am Dekolleté einer, an der gegenüberliegenden Straßenseite stehenden Frau klebend, verschmitzt zu ihr lächelnd.

Ihre Erwiderung und das flüchtige, durch die Haare Streifen nimmt jede Aufmerksamkeit auf einen heranrasenden Flitzer.

Im einspringenden Blindensignal grüner Ampel liegt der Player regungslos hinter einer Blutspur, unweit einer stark deformierten Front eines Rennwagens.

„Fuck, Scheiße!"

 Luna

Neumond

Altocumuli wandern durch das Schwarz der ruhigen Nacht und schieben sich über die hauchdünne Silbersichel des soeben geborenen Mondes, welcher sich langsam jedoch beständig über den Horizont zieht und vereinzelt die dichten Baumkronen jenes Waldes in ein mystisches Blau taucht.

Es ist still. Kein Anzeichen einer Lebensfähigkeit des Tages, gefüllt mit den Gesängen der Vögel, dem Wiehern der Pferde auf den Koppeln, dem Blöcken der grasenden Schafe und dem Bellen des Hirtenhundes. Die Dunkelheit ist eingekehrt und mit ihr die Entschleunigung des täglichen Trubels. Die Menschen haben sich in ihre schlichten Holzhütten zurückgezogen und wiegen sich im warmen Licht der lodernden Kerzen in Sicherheit.

Das Tagwerk wird resümiert, die müden Knochen geschont, die schmerzenden Muskeln und Gelenke entlastet. Lediglich die winzigen lebensspendenden Adern dieses Landes ruhen nicht, sondern bringen beständig neues Wasser der Berge in die Täler und mit ihnen reisende Fische auf der Suche ihres Ursprungs. In ihrer verwirbelten Bewegung funkelt die Oberfläche der Bäche gleich dem Sternenhimmel, beinahe hypnotisierend ziehen sie den Beobachter in ihren Bann, um seine Gedanken fortzutragen in das weite und offene Meer.

Verschwommen und verzerrt blickt das Antlitz in das Seine auf der lebendigen Oberfläche eines behutsam fließenden Flusses. Inmitten des schmalen Mondes, in Begleitung seiner Sternenkinder, zeichnen sich die verwirbelten, dunklen und sternlosen Konturen der Gestalt ab.

„Wo bin ich?"

Zwei intensive blaue Kreise schneiden sich durch die tanzenden Baumkronen, die vereinzelten Wolken durchbrechen die Troposphäre, Stratosphäre, Mesosphäre, Thermosphäre, Exosphäre und begeben sich auf die kognitive Reise zur hauchdünnen, silbern glühenden Sichel des Neumondes, um sich in deren Glanz temporär zu verlieren. Verengte Pupillen in jenem grellen Streif wenden sich aufgeweckt ab und blicken zum seichten über dem Boden schwebenden Nebel.

Gleich Seide liegt er in unregelmäßigen Bögen auf der kühl nassen Luft und schafft die Assoziation einer behütenden Decke, welche die Flora und Fauna zur späten Stunde in den Schlaf wiegt.

Es riecht nach Erde und nassem Gras, nach Pilzen und dem Harz gedeihender Kiefern, welche den Wald vertikal schneiden.

„Was mache ich hier?"

Blitzartig schnellt er entlang dieser hölzernen Säulen unter dem Schutz dunkler Blätter, welche seinen Körper beinahe vollständig in Schatten hüllen. Trotz dieser Dunkelheit tritt er sicher zwischen das Geäst und die Gräser, als wäre er selbst Teil des nächtlichen Schwarzes und spürte jedes angrenzende Objekt. Eine Art Intuition lässt ihn jedes kleine Detail erahnen, jeden feinen Grashalm, die Struktur des Mooses, die Lamellen der Pilze, die Fühler der Mistkäfer, das Relief der Baumrinde. Gleich der Nacht selbst durchbricht er das Gehölz, Ast um Ast, Stamm um Stamm, die Lichtungen verzerren sich zu gemeinsamen hellblauen Farbflächen, die glühenden Hinterleiber der Leuchtkäfer ziehen sich zu langen Lichtfäden, welche gleich Fahrstreifen den Piloten in die vorhergesehene Richtung navigieren und dies vollkommen ohne darüber nachzudenken.

Ein tief verwurzelter Instinkt, eine Verbundenheit mit der Natur, unberührt und wild.

Er durchbricht die Mauer des Hains und blickt von einer Anhöhe aus auf eine Welt, die so weit vom Ursprung entfernt ist, wie nur möglich. Niemals mehr wäre eine Rückkehr zu den Wurzeln des Lebens möglich, zu viel wurde transformiert. Künstliches Licht flackert durch das dreckige Glas der unzähligen Fenster unterhalb kontinuierlich Qualm ausspeiender Schornsteine. Es riecht verbrannt und tot zwischen dem bestialischen Gestank von Abfall und Fäkalien, Schweiß und Maschinenöl, als zeichneten all jene Geruchspartikel zusammen ein gigantisches unübersehbares Warnschild:

„Stopp – hier endet Deine Reise."

Doch er durchriecht diesen tödlichen Dunst und fokussiert sich auf sein Ziel inmitten dieser unzähligen verdammten Seelen. Ein Mensch unter Tausenden. Ein tiefes und verachtendes Knurren im Lärm eines industrialisierten Dorfes.

Was mache ich hier? Wie bin ich hierhergekommen? Ich kann es mir nicht selbst beantworten. Beinahe, als hätte mich eine retrograde Amnesie erfasst, fehlt mir ein vollkommener Beweis meiner Existenz. Nur dumpf und unklar sehe ich eine Erinnerung meines Abbildes in der verzerrten Spiegelung des Baches – ein Bildnis, welches mich gefangen hält, mich in ein emotionales Chaos aus Verzweiflung und Zorn katapultiert.

Dieser Wald, diese Anhöhe und dieses groteske Dorf scheinen mir unwirklich, ohne fixen Bezugspunkt, doch hier stehe ich und dort sind die Häuser. Es ist dunkel und diesig, der bestialische Geruch jener sogenannten Zivilisation ätzt sich durch meine Schleimhäute und mahnt davor näherzukommen.

Doch inmitten dieses Giftcocktails vernehme ich diese wenigen unwiderstehlichen Partikel, welche meinen Organismus dazu zwingen jede Warnung zu ignorieren und mich auf die Suche nach dem Träger des Geruchs zu begeben. Ich habe einen instinktiven Auftrag, mir ist egal, wer oder was ihn mir gegeben hat, auch welche Konsequenzen aus der Ausführung folgen. Ich werde ihn töten, und ich glaube, dass dies das Dunkel aus meinen fragmentierten Erinnerungen lichten kann und ich erfahre, was zum Teufel ich hier mache.

In einem großen Satz springe ich von der Anhöhe und lande grazil mehrere Meter tiefer, um augenblicklich an Geschwindigkeit zuzulegen. Die Ähren, Blätter und Halme streifen meinen Körper, die aufgewirbelte trockene Erde zieht eine Schneise des Chaos hinter mir her, doch noch hetze ich im Verborgenen dieses ausgedörrten Feldes und nähere mich der Dorfgrenze aus dicht aneinander gebundenen Holzstämmen – eine beinahe unüberwindbare massive Wand, doch nicht für mich.

Unaufhaltsam setze ich zu einem gewaltigen Sprung an, welcher mich über jenes menschengemachte Hindernis befördern wird und mir so die Möglichkeit gibt, das bewachte Eintrittstor zu umgehen.

Noch kann ich diese wohlüberlegte Entscheidung treffen, doch mit jedem überwundenen Meter und der zunehmenden Dichte der Geruchspartikel meines Ziels in der kühlen Luft, expandieren meine animalischen Triebe und treiben mich in eine besinnungslose Raserei. Nicht mehr lange und ich werde rein Tier sein, ein Jäger in der dunklen Nacht, ein über alles Leben stehender Predator.

Die Schindeln sind vom Nebel rutschig, glänzend spiegeln sie die Reflexionen des Himmels wider. Unsichtbar huscht mein Schatten über jene aufglühenden Flächen, von Dach zu Dach, zwischen Schornsteinen und deren Rauchsäulen, entlang der Giebel und Gemäuer, bis ich hinunter in die Dunkelheit der Gasse springe, denn mein Ziel ist nah und dessen Geruch so präsent, als stünde es direkt vor mir. Alles andere ist vergessen, die Frage nach meinem Ursprung und dem Sinn meiner Suche, die Frage nach meiner Motivation und meiner Erscheinung.

Hier und jetzt existiere ich nur, um diese eine Person zu finden.

Ich muss. Mein Herz pocht unerbittlich und pumpt das lebensspendende Blut durch meinen Körper und ernährt die stark beanspruchte Muskulatur. Meine Iriden weiten sich und lassen das wenige Licht in meine Glaskörper fallen, sodass sich nichts in der Dunkelheit der Nacht verstecken kann. Es existiert kein Entkommen, denn es ist der Hass, der mich antreibt. Gleich einem Splitter macht er mich ganz verrückt. Ich spüre ihn, doch machtlos muss ich mich meinen Trieben ergeben.

Wenige Augenblicke später stehe ich vor einem halb erodierten Gebäude und bin mir sicher, dass mich nur noch die mitgenommene Tür von meinem Ziel trennt. Oxidierte Scharniere, teils stark verwittertes Fachwerk und verblasste Farben deuten auf die Vergänglichkeit aller Dinge hin. Und so

wird jene sich in diesem Haus befindende Person gleichermaßen Teil der Vergangenheit werden. Ich blicke kurz zum Himmel und erspähe das silberne Schimmern des Halbmondes
inmitten fließender Wolken.

Nicht mehr lange.

Ein tiefes Knurren durchfährt die nassen und dreckigen Gassen dieses Dorfes und schreckt die unzähligen, sich
selbst auf Jagd befindenden Katzen auf.

Ein Kreischen in der Stille der Nacht, welches meinen Sprung durch das morsche Holz überdeckt. So stehe ich
inmitten einer staubigen und verlassen wirkenden Stube und
folge meiner Nase, währenddessen meine Pfoten sich durch
das Schwarz manövrieren, bereit zuzupacken, bereit mein
Schicksal zu erfüllen.

Verängstigt liegt ein Mädchen in ihrem Bett und versucht entgegen der hervorkommenden negativen Affekte, schnell in das Land der Träume zu gleiten, doch so sehr sie es auch versucht, die Augen geschlossen, ihre restlichen Sinne geschärft, erzeugt die Geräuschkulisse jenseits ihres Zimmers eine angsteinflößende Assoziation und so werden aus raschelnden Blättern ein unheimliches Getuschel, aus Ästen, welche leicht gegen das Fenster schlagen, das Anklopfen bösartiger Dämonen, welche nach dem zerbrechlichen Leben der noch jungen Seele trachten.

Immer wieder spricht sich das Mädchen selbst Mut zu und versucht die infantilen Assoziationen zu unterdrücken, um schlafen zu können, auch wenn die Träume in letzter Zeit noch fürchterlicher und unheimlicher als die Realität sind. Und daher ist es nicht unbedingt ein Kampf gegen die Monster der kindlichen Fantasie, sondern gegen die Angst einzuschlafen.

„Du weißt, dass es nur ein Traum ist.", flüstert sie zu sich selbst, ihren zerschlissenen Teddybären fest an sich drückend,

„Ein Traum, ein Traum …"

Regen setzt ein, Donner tobt außerhalb des kahlen und staubigen Zimmers, in welchem das Mädchen ruhig und gleichmäßig atmet, die Augen geschlossen, befindet sie sich jenseits der Realität inmitten eines Traumes bei Nacht und Regen. Vereinzelt erhellt ein ferner Blitz die Umgebung und partiell das stille und beinahe verlassene Zimmer inmitten eines alten und maroden Fachwerkhauses. Neben der Zimmertür führen zwei Wände in 90° zueinander und bilden eine in Dunkelheit liegende nicht einsehbare Ecke. Auch das kurze Aufleuchten des Gewitters vermag es nicht, jene tiefen Schatten zu verdrängen. Doch bei genauer Betrachtung sind zwei blau glühende Punkte auszumachen, welche starr zum Kind blicken. In den spärlichen Momenten zwischen dem Grollen des Wetters entweicht ein Knurren und Schnaufen als Vorbote großer Reißzähne, welche an einer beinahe schwarzen Schnauze aus der lokalen Nacht hervortreten und Speichel auf das müde Holz tropfen lassen.

Konzentriert setzt die Kreatur eine Pfote vor die Andere und nähert sich dem schlafenden und mit einer lumpigen Decke umhüllten Körper eines Kindes, beschützt durch ihren leblosen, jedoch besten Freund, einem Teddybären. Das Schwarz der Ecke zieht sich hinter dem diffusen und konturlosen Körper her und lässt jene Schatten in das Zimmer hinein metastasieren, sodass kein Blitz der Welt mehr in der Lage wäre, auch nur ein winziges Lichtphoton hineinzutragen. In dieser Nacht liegt die Schnauze der Kreatur beinahe regungslos wenige Zentimeter vor dem Mädchen und inhaliert den unsichtbaren Duft einer kindlichen Unschuld und Naivität, um sich an ihm zu berauschen. Blaugrüner Dunst zieht von den Augen in die Luft und verflüchtigt sich allmählich, während dessen Quellen ihr Ziel fixieren und bereit sind das schlafende Kind eins mit der Dunkelheit werden zu lassen.

„Wenn Du mich tötest, wirst auch Du sterben.", flüstert es leise in diesen spannungsvollen Moment. Müde, jedoch sicher blicken die juvenilen Augen zu ihrem Henker, die Atmung hebt und senkt den Brustkorb in einem gleichmäßigen Rhythmus, keine Anzeichen von Angst oder Panik.

„Du wirst Deine Erlösung nicht durch mich erfahren.", fügt sie hinzu und richtet sich in den Sitz auf, um in gleicher Höhe nonverbal mit der animalischen Kreatur zu kommunizieren.

„Hier findest nur Du Dein Ende."

Einen kurzen Augenblick hält die Bestie inne, doch Enthaltsamkeit widerspricht ihrer Natur und dem Auftrag, welcher fest in die kognitiven Prozesse gebrannt ist.

„Tue es nicht.", sind die letzten Worte des Kindes, bevor der Schattenwolf sein Maul aufreißt und den kindlichen

Kopf zwischen die Zähne klemmt. Dickflüssiger Speichel benetzt den kleinen regungslosen Kopf. Betört vom Geschmack lässt das Wesen seinen Kiefer zusammendrücken und die spitzen Zähne durch das Fleisch und die Knochen stoßen.

Was bleibt ist ein hochfrequentes und kurzes Winseln in einer aufklarenden Nacht unter einem mystisch blaugrün leuchtenden Vollmond.

Als das Kind aufgeregt aufschreckt, erspäht es nur noch Fragmente hauchdünner und kaum sichtbarer schwarzer Nebelfäden, die sich in der staubigen, vom Sonnenlicht teils aufglühenden Luft auflösen und mit ihnen auch die in der Kindheit tief verwurzelte Angst vor der nächtlichen Dunkelheit.

 Vater

Sohn

„Mein Papa ist der Beste. Er ist so stark wie Super-man, denn wenn ich mal müde bin, trägt er mich den ganzen Weg zum Kindergarten.", prahlt erfreut das Kind im Eifer des Wettstreits um den besten Vater. Beliebig werden einzelne Eigenschaften aus einem Sammelsurium positiver Faktoren herausgepickt und in die Runde geschmissen, in der Hoffnung, dass jenes zusammengestellte Blatt den Wert der Anderen übertrifft und die Runde gewonnen wird. Es winkt der Preis der Illusion sozial über den Anderen zu stehen, sich zu erheben und somit eine Legitimation für die eigene Existenz zu erhalten.

„Das ist doch gar nichts. Mein Papa kauft mir jedes Spielzeug, was ich will.", hallt im Kontext eines kapitalistischen Materialismus und dem menschlichen Streben nach weltlichem Besitz durch die Runde der Kinder, welche ihren Wert mit der Menge ihrer angehäuften Besitztümer verknüpfen.

„Mein Papa hat eine ganze Abteilung auf der Arbeit unter sich.", dröhnt die Präsentation von Macht und Kontrolle über Andere in den kindlichen Verstand,

„Und sie müssen alles machen, was er sagt." Ein ehrfürchtiges Nicken ohne jegliche Worte im Kontext initiierender Fantasie, wie es sein möge Chef zu sein.

„Ich würde jeden Tag Spaghetti bekommen.", flüstert eines der Kinder begeistert.

„Pizza.", funkeln die Augen einiger Jünglinge, begleitet von einem überschießenden vegetativen Nervensystem, welches das Wasser im Mund zusammenlaufen lässt. Und so scheint es, als wäre der Sieger dieses

Überbietungsspektakels gefunden. Macht als Indikator eines erfüllten Lebens und jeder stimmt diesem Faktor stillschweigend hinzu.

Doch unter dieser temporären Stille sitzt ein Junge, welcher durch sein Schweigen keine Zustimmung signalisieren möchte, sondern gedankenversunken seinen Vater vor seinem geistigen Auge abbildet und nach einem machtvollen Faktor sucht, die Wertigkeit dieses Mannes vor all den anderen zu legitimieren, auch wenn eine leise, innere Stimme von der Überflüssigkeit dieser Motivation zu überzeugen versucht.

„Moment mal,", verbalisiert der scheinbare Sieger eine spontane Erkenntnis,

„Du hast noch gar nichts gesagt." Er zeigt mit seinem ungezogenen nackten Finger auf den stillen Jungen, welcher die gemeinsamen Erinnerungen mit seinem Vater durchsucht. Es ist schwer zu erklären. Denn auch, wenn sein Vater keine Superkraft hat, reich ist oder Leiter einer Firma, so erzeugt die gemeinsam verbrachte Zeit, die Reisen in fantastische Welten kindlicher Fantasie mit deren unzähligen Abenteuern ein zufriedenes warmes Gefühl von angenommen Sein und Heimeligkeit, von Wärme, Nähe und Vertrauen. Doch dies sind nicht die Dinge, welche er in dieser Runde hervorbringen kann, ohne ausgelacht zu werden, es sind nicht die Faktoren, welche hier zählen.

Und so sitzt er da und schweigt, schamvoll besetzt, den Kopf gesenkt, erinnert er sich an das gemeinsame Spielen mit selbstgemachten Rittern und Zauberern aus Holzresten in einer Burg aus Pappe, Papier und Pappmaché, bemalt mit alten Farben.

„Du sagst nur nichts, weil Du weißt, dass mein Papa besser ist.", schlägt der Sieger nach und beginnt zu lachen, ein Impuls, welcher sich in der kleinen Gruppe von Kindern verbreitet wie ein Strohfeuer, einmal entzündet, unfähig gelöscht zu werden. Eine Ekstase der Schadenfreude und

Überheblichkeit im Sog westlicher industrieller, kapitalistischer und materialistischer Werte. Tränen bilden sich in dieser Vorstellung von Clowns, welche ihren Weg über die Wangen des Jungen finden, um mit Emotionen vollgesogen, massereich zum staubigen Sand des Spielplatzes zu fallen.

Ein Teller mit Gemüse, angerichtet zu einem lachenden Gesicht, Badespaß mit Seifenblasen in der zu engen Badewanne, mittels Stoffresten geflickte Kleidung, das gemeinsame Kuscheln unter einer Decke an einem kalten Wintertag, das abendliche Vorlesen von aus der Bibliothek ausgeliehenen alten Büchern und selbst geschriebenen Geschichten, wie sein Lieblingsabenteuer: „Ossi geht ein Licht auf.“

Egal was komme und dies wusste der weinende Bub, sein Vater wäre immer für ihn da, mit offenen Ohren und einem offenen Herzen, nicht mit Tadel und Plattitüden, sondern mit tiefgreifenden und verständlichen Ratschlägen und Erklärungen zu dieser Welt.

„Hey, mein kleiner Freund.", steht ein Mann mit offenen Armen im Türrahmen des Kindergarteneingangs und begrüßt seinen Jungen lächelnd und herzlich. Überall im Garten tollen Kinder herum und erleben ihre eigens kreierten Abenteuer als Indianer, Cowboys, Space Rangers oder Paw Patrols, Welten, welche es vermögen, die Realität mittels imaginierter Szenen zu überlagern, Rutschen, aus denen gefährliche Abgründe werden, Schaukeln zu mittelalterlichen Katapulten und Karussells zu Zeitmaschinen. Inmitten dieser fantastischen Erzählungen läuft mit gesenktem Kopf ein Junge auf den begrüßenden Vater zu, in seiner rechten Hand eine der selbstgemachten Spielfiguren aus Holz, Farbe und Stoff, sichtlich mitgenommen, fehlt die Farbe an den Kanten und Ecken. Und als wäre der Junge ein Ebenbild jenes Holzritters, spiegelt seine Mimik und Gestik eine beschwerliche Reise und vielleicht eine Niederlage wider.

Besorgt geht der Vater in die Hocke und empfängt die personifizierte Trauer auf gleicher Augenhöhe, währenddessen seine Arme dem Kind Halt und Zuversicht vermitteln, ein Trost spendendes Lächeln schenkt Wärme, ohne eine Maske über die Gefühle des Jungen hinweg zu blenden.

„Ich habe das Gefühl, dass Dich etwas belastet.", verbalisiert er seinen Eindruck,

„Und wenn Du möchtest, bin ich für Dich da." Solange der Trauernde es möchte, verharrt der Mann in dieser Position, ungeachtet jeder Eile der unmittelbaren, hektischen sozialen Umgebung von Eltern, die zügig ihre Kinder aus den fantastischen, kindlichen Abenteuern reißen, um sie schnellstmöglich zu Hause vor den Fernseher zu setzen, kontinuierlich der Blick an den wandernden Zeigern digitaler Uhren gefesselt – die Handschellen des 21. Jahrhunderts.

Später, laufen beide gemäßigten Tempos den Bürgersteig Richtung zu Hause entlang. Die kleine Hand liegt beinahe vollständig verschwunden in der großen und wird liebevoll umschlossen und getragen, währenddessen der Mann mit beginnend grau werdendem Haar den Worten seines Sohnes lauscht.

„Heute erzählten die Anderen, wie toll ihre Väter seien.", spricht schwingungslos der Junge in den Lärm vorbeifahrender Autos von Eltern, welche ihr Kind den kurzen Weg nach Hause aufgrund der Zeitersparnis fahren.

„Julien sagte, sein Vater ist so stark wie Superman und Michelle bekommt jedes Spielzeug." Je mehr der Sohn von dieser Situation schildert, desto schwerer wird der emotionale Kloß im Hals des Erwachsenen, welcher jene Aussagen mit den Dingen vergleicht, welche er seinem Kind ermöglichen kann und seiner Rolle als Vater in einer Welt, die stets nach Perfektion trachtet, doch bereits an der Planung versagt.

Am Nachmittag sitzen beide an ihrem Massivholztisch und feilen an neuen Figuren aus Holz. Konzentriert streicht der Junge mit feinem Sandpapier über die Kanten und Ecken der jüngst zusammengeklebten Holzfigur und summt „Mission Log" von Michael Giacchino, währenddessen seine Gedanken in einem Raumanzug die unendlich weite Welt des Kosmos betreten. Der Mann simuliert Startgeräusche eines Hypershuttles und bemalt den Holzkörper mittels eines feinen Pinsels. Zeitgleich trifft er die Vorstellung seines Sohnes in seiner Fantasie.

„Space Ranger Zentrale an Buzz, Sie haben Startfreigabe." „Start in T minus zehn Sekunden." „Bis zur Unendlichkeit und viel weiter."

Der Mond hängt wie eine gedimmte Laterne über dem Sternenhimmel und signalisiert dem Körper der Menschen Melatonin auszuschütten, um die physische, wie auch kognitive Aktivität schrittweise herunterzufahren. Gähnend liegt der Junge zugedeckt in seinem Bett und lauscht der warmen Stimme seines Vaters, welche die erfassten Buchstaben zu einem nachvollziehbaren Satz zusammenfügt und so die schriftlich niedergeschriebene Geschichte ins Akustische

transferiert, damit die juvenile Fantasie daraus einen imagi-
nativen Film kreiert, in welchem das Kind selbst Protagonist
dieses besonderen Abenteuers ist, in einer Welt, die über-
schaubar und verständlich ist, in welcher das Gute und Böse
klar voneinander getrennt, das Leben einfacher zu bewältigen
scheint.

„Hoffnungsvoll blickt Buzz zu den Sternen und hält
sich die Hand vor seinem Herzen…"

Ein Mann

Schlapp liegt die Hand auf dem verrosteten Torgriff und drückt ihn hinunter, währenddessen sein Kopf sich hebt und seine Mundwinkel sich auf beiden Seiten zu einem Lächeln heben. Glänzend suchen seine Augen im Tumult spielender Kinder nach dem einen Menschen, welcher ihm als Motivation dient, jeden Tag aufzustehen und zu leben.

Interessiert hört er den Schilderungen seines Sohnes zu und sucht in der verbalisierten Dunkelheit infantiler sozialer Interaktion nach einem hoffnungsvollen Licht, welches er in jenes Schwarz der Trauer reichen kann, um es zu lichten und so eine alternative Perspektive auf die Dinge zu schaffen.

Er erklärt die möglichen Hintergründe für das Verhalten der Kinder und deren Worte und informiert über die menschlichen Bedürfnisse und den psychischen Kompensationsmechanismen, wenn jene nicht erfüllt werden, meistens daran zu erkennen, dass Menschen in unmittelbarer Interaktion als Projektionsfläche innerer Unzufriedenheit missbraucht werden.

Aufmerksam folgt der Sohn den Worten seines Vaters und bemerkt ein Abflachen seiner leidvollen Emotionen. Gemeinsam beschließen sie, den Nachmittag damit zu verbringen, das zuletzt im Kino gesehene Weltraum-Abenteuer mittels selbsterstellter Holzfiguren nachzuspielen. Lächelnd signalisiert der Mann, sich auf das gemeinsame Tun zu freuen, währenddessen sich sein Herz, schwer von der Erzählung seines Sohnes, schmerzvoll zusammenzieht und beinahe Tränen aus den Tränendrüsen zwingt.

Das Atmen fällt schwer.

Lächelnd blickt jener müde Mann zu seinem bastelnden Sohn. Euphorisch berichtet er von den kommenden Abenteuern im Weltraum seiner unfertigen Holzfigur, welche nach und nach zu einem Space Ranger heranwachsen wird. Und währenddessen das Kind begeistert seine neue Lieblingsmelodie summt, kämpft sein Vater mit einem anwachsenden Insuffizienzerleben, Schuldgefühlen und einer beständigen tiefen Leere in sich, welche er versucht mittels Raketengeräuschen zu füllen.

Zitternd beschmiert er das Sandwichbrot mit Bärchenstreich und kämpft erneut mit aufkommenden Tränen, da ihm das Geld fehlt, vorher das luftige Brot mit Butter zu bestreichen, oder ein warmes Abendessen anzubieten, welches das wenige Geld aufsaugen würde, wie ein trockener Schwamm.

Hauchdünn trägt er zwei Scheiben von der Gurke und einen dünnen Spalt von der roten Paprika ab, welche für die ganze Woche ausreichen müssen. Schluchzend legt er die Scheiben und den Spalt zu einem Gesicht auf das dünn bestrichene Brot und denkt an die Worte der anderen Kinder:

„Mein Papa kauft mir jedes Spielzeug.“

Warm trägt er das neueste Kapitel einer Weltraumgeschichte hervor, welche er eigens für seinen Sohn geschrieben hat, da ihm die Kraft fehlte, ein Buch aus der Bibliothek auszuleihen. Er ist bemüht, die optimistischen Worte seitlich seines gewaltigen Kloses im Hals vorbeizuschieben, damit sie seinen Sohn erreichen und ihn in das behütende Reich der Träume tragen.

„Ich liebe Dich, mein Sonnenschein.“, flüstert er warm zu seinem schlafenden Kind und schließt die Tür.

Tränen laufen ihm über die Wangen, zittrig klappen seine Beine zusammen und bringen ihn zu Boden, um dort weinend die Schwere seiner Gedanken und Gefühle zu ertragen. Immer wieder zwingt ihn seine Stimmung, zu dem glänzenden Objekt auf der Arbeitsfläche der Küche zu blicken, währenddessen eine penetrante Stimme dazu rät, sein elendiges Leben zu beenden. Verzweifelt versucht er nach einer helfenden Hand zu suchen, die ihn aus dem Morast des schwarzen Pechs zieht.

„Ich habe versagt.", wiederholt er immer wieder in die nächtliche Stille seiner Existenz. Hektisch suchen seine Hände nach etwas Leichtigkeit und finden sie in Form einer kleinen weiß roten Kapsel.

„Ich schaffe das nicht.", wippt er rhythmisch nach vorne und hinten, die unüberwindbaren Aufgaben des nächsten Tages erkennend, beginnend damit, die Augen zu öffnen, die Bettdecke beiseite zu legen und sich aufzurichten.

„Für Deinen Sohn.", antwortet ein kleines Licht in seinem Herzen,

„Für Deinen Sohn…"

 Wände

08.09. - Dienstag

Unsichtbar für das fokussierte Ziel schneidet sich der Blickwinkel vorbei an denen im Wind tanzenden Blättern, welche teilweise im warmen Licht aufgehender Morgensonne ihre Konturen verlieren und trifft auf die, durch ihre zügige Bewegung unscharfen Flügel eines Vogelschwarms im leicht mit Cirrocumuli besetzten Blau des beinahe grenzenlosen Himmels.

„Da bist Du ja.", flüstert der betagte Mann erfreut und mustert das visuelle Wesen seines erspähten Tieres, um wenig später lächelnd zu erkennen, dass er einen Wiesenpieper gefunden hat. Die Indizien sind schwer zu erkennen, jedoch eindeutig: In seinen Dimensionen mit fünfzehn Zentimeter Länge zwar wie ein Haussperling, jedoch graziler und schlanker, mit einer olivfarbenen Körperoberseite, einem dünnen und spitzen Schnabel und unverwechselbaren hohen und dünnen Lockruf.

„Du bist schwer zu finden, mein Freund.", spricht der Mann weiter in die Höhe und inspiziert die Flugformation der ziehenden Tiere, um die grundlegenden statistischen Informationen in sein kleines Notizheft mit mittlerweile, durch seine hiesigen Observationen, abgetragenen Seiten, hineinzuschreiben.

„Dreiundzwanzig.", zeichnet sich kräftig auf das vergilbte Papier, mit danebenstehendem Datum und der Gattung

„Anthus".

Unzählige dieser Einträge finden sich mittlerweile in diesem Kompendium seiner Beobachtungen, mit sporadisch hinzugefügten Bleistiftzeichnungen von besonders schönen Vogelarten, wie Buchfinken, Rotkehlchen, Blaumeisen und Kohlmeisen. Dabei kann er sich selbst nicht besinnen, wann und wie genau diese Leidenschaft aus dem Alltag hinaus entstanden ist, doch mittlerweile ist die Kausalität irrelevant der Passion gewichen, vor allem die seltenen Exemplare zu erspähen und deren Populationsentwicklung zu notieren, um ernüchtert festzustellen, dass mit jedem vergangenen Jahr eben jene Gattungen an Quantität abnehmen, eine unaufhaltsam progrediente Atrophie der Freiheit im Zuge menschlicher Expansionsbestrebungen.

Sein Blick folgt durch das Fernglas, solange dies möglich ist und die im Wind tanzenden Tiere aufgrund ihrer Entfernung eins mit dem Himmel zu werden scheinen, doch kurz vor ihrem Verschwinden gleitet der Zug hinab und löst ein schüchternes Lächeln auf den Lippen des Mannes aus, welcher vermutet, dass eben jene Tiere eine kurze Rast auf einem der umliegenden Felder halten, in Nähe größerer Teiche.

„Mit etwas Glück…", beginnt er angestrengt zu kommentieren, erhebt er sich aus seiner knienden Position, mit der Intention einen Blick zu riskieren und vielleicht deren Verhalten am Boden beobachten zu können. Das Unterholz knackt kraftvoll unter seinem Schuhwerk, welches bemüht ist auf diesem unebenen Terrain einen sicheren Gang zu gewährleisten. Suchend analysiert sein Blick horizontal die zunehmend einsehbare Landschaft hinter diesem lichter werdenden Waldgebiet aus Kiefern, Fichten, Buchen, Lärchen und Eichen, welches über eine leichte Anhebung durch Aufschüttung von Erde, welche mittlerweile üppig bewachsen ist, den Forst von den Feldern trennt und somit einen gänzlichen Blick auf die eventuell gelandeten Vögel verhindert. Lediglich der Gesang lässt deren ortsnahe Existenz vermuten.

Euphorisch setzt der Mann zum Besteigen der Anhöhe an, gewillt sich mittels seiner Hand an einem, der mit der Zeit leicht gewachsenen, Jungbäumen hochzuziehen, um irritiert zu bemerken, dass eben jene Hand nicht in der Lage ist, sein visuell anvisiertes Ziel zu erreichen, denn etwas blockiert die weitere Bewegung und lässt seinen Körper gegen eine unsichtbare Wand stoßen.

„Was ist hier los, zum…", murmelt er panisch und versucht durch Einsatz der anderen Hand die Barriere zu durchbrechen, doch felsenfest weicht sie nicht einen Millimeter. Ungläubig schüttelt der Mann seinen Kopf, denn er versteht die Kausalität dieses Hindernisses nicht, welches ihm die Möglichkeit nimmt zu explorieren, seine Persönlichkeit zu entfalten.

Eine tiefe Angst erklimmt seine Brust und lässt die Umgebung gleich fließender Farben zu einer abstrakten Unkenntlichkeit verwischen.

Der Mann sitzt erschöpft auf einem betagten Holzklappstuhl inmitten eines Gartens und blickt durch sein Fernglas, um den Himmel nach der Quelle eines erfreulichen Gesangs abzusuchen. Altostrati bedecken monoton und bedrückend das hoffnungsvolle Blau des Himmels und bilden eine beklemmende Mauer über seinem Kopf, als befände er sich in einer kleinen Abstellkammer, deren tiefe Decke den Menschen dazu zwingt, sich etwas zu ducken. Ungeachtet dieser unfreundlichen Atmosphäre hält der Vogel an seinem Lockruf fest, in der Hoffnung temporär seine Einsamkeit zu brechen, nein, um sein genetisches Vermächtnis zu schaffen. Konzentriert auf die eintreffenden Töne folgt der Mann einer intuitiven Ahnung der Quellenrichtung und fokussiert das geflügelte Geschöpf in seinem Binokular und lächelt:

„Hallo, mein kleiner Freund."

Aufmerksam suchen seine Augen nach prägnanten Merkmalen, um die Gattung zu erkennen. Ein graziler und schlanker Körper mit einer olivfarbenen Oberseite, einem dünnen und spitzen Schnabel lösen die Erkenntnis aus, dass er jenes gefiederte Geschöpf bereits gesehen hat, doch so sehr er sich auch bemüht, in diesem Augenblick mag ihm der Name einfach nicht einfallen.

„An… An… Ant …", sucht der Mann nach dem wissenschaftlichen Namen. Er weiß, dass er ihn kennt, denn in seiner Vergangenheit kannte er alle heimischen Vogelarten, doch weshalb trifft er in dieser Situation auf der Suche nur auf ein tiefes kognitives Vakuum?

„Verdammt.", stottert er verunsichert in die mit Gesang gefüllte Atmosphäre dieses Ortes. Er nimmt irritiert das Fernglas ab und blickt sich verängstigt um. Meterhoher und zu einer Wand zurechtgestutzter Feld-Ahorn rahmt zu drei Seiten diesen Garten und verhindert einen Blick hinter jenes Hindernis und somit eine adäquate räumliche Orientierung.

„Wo bin ich hier?“, fragt er sich beinahe panisch und löst seine sitzende Position, um sich der künstlich geschaffenen Barriere zu nähern. Dichtes und sparrig verzweigtes Blattwerk bildet eine für das Auge undurchdringbare Mauer, welche kein Licht hindurchlässt und noch weniger jede Form von Materie. Zittrig gleitet seine knochige rechte Hand über die kleinen Blätter, welche sanft streichende Reize an die Palmarseite geben und somit dem Gehirn eine taktile Vorstellung über die Beschaffenheit ermöglichen.

Hektisch tastet er sich entlang des Immergrüns und erreicht eine kalte und raue Oberfläche, welche zur vierten Seite hin die Sicht und jede Möglichkeit eines Verlassens dieses Ortes unterbindet.

„Was ist hier los.“, spricht er verzweifelt zur Wand und nähert sich einem Umschlagen seiner zuvor positiven Affekte.

„Lasst mich hier raus.“, schreit er progredient wütend und schlägt mit seinen Händen gegen die starre Fassade, konfrontiert mit einer zusammengebrochenen Selbstwirksamkeit. Er möchte es nicht wahrhaben, doch tief in ihm weiß er, dass egal was er tut, er nichts an dieser Situation ändern kann, denn er vermag es nicht, sie zu begreifen, zu verstehen.

„Ich will weg!“, wird er lauter und hofft auf einen Deus ex Machina, welcher per Zauberhand diesen Albtraum beendet und ihn klaren Verstands aufwachen lässt.

„Hilfe!“, verbalisiert er seine Not und ertastet eine glatte und kühle Oberfläche, gerahmt in einem Holzrahmen, welcher vereinzelt seine weiße Lackierung verhindert.

„Eine Tür.“, erinnert er sich und sucht nach der rettenden Klinke. Hastig legt er seine Hand auf das gebürstete Metall und drückt es nach unten, um latent erleichtert zu erkennen, dass die Tür nach hinten hin nachgibt und Eintritt in den dahinter liegenden Raum gewährt. Teilweise im Dunkeln kann er ihn biografisch nicht zuordnen. Leise erzählt ein Schlager im Hintergrund von hochfliegenden Schwalben, es riecht nach geschmortem Fleisch und Erbsen.

„Hallo?", ruft er unsicher in die Stube hinein und blickt auf die Einrichtung. Ein beigefarbener Sessel an einem niedrigen Tisch, ein dazu passendes Sofa, dunkle Möbel aus Massivholz und eine pendelnde Kuckucksuhr an einer floristischen hellgrünen-orangefarbenen Tapete.

„Ist hier jemand?", ruft er erneut und bewegt sich wackelig durch das Mobiliar-Labyrinth.

„Ach Siegfried.", eilt stöhnend eine ältere Frau mit Küchenschürze auf ihn zu,

„Du sollst doch nicht ohne Rollator aufstehen." Diffus verharrt er in einer Angststarre und blickt ungläubig zur Betagten, welche, obgleich er sie nicht zuordnen kann, wohl seinen Namen kennt. Trostvoll lächelnd greift sie seine Hand und führt ihn zu dem Sessel, als wäre dies eine Selbstverständlichkeit.

„Setz Dich, ich bringe Dir frischen Schwarztee.", streichelt sie über seinen Kopf und summt das neu einsetzende Lied aus dem Radio.

Schwach und unstet streift ein knochiger und blasser Finger über die glänzende Fotografie eines Vogels, während dessen ausgetrocknete und schmale Lippen mühevoll ein Wort zu formen versuchen.

„Piep…", erklingt schwach in die Stille, begleitet von einem enttäuschten, leichten Schütteln des Kopfes, liegend auf einem Kissen. Eingefallen versuchen die tiefen, glanzlosen Augen die einzelnen Bestandteile des Bildes zusammenzufügen und eine nachvollziehbare Interpretation daraus zu kreieren.

„Genau, Pieper.", kommentiert sanft eine weibliche Stimme aus der Ferne und streicht mit einer liebevollen Bewegung über die faltige und marmorierte Haut des Mannes.

„Genau wie Ihr kleiner Freund.", fügt sie hinzu und deutet auf einen goldenen Vogelkäfig in der unmittelbaren Nähe des Bettes. Auf einer Holzstange sitzt ein kleines Geschöpf mit einem grazilen, teils olivfarbenen Körper und spitzen Schnabel, apathisch in das Nichts starrend.

„Ihr Lieblingsvogel, der Wiesenpieper.", erklärt die ihm unbekannte Frau das Bild in seiner zitternden Hand. Doch sein Blick wendet sich von der Fotografie ab und analysiert die Umgebung. Sterile weiße Wände, vereinzelt durch Bilder gebrochen, rahmen diesen Raum. In einer Ecke steht ein Massivholzregal, gefüllt mit Büchern, weiteren Fotografien und einem Fernglas. Neben dem Vogelkäfig schneidet eine glänzende Metallstange den Raum, an ihr hängt eine auf dem Kopf hängende Flasche mit transparenter Flüssigkeit, die in einem dünnen Schlauch hineintropft, welcher zu seinem Handrücken führt. Jenes Objekt passt nicht in die Szene, genauso wenig wie die Frau, welche mit Mundschutz an seinem Bett sitzt und ermunternd lächelt.

„Was … Zimmer.“, versucht er seine Verwirrung zu verbalisieren, denn nichts ergibt für ihn einen Sinn. Zu fragmentiert, zu unvollständig sind die ihm zur Verfügung stehenden Informationen. Wer ist er? Wo ist er? Weshalb ist er hier? Wem gehört dieses Zimmer? Wer ist diese Frau?

Aufgeregt versucht er sich aufzurichten, als eine normale Reaktion auf bedrohliche Reize. Flucht oder Angriff, doch er ist zu schwach, um eine Schlacht zu schlagen.

„Weg…“, stottert er aufgewühlt und versucht die haltende Hand der Frau wegzuschlagen, die ohne Gesicht eine massive Furcht initiiert. Sein Herz schlägt ihm bis zum Hals.

„Beruhigen Sie sich, Herr Müller.“, versucht verzweifelt die weibliche Person die Situation zu entschärfen und weicht den Anflügen von Schlägen aus. Nun nicht mehr lächelnd, sitzt eine tiefe Besorgnis in ihren Augen, Angst, jene Situation nicht mehr kontrollieren zu können und den Mann in seine zunehmende Desorientierung zu verlieren, einem Ort des niemals zu füllenden Vakuums. Gierig zieht es jede Art von Persönlichkeit und Erinnerungen in sich auf und reißt somit das Menschsein aus der sterblichen Hülle, bis sie leer und kraftlos daher liegt und ihre letzten Atemzüge erkämpft.

„Ich verstehe Dich, Siegfried. Ich weiß, Du hast Angst.“, intensiviert sie ihre Intervention und sucht ein wenig Abstand, um die Angstreaktion zu reduzieren, weniger bedrohlich auf den Mann zu wirken.

Kraftlos sackt er zusammen und fällt zurück auf die Matratze, stagnierend und gebrochen erkennend, dass aus jenem Raum mit seinen engen Wänden kein Entfliehen möglich ist. Eine Träne fließt vorsichtig in den Tälern faltiger Haut Richtung Gravitation und verleiht den Augen für einen kleinen Augenblick den Eindruck von Lebendigkeit. Apathisch fließt jene Situation am sitzenden Vogel vorbei und vermag es nicht, auch nur eine kleine Reaktion zu erwirken.

Die Iriden des Mannes verengen sich abrupt, blitzartig greift er nach der zierlichen Hand der unbekannten Frau und zieht sie ein wenig zu ihm.

„Versprechen Sie mir,", beginnt er vollkommen klar seinen Wunsch zu äußern, „die engen Wände einzureißen." Er deutet mimisch auf den goldenen Vogelkäfig hin und beobachtet, wie die Maskierte sich zu seinem Freund dreht.

„Alles Lebendige trachtet nach grenzenloser Freiheit.", fügt er schwach hinzu, übergehend in einen Zustand unvermeidlicher Agonie. Dämmernd und dahinschwindend spürt er die auf ihn zukommenden Mauern dieses Zimmers und das kontinuierliche Schrumpfen seiner Welt.

In stilles Schwarz gehüllt, spürt er einen kühlen Windstoß eines aufgerissenen Fensters und hört das dankende Singen seines kleinen Freundes, an dessen Schwingen sich sein Bewusstsein heftet, um ein letztes Mal mit ihm gemeinsam dem Drang der Exploration zu frönen.

Davonziehend ersetzt ein künstliches Piepen das des Wiesenpiepers.

 Teddy

Sitzung

„Ich konnte ihr einfach nicht helfen.", schluchzt ein kleiner verschlissener Teddybär, sich die trüben Knopfaugen mit seinen plüschigen Pfoten wischend. Still, jedoch nicht weniger aufmerksam, sitzt jemand am Kopfende der ledernen Patientencouch und lauscht den freien Assoziationen seines kleinen Patienten, seine Augen auf sein Klemmbrett gerichtet, unentwegt Notizen festhaltend.

„Still und starr saß ich in der Ecke und beobachtete – ich beobachtete einfach nur." Bilder der vergangenen traumatischen Situation vergegenwärtigen sich und ziehen das Plüschtier in die emotionale Vergangenheit.

Es ist dunkel, lediglich ein latenter blauer Schleier füllt vereinzelt das sporadisch eingerichtete Zimmer und beleuchtet einen unheimlichen in der Luft liegenden Dunst, ein Gemisch aus Staub, Tränen und Angst, so dicht, dass er buchstäblich greifbar, jeden Betretenden auf der Stelle einen Eindruck der Verzweiflung vermittelt. Jene in ihrer Sättigung reduzierte Atmosphäre spiegelt sich in den zerkratzten Augen jenes stillen Freundes wider und lässt das Blut in den Adern gefrieren.

Zunächst unkenntlich und abstrakt, öffnet sich die Kinderzimmertür einen Spalt breit und gibt einem diffusen Schatten Eintritt. Organisch in sich kontinuierlich wandelnd ziehen jene schwarzen Partikel vom Eingang zu dem Bett der Schlafenden und umhüllen es alsbald gänzlich. So friedlich das im Bett liegende Mädchen auch schlafen mag, ihre geschlossenen Augen sind lediglich eine Maske, ein Versuch dem Unausweichlichen zu entkommen, denn die schnelle und flache Atmung, das fragile Pochen des Herzens und der erhöhte Muskeltonus verraten das Opfer:

es stinkt nach Angst und Unschuld.

So weit, dass der ineinanderfließende Schatten sich an jenen Pheromonen ergötzt und in Ekstase schnüffelt.

„Bitte nicht.", schreit der Teddybär aus seiner dunklen Ecke heraus und kämpft, um sei es auch nur eine Andeutung von Bewegung, zu initiieren, vielleicht ein Geräusch, irgendetwas, um das Kommende zu verhindern. Doch das Unvermeidliche tritt ein und zieht die Bettdecke vom zitternden und angespannten Körper, um jenen auf den Rücken zu ziehen, zu fixieren und in das Mädchen hineinzufahren. Und währenddessen das kleine Kind sich tapfer in Schweigen hüllt, geht vom Plüschfreund ein stummer Schrei aus, um sich ungehört und folgenlos im Dunst des aggressiven Übergriffs zu zerstreuen.

„Ich habe mich noch nie in meinem Leben so ohnmächtig gefühlt.", kommentiert das Kuscheltier affektstarr auf der Couch und kämpft mit aufkommenden Tränen, ein hörbares Schniefen in der nasalen Atmung.

„Was übrigblieb war, war ein gebrochener Körper eines Mädchens, welches in diesen Nächten all ihre Gefühle verlor, um nicht an der Wahrheit zu zerbrechen." Weinend schließt der Bär seine Knopfaugen und entledigt sich seines angesammelten Nasensekretes in einem Taschentuch. Das Kritzeln von Stichpunkten auf dem Klemmbrett erfüllt die bedrückende Stimmung mit einem kurzen weißen Rauschen, welches das helle Ticken der alten Pendeluhr überdeckt und die ungebrochene Aufmerksamkeit des Zuhörers demonstriert.

„Beinahe jede Nacht schleicht sich seitdem jener schwarze Dunst durch den Türspalt und bemächtigt sich des Körpers meiner besten Freundin. Und nicht ein einziges Mal schrie sie bisher auf, oder wehrte sich, als hätte sie die Lüge verinnerlicht, dass dies normal sei. Ich weiß nicht, ob sie ihre Hoffnung tief in ihr kleines Herz vergraben hat und nur auf den richtigen Moment wartet, jenen Funken zu einem Flächenbrand zu entfachen, oder aber, ob ihre Seele gestorben ist und der Schatten sich so nur ihrer Hülle bemächtigen kann." Ein Moment erneuter Stille, angestrengter Reflexion und ein weiteres Taschentuch, das vollgesogen zum Boden gleitet.

„Wenn jenes arme Geschöpf nun seelenlos auf der Welt wandelt, wohin ist ihr Geist gereist? Wo ist sie hin?" Der große Uhrzeiger fällt auf die Sechs und beendet jene Sitzung.

„Danke.", haucht erschöpft das Plüschtier und erhebt sich vom verschlissenen oxfordgrünen Leder. Ohne sich umzudrehen, verlässt der Patient diese Szene und schließt hinter sich die massive und schallisolierte Tür.

„Bis nächstes Mal."

Liebes Tagebuch,

mit dem Abwerfen der letzten verkümmerten Kinder, stehen die Linden nun ohne Kleid und Antlitz auf der Promenade und weichen dem fröstelnden Hauch des Winterkindes. Und mit jener Kälter kehrt auch die Dunkelheit ein. Allumfassend kriecht sie in jede Ecke und jede Lücke, sie macht keinen Halt, selbst vor den geschützten Räumen unschuldiger Kinder nicht. Nächtlich findet sie im Mondenschein Einlass und kriecht mit den dunklen Schatten über das kalte und knarzend betagte Holz, um sich an jeder Freude zu laben.

Letzte Nacht hat sie nach mir getrachtet, doch mein lautes Aufschrecken ließ sie einhalten und vorerst flüchten. Noch immer sitzt mir die Angst in den Gebeinen, noch immer schlägt mein Herz Galopp und ich befürchte, dies war nur der Anfang einer Heimsuchung, der ich mich nicht erwehren kann, doch vielleicht, so Gott will, irre ich mich.

Herr im Himmel, streite gegen alle, die gegen mich streiten, bekämpfen alle, die mich bekämpfen! Ergreife Schild und Waffen, steh auf, mir zu helfen! Zurückweichen sollen sie und vor Scham erröten, die auf mein Unglück sinnen. Amen.

Liebes Tagebuch,

vergangen ist jede in mir wohnende Freude und einer unklaren Dunkelheit gewichen, einer Leere, die mich jedem Menschsein beraubt, mich mehr und mehr in das schwarze Pech flüssiger Verzweiflung hineinsinken lässt. Ich wünschte, ein Funke Hoffnung würde mir gebracht, vielleicht nur ein kleinstes Zeichen des Herrn, sodass ich weiß, nicht alleine zu sein. Ich bin nicht mehr ich und verliere mich im nächtlichen Hineinfahren des zum Menschen gewordenen Dämons.

O, Vater, halte ein. Herr Gott, großes Elend ist über mich gekommen. Meine Sorgen wollen mich erdrücken, ich

weiß nicht ein noch aus. Gott, sei gnädig und hilf. Gib Kraft zu
tragen, was du schickst. Lass die Furcht nicht über mich herrschen. Amen.

Liebes Tagebuch,

das Christkind überbrachte mir am heutigen Weih-
nachtsabend im Geheimen einen Segen und einen Streiter an
meiner Seite. Alt und betagt, zerschlissen, trägt er die Erfahrung vergangener und gewonnener Schlachten in sich, so er-
zählte er mir im Stillen, als ich dicht mein Ohr an ihm hielt.
Und so wurde es mir warm ums schwere Herz, denn nun bin
ich mir gewiss, er ist vom Herrn geschickt, mich fortan zu beschützen.

O, mein Freund, entreiß mich der Hand meiner Feinde
und Verfolger! Lass Dein Angesicht leuchten über Deinem
Knecht, hilf mir in Deiner Güte! Mein kleiner Freund, lass mich
nicht scheitern, denn ich rufe zu Dir. Scheitern sollen die
Frevler, verstummen!

Amen.

Liebes Tagebuch,

heute ist Dienstag und das heißt, dass der Frühling
beginnt. Erfreulicherweise stehen Krokusse, Narzissen, Hya-
zinthen und Veilchen bereits in voller Blüte und füllen die Luft
mit einer Leichtigkeit frühlingshafter Lebendigkeit. Die Temperaturen sind so angenehm, dass ich nun mit meinem besten
Freund die Umgebung erkunden und mit ihm gemeinsam
Abenteuer erleben kann.

Er freut sich bereits den gesamten Winter auf unsere
Ausflüge, denn er selbst sagt immer: Ein Frühlingstag ist Freiheit. Was er genau damit meint, entzieht sich meinem kindlichen Hirnkasten. Er ist im Gegensatz zu mir ein solch

begnadeter Denker und generell unterscheiden wir uns stark voneinander. Denn sein Gemüt ist gefüllt von Tugend und Tapferkeit, Mut und Tatkraft. Es mag keine Gefahr existieren, welcher er sich nicht stellt und so hat er es sich zur Aufgabe gemacht, mein heldenhafter Beschützer zu sein.

Für jeden Tag, den Du, mein Freund mir gibst, an dem ich sehen darf, wie Du mich liebst. Für jedes Licht, das mir den Weg erhellt. Für jeden Sonnenstrahl in dunkler Welt. Für jeden Trost, wenn ich in Ängsten bin, nimm, mein kleiner Freund, das Loblied meines Herzens hin! Gedankt seist Du für meine Rettung durch Deine Stärke, Deinen Mut und Deinen Kampf gegen die ewigen Schatten, welche nach meinem schuldig' Leib trachten.

Amen.

„Ich habe versagt.", spricht der Teddybär schluchzend auf der Couch, starr an die öde Decke blickend, scheint jener plüschige Freund tief gebrochen, im Schutze seines Geistes, befindet er sich im progredienten Prozess, jeden Anflug von Emotionen abzulegen, denn mit ihnen wäre die Wahrheit just zu brutal.

„Wieder und wieder…", wiederholt er gebrochen in die therapeutische Stille und reflektiert die vergangenen Therapiesitzungen. Unzählige Male lag er bereits auf dem durchgelegenem Oxfordgrün und sprach von den unüberwindbaren Hindernissen, in der Hoffnung eines Tages die eine Erkenntnis zu erlangen, welche die Ketten der Ohnmacht bräche und ihn zurückführte zu seiner Aufgabe:

das kleine Mädchen zu beschützen.

Denn noch schrecklicher und bedrohlicher ist die Wahrheit, dass sich seine beste Freundin im Strudel der Apathie und Dissoziation verloren hat, mit der Konsequenz, dass ihr unschuldiges Lachen auf ewig versiegt ist und der Teil ihrer Persönlichkeit verrückt ist, sodass jenes übriggebliebene mutistische, affektstarre Ding eher dem Monster gleicht, welches jede Nacht in sie hineinfährt.

„Ich habe unendlich Schuld auf mich geladen, eine Schwere, die ich nicht mehr tragen kann.", würgt das plüschige Ding beinahe wütend hervor und ballt seine kleinen Pfoten zu steinharten Fäusten.

„Nein, ich möchte sie nicht mehr tragen.", fügt er angespannt hinzu und erhebt sich aus der liegenden Position, um dem Zuhörenden direkt in die Augen zu blicken. Mit beinahe vollkommen aufgebrauchten Grafitstiften und vergilbtem Papier sitzt das kleine Mädchen auf einem kleinen Hocker und setzt die Stiftspitze ab, um den Blick ihres Freundes zu erwidern.

„Was mich die ganze Zeit hielt, war die Angst den elenden Rest rettender Liebe zu verlieren.", erhellt das Kuscheltier seine Gedanken,

„Doch die Wahrheit ist, dies ist keine Liebe und daher kann ich nichts verlieren." Das Mädchen senkt ihre Hand ein wenig und nickt emotionslos dem Bären zu, als bestätigte sie seine nun gefundene Wahrheit.

„Es war nie meine Schuld, sondern ...", verharrt das plüschige Wesen vor dem Pfad unumkehrbarer Gedanken, „es ist seine."

Ohrenbetäubend fallen der Grafitstift und die Notizen aus ihrer Hand auf den kalten, teils morschen Parkettboden und geben Einblick in ihre akribische Niederschrift:

„Frei!", steht diagonal über die gesamte Seite gekritzelt, ähnlich den blutigen und tiefen Schnitten auf ihren Unterarmen, welche das Zeichen von verbliebener Lebendigkeit spöttisch ausspucken. Und auch wenn das junge Blut warmrot den Boden benetzt, so zeigt sie keine Anzeichen von Schmerzen, sondern lächelt ihrem Freund aufmunternd und entschlossen zu.

Der Bär steht selbstsicher auf, läuft hinter die Couch und zieht etwas Glänzendes hervor. Schwer, benötigt er beide Pfoten, um die schwere Klinge über das Holz zu ziehen und die Dimensionen des Befreiungswerkzeuges zu offenbaren. Das zu einer grotesken Fratze verzogene Gesicht des Kindes geht in ein hemmungsloses Lachen über, lautstark überdeckt es den eindringlichen Schauer vor ihrem Fenster, die knarzenden Äste verrottender Bäume und das Heulen des unerbittlichen Sturms, um abrupt zu brechen, als der Schatten hinter der Kinderzimmertür steht und dem inneren Treiben lauscht. Instinktiv spürt sie die sich durch die Lücken schlängelnden Auswüchse dunstartiger Klauen, welche nach dem Leib des Mädchens greifen wollen.

Mit dem Messer und dem Bären in der Hand erhebt sie sich mechanisch und beobachtet den sich verbreiternden Türspalt und die tiefe Dunkelheit, welche sich dahinter verbirgt, beständig ineinanderfließende Rauchfäden vibrieren unheimlich und geben Fragmente des dahinterliegenden Gesichts frei. Lüstern starrt es auf seine Beute, animalisch gleitet die fette und schleimige Zunge über die rissige Unterlippe. Jene dadurch metastasierende kognitive Dissonanz im geschundenen Verstand des Kindes quillt blutend hervor und raubt ihm jede Art von aktivem Bewusstsein. Dissoziiert fällt sie bewegungslos auf den Boden. Splitternd fallen ihre Hände auf das alte Parkett und geben ihren treuen Freund und sein Schwert frei.

„Lass mich nicht scheitern, denn ich rufe zu Dir. Scheitern sollen die Frevler, verstummen!", ruft der Bär dem ewigen Schwarz entgegen, greift nach dem Metall und stürmt enthemmt lachend auf die Geißel kindlicher Träume zu

- ein letztes Mal in Unschuld.

 Streuner

Jagd

Wenn es jenseits blinkender Leuchtreklame, dem Hupen genervter Autofahrer und dem banalen Geschwätz einsam ins Smartphone-Mikrofon schreiender Passanten einen Ort gibt, indem ein Hauch von Ruhe und Geborgenheit zu finden ist, so in den schmalen, in Dunkelheit und Stille liegenden Gassen zwischen den Metall- und Betonstalagmiten.

In einem leichten Dunst hervorquellenden Abwasserkondensats und dem gleichmäßigen Plätschern von müden Wassertropfen, rascheln verblasste Tageszeitungsseiten in der *Urban breeze* der umliegenden Gebäude, Wind, welcher vereinzelt den Lärm der Hauptstraßen in die Abgeschiedenheit trägt und somit eine unsichtbare Verbindung zwischen dem Hier und dem Dort schafft. Mehr haben sie jedoch nicht gemeinsam, denn entgegen der mit unzähligen Shops, Restaurants, Bars und Freudenhäusern geschmückten Hauptstraßen, herrscht hier die Affinität des Vergessens und der Isolation vor.

„Was seinen Weg hierher findet, vergisst den Weg zurück und irgendwann sich selbst.", hustet ein in Lumpen bekleideter Mann zu einem neugierig zu ihm blickenden Geschöpf, im Schutz einiger beinahe durchgeweichter Kartons sitzend, unkenntlich in den Schatten der Dunkelheit und des Drecks. Lediglich zwei leuchtende Punkte deuten auf dessen Anwesenheit hin.

„Ich hoffe, Du findest hier heraus.", fügt er schwach, jedoch mit einer subtilen Wärme in der Stimme hinzu und wirft einen Teil seiner zu gering bemessenen täglichen Nahrungsration zum Leuchten, dem auslösendem Schmatzen und Kauen lauschend.

„Das wirst Du brauchen.", trägt der Mann warm in die Schatten und bemerkt die nun wieder eingekehrte Einsamkeit. Verschwunden ist der temporäre stille Freund, bereits auf der Spurensuche nach etwas Lebendigen.

Gassen sind Orte des Subtilen, denn währenddessen Sehende nichts als Leere darin vermuten, erkennen Beobachtende das rege Treiben in diesen Stillleben. Kaum merklich wuseln Nagetiere und Ungeziefer in den engen Zwischenräumen des Unrats und gedeihen aufgrund deren scheinbarer Nichtexistenz.

Doch bereits während der Dämmerung, wenn sich die Schatten in alles einnehmende schwarze Flächen aufblähen, finden sich die ersten Predatoren ein und schenken jenen belanglosen Lebewesen die notwendige Aufmerksamkeit. Gleichmäßig und ruhig atmend liegt die wachende Felis catus auf dem Gerüst einer erodierten Feuertreppe und observiert das allumfassende Nichts, beinahe kataton verschmilzt sie, selbst im durch Fenster ausgesendeten flackernden Licht, mit der Umgebung, währenddessen unmittelbar neben ihr die Geräuschkulisse eines überladenen Michael Bay Films die Stille überfrachtet.

Ebenso kataton sitzt ein korpulenter Mann, verschmolzen mit seiner unmittelbaren Umgebung, auf einer durchgelegenen Couch und starrt teilnahmslos auf das Effektfeuerwerk des 4K OLED-Displays, um sich für einige Augenblicke von der Belanglosigkeit seiner eigenen Existenz abzulenken, unterstützt durch die regelmäßige Einnahme von gegärten Malz- und Hopfensud. In seiner eigenen Dunkelheit vermag es lediglich das künstliche Ambient Light ein wenig Farbe in die Trostlosigkeit einer längst aufgegebenen Suche nach Sinnhaftigkeit zu werfen, um nun durch die Protagonisten fiktionaler Geschichten stellvertretend Genugtuung gegen den urbanen Inhumanismus zu erlangen. Trüb blicken die Augen auf die sich bewegenden Bilder, ohne sich auch nur für einen Augenblick zu fokussieren.

"Das ist das Coolste, was ich je gesehen hab. Überall
Explosionen. Das ist locker 100-mal cooler als Armageddon…",
schreit der Fernseher in die nächtliche Stille, währenddessen
der tierische Predator sein Ziel ausfindig gemacht hat und in
einem eleganten Sprung Richtung nassen Asphalts, sein temporäres Abenteuer beginnt, selbstwirksam und selbstbe-
stimmt. Es ist die beginnende Jagd, welche all die Tristesse
des grauen Alltags verdrängt und das natürlich Animalische
reaktiviert. Geboren als Kämpfer, wird er nun seine Existenz
legitimieren.

„Auf der Hut, Nager…"

Fenstertheater

Ahnungslos sucht schnuppernd eine kleine Schnauze zwischen den weggeworfenen Lebensmitteln nach Verwertbaren, geführt durch die abstehenden Tasthaare ist die visuelle Reizverarbeitung weniger von Bedeutung, doch angesichts potenzieller Gefahren durchaus sinnvoll. Die Naivität eigener geglaubter Bedeutungslosigkeit, der Schutz des Kleinen mag einen inneren Frieden bringen, sie ist jedoch eine Illusion, welcher sich die Maus bewusst wird, als wenige Meter vor ihr die Felis catus grazil auf dem Boden landet, um zu einem weiteren Sprung Richtung Nager anzusetzen.

Binnen Bruchteilen huscht die Beute durch eine kleine Öffnung hinter ihr, von Angst überwältigt, versuchend im Parkour Distanz zu schaffen, versucht sie Höhe zu gewinnen und einen Überblick über die unmittelbare Umgebung zu erhaschen. Fauchend sprintet das Raubtier hinterher, ungeachtet der Tatsache, dass bestimmte Lücken wohl zu klein für seine Körperdimensionen sein könnten, es bleibt keine Zeit darüber zu sinnen. Ebenso wenig darüber, dass unmittelbar dieser Szene hinter einem verdreckten Doppelfenster ein eigenes Abenteuer seinen Lauf nimmt.

„Willst Du mich verarschen?!", schreit eine in das Schlafzimmer hinein schreitende Frau, erstarrt auf den Mann blickend, welcher sichtlich überrascht in seiner verfänglichen Position verharrt und verkrampft nach einer plausiblen Erklärung für seinen Fehltritt sucht, der lediglich mit Egoismus legitimiert werden könnte.

„Es ist nicht so, wie Du denkst.", wirft er ihr klischeehaft hinterher, erkennend, dass nun, wo sie ins Unerreichbare entschwindet, wieder an Anziehungskraft gewinnt.

„Scheiße...", verstummt er und blickt entgeistert zur vorbeihuschenden Katze, welche ihre große Chance wittert, mittels eines weiten Sprunges direkt auf ihrer Beute zu landen und jene Hatz zu beenden.

Doch das Nagetier ist ein wenig schneller als kalkuliert und lässt das Raubtier wenige Zentimeter hinter sich ins Leere springen, der rutschige Deckel einer feuchten Mülltonne, welcher aufgrund der Landungsenergie aus seiner Haltung springt und samt der Felis catus zur Seite rutscht, um sie mit zum Boden zu reißen. Erschrocken vergisst sie für einen Augenblick die Jagd und beginnt sich instinktiv zu drehen, um mit allen vier Pfoten weich auf dem Boden zu landen, doch ihr Fall wird abrupt beendet.

Etwas Haariges liegt zwischen ihr und dem Asphalt, hektisch rotiert es sich zur Seite, eine Hand greift nach dem Predator, welcher in seiner Angstreaktion die Krallen ausfährt und blitzschnell jenes feindliche Manöver unterbindet, um jenen geschaffenen Augenblick zu nutzen, wieder hinauf springend, das flüchtende Nagetier nicht aus den Augen zu verlieren.

„Fuck, was war das?", tobt ein in Schwarz gekleidetes Individuum, dem Jäger hinterherblickend.

„Scheiße man, das ist mir zu heiß.", spricht ein neben ihm stehender Mann, gewillt, den Angriff als göttliche Fügung zu fehlinterpretieren und somit jene illegale Situation zu verlassen.

„Deal ist Deal!", schreit der Angegriffene in die Stille der Gasse, motiviert, die letzte Möglichkeit absoluter Kontrollausübung einzusetzen.

„Nein, man.", entgegnet der Flüchtende, abrupt in seiner Bewegung verharrend. Ein stechender Schmerz zieht von seinem Rücken über den gesamten Körper, begleitet von einer sich rasend verbreitenden Kälte.

„O nein…"

Und währenddessen der Eine seine Ruhe auf dem nassen Asphalt findet, springt der Jäger von gestapelten Kartons zur nächsten Etage einer Feuertreppe und weiter auf eine Balkonbrüstung, um von dort aus die verloren gegangene Fährte visuell zurückzugewinnen, ein latentes Gefühl von Enttäuschung und Panik, einem so winzigen Geschöpf wie einer Maus unterlegen zu sein. Die Dissonanz zwischen Vorstellung und Umsetzung ist eine quälende neue Erfahrung und Ansporn zugleich.

An diesem Punkt mag sich entscheiden, welche Verhaltensdimension im Predator verankert liegt. Jene, welche ihn dazu antreibt, kontinuierlich an die eigene Grenze zu gehen und sie zu überschreiten, um eine funktionale Entwicklung zu vollziehen, oder aber demotiviert in Stagnation zu geraten, verbunden mit der trügerischen Hoffnung, dass es beim nächsten Mal besser laufe.

Zwei Möglichkeiten mit sich jeweils eigenständig daraus ergebenen Pfaden.

„Tun Sie es nicht!"

Scheinwerferspots durchpflügen die Fassade, entlang der Fallrohre, Balkone und deren Brüstungen, der Blitzableitung, über die Unebenheiten, welche im grellen Licht ersichtlich werden und beenden ihre Reise, eine kachektische Frau anstrahlend.

Unsicher steht sie dicht am Abgrund und blickt nervös zu den, zu ihr hinaufblickenden, Passanten, erkennend, dass lediglich die Ankündigung eines Suizids überhaupt etwas Aufmerksamkeit generiert, auch wenn jene aus der Sensationslust des eigenen grauen Alltags entspringt und somit einfach jeder abnormale Moment genutzt wird, vom eigenen Stumpfsinn abgelenkt zu werden, d.h. in diesem Augenblick geht es den Menschen nicht um sie und ihr Schicksal, sondern lediglich um NEWS.

Eben jene traurige Erkenntnis verstärkt die Gewissheit absolut belanglos zu sein, im Kontext des jahrzehntelang, durch die Eltern und beruflich sozialen Interaktionen, eingetrichterten Weltbildes, lediglich wichtig zu sein, wenn eine wertvolle Funktion ausgeführt wird, schnürt sich der Brustkorb eng zusammen und scheint die Luft zum Atmen zu nehmen. Eine interessante Perspektive Sachverhalte emotional einzufärben und zum Nachteil eigener Person auszulegen, um die eigenen autodestruktiven Gedanken zu bestätigen und egal wie sehr sich die Umgebung auch anzupassen vermag, jene Adaption vergrößert den Seelenschmerz. Tief sitzt er in ihr und kriecht durch die Trachea zum Mund, um dort abrupt und lautstark Gehör zu finden:

„Ob ich da bin oder nicht, es ist bedeutungslos."

Die Katze, den Lichtkegeln folgend, springt von Brüstung zu Brüstung, nutzt Fensterbretter und dekorativ hervorstehende Passagen der Fassade, um sich bis zur obenstehenden Frau zu manövrieren, nicht ihretwegen, sondern des

Lichtes halber. Neugierig blickt sie zur Suizidalen und kippt ihren Kopf leicht zur Seite, als stünde eine fundamentale Frage im Raum, die es gilt zu beantworten:

„Was zum Teufel machst Du hier?"

Erneut projiziert die Frau ihre Unzulänglichkeit auf ihr Gegenüber und deutet jenen Blick als Vorwurf. Eine Maske der Gesellschaft aus dem undurchdringbaren Dunst urbaner Gleichgültigkeit heraus, eindringlich tief in die Psyche blickend, um nichts als Wahnsinn zu hinterlassen.

Lediglich die ersten seichten Sonnenstrahlen der eintretenden Morgendämmerung vermögen es ein wenig jenen Nebel zu durchbrechen und den Wahnsinn ansatzweise zu lichten. Vielleicht ein winziger Moment von rationaler Klarheit, welcher die Frau zur Reflexion bewegt. Zur Katze blickend, ihre Umgebung vergessend, fällt sie in einen kognitiven Flow, währenddessen sich die wandernde Sonne auf den nassen Dächern reflektiert, um so die Illusion eines Meeres zu erzeugen und alles unter dieser Skyline als Morast eines verirrten Lebens zu deuten.

„Ich muss einfach nur springen.", flüstert sie sanft, „Einfach über diese einengenden Mauern schweben, um der Dunkelheit zu entfliehen. Wie Du."

Vertrautes Kratzen erfüllt den Morgen dieses stillen Raumes, still, jedoch nicht tot. Müde sucht die Hand den Fensterknauf, um automatisiert den alten Mechanismus zu nutzen. Entgegen dem Uhrzeigersinn dreht sich das Metall quietschend, den leisen Lauten der Felis catus ähnelnd, und schiebt den Riegel aus der Halterung, um das Fenster einen Spalt weit zu öffnen. Dankbar schnurrt müde der pelzige Jäger, sich auf die Brust des Aufwachenden legend.

Diesmal war die Jagd erfolglos und der Hunger nun eine angemessene Strafe für das Versagen. Ansporn, die nächste Nacht effektiver zu nutzen.

„Ich wünschte, ich hätte Dein Leben.", seufzt der Mann demotiviert, die Katze vorsichtig neben sich auf das Bett legend, um seine Füße durch das kalte Parkett zu erden. Und währenddessen das heiße Wasser durch das gemahlene Kaffeepulver fließt und das Radio die aktuellen Nachrichten in die erwachende Menschenwelt wirft, blickt er gönnend zu seinem Streuner.

„Umherwandern, ohne irgendwelche Überraschungen und tagsüber schlafen."

Miauend entgegnet die Felidae seinen Kommentar und legt gähnend den Kopf auf das Kissen.

„...hat sich die 23-jährige Lena G. das Leben genommen, indem sie von einem Dach sprang...", leitet der Nachrichtensprecher einen ganz normalen Sommertag in dieser Großstadt ein.

„Schlaf gut, Tiger...", streichelt der Mann die Schlafende.

 Evangelium

Eva

Ein Drittel des Lebens liegt der Mensch, scheinbar unproduktiv und regungslos, horizontal im Bett und unterwirft sich einer Abfolge von Bildern, Ereignissen, Erlebnissen und Vorstellungen. Ein Zustand absoluter göttlicher Macht, in welchem Welten und Situationen miteinander kombiniert werden, die im Wachzustand unmöglich kompatibel wären, als wäre das Leben nichts Weiteres als ein Aquarell, in welchem in Wasser gelöste Farbpigmente ungebremst zueinander finden und Neues kreieren, losgelöst aus einem räumlichen, situativen, personellen und temporalen Kontext. Längst vergessenes tritt ins Bewusstsein und tangiert jenes, scheinbar aus dem Kontext gerissen, bildet sich so ein neuer roter Faden, der bis in die Wachwelt hineinreichen kann, um hier einen neuen Pfad zu offenbaren.

Noch immer flackern Fragmente ihres Antlitzes vor meinem geistigen Auge auf. Sie sind unscharf und vermutlich für andere Menschen nicht dechiffrierbar, doch in jener abstrakten Gestalt erkenne ich den Kern, ihre Seele und auch wenn ich keine höhere Kausalität für ihr Erscheinen ausmachen kann, so tangiert mich die reaktivierte Erinnerung an diese Frau, welche nun seit über zehn Jahren keinen Pfad in mein Bewusstsein gefunden hatte.

Gleich einem Schlüssel öffnet es Räume in vergessene Erinnerungen und lässt sie in meiner Kognition und Imagination lebendig werden. Die damit einhergehenden Emotionen verhindern die Frage nach dem „Warum" und ziehen mich in einen Handlungskaskadenstrom, begonnen mit dem Aufklappen meines Notebooks, welches die müden Morgenstunden mit einem elektrisierenden Summen füllt.

„Eva", beginne ich mit dem Eintippen ihres Namens einen neuen Weg zu pflastern und erspähe passende Einträge diverser Internetpräsenzen und Social Media Networks. Und auch wenn unter acht Milliarden Menschen die Kombination ihrer Vornamen und ihres Familiennamens unmöglich einzigartig sein kann, weiß ich in diesem Augenblick, dass alleine sie sich hinter den Links verbirgt. Mag es unbegründete Hoffnung sein, oder eine wahnsinnige Gewissheit. Bestätigt erblicke ich ihr Gesicht diverser digitaler Fotografien auf diesem sozialen Netzwerk und atme erleichtert in die Morgenstunde hinein.

„Gefunden.", bildet sich flüsternd jenes Wort auf meinen Lippen, einhergehend mit der emotionalen Reaktion, Freude und sich reaktivierende Erinnerungen an eine gemeinsame Zeit, weit im Dunst der Vergangenheit liegend.

Einhundertunddreizehn Quadrate zieren ihr Profil und präsentieren eine stets lächelnde Frau. Vertraut blicken ihre braunen Augen in die Ferne und ziehen den Betrachter mit auf eine kognitive Reise, Vorstellungen ihrer unterschiedlichen Lebensabschnitte, Begegnungen mit Fremden, Erlebnissen mit Freunden, Einblicke in ein anderes Leben, welches zu meiner Ernüchterung mit Vielfalt, Ausgewogenheit und Erdung gesegnet ist.

Dieser attraktive Mensch lebt sein Leben und transformiert Ungeplantes in Möglichkeiten, Regen in wasserspendendes Leben, Schicksale in Setzlinge, aus denen sich prächtige farbenfrohe Blüten ergießen.

„Selbstwirksamkeit.", seufze ich in die Stille niederschmetternder Erkenntnis, dass Eva im Garten des Lebens wandelt.

Schmerzerfüllt zieht sich meine Brust zu einem Luft nehmenden Korsett zusammen und presst ein Schluchzen tiefer Verzweiflung hervor, denn mein Profil ist leer. Keine Präsentation sinnvoll genutzter Zeit und geerdeter Psyche, keine Abbildungen eines Menschen, welcher fest in soziale Strukturen integriert, ein unvergessliches Vermächtnis geschaffen hat, sondern zu frühen Morgenstunden einer flüchtigen Idee hinterherrennt, entsprungen eines chaotischen Traumes als Ausdruck innerer Zerrissenheit, so weit, dass jenes internale Vakuum unstillbar die Freude eines Jeden in meiner Nähe absorbiert und nicht mehr freigibt.

Dieser Kontrast zwischen ihr und mir mündet in einer neuen Idee, einem Impuls, welcher sich nicht unterbinden lässt.

Die tiefliegende Sonne wirft lange Schatten auf dem sich kontinuierlich aufheizenden grauen Asphalt des Bürgersteigs, welcher in der Entfernung unwirklich verschwimmt und flimmert. Bereits jetzt liegen sechsundzwanzig Grad Celsius schwer auf der Stadt und animieren die Menschen dazu, sich nach Abkühlung in jeder legitimen Form zu sehnen. Mir ist trotz dicker erkenntlicher Schweißperlen auf der Stirn innerlich kalt – der Winter nistet in meinen Eingeweiden und übersommert die aufblühende Lebendigkeit überschießender Vitamin-D Produktion.

Vier bis sechs Prozent der Menschen entwickeln vor allem in den Sommermonaten depressive Symptome. Gänzlich geklärt sind die Ursachen nicht, jedoch gehen einige Spezialisten davon aus, dass die intensive Sonnenstrahlung negativ den Melatoninhaushalt tangiert und somit zunächst Schlafstörungen getriggert werden, welche in depressive Gefühlszustände übergehen können. Ich selbst glaube, dass die Ursache in einem Abgleich zwischen dem eigenen Ich und dem sozialen Umfeld liegt. Denn im Winter deckt sich das internale Gemüt mit der sozialen Umwelt, im Sommer jedoch schaffen die fröhlichen und aktiven Menschen einen unerträglichen Kontrast zum eigenen Leben, einhergehend mit der Wut auf sich selbst, kein Teil dieses *Flows* zu sein, an sich selbst zu scheitern, da der Mut und die Kraft fehlen, den eigenen Schatten zu überspringen.

Doch ich bin nicht wütend auf mich selbst, sondern auf Eva. Ich hasse sie für ihr glückliches und perfektes Leben, ihren Antrieb Gelegenheiten zu nutzen und sich durch soziale Interaktionen zu definieren, nicht durch Isolation und umständliche Kognitionen. Ich verachte sie für das, was ich nicht sein kann:

lebendig.

Und genau diese Kraft werde ich ihr nehmen, nicht damit ich sie absorbieren kann, sondern damit diese Frau von

meiner Perspektive heraus das Leben betrachten und daran
zerbrechen wird, sodass sie und ich gemeinsam auf den Stei-
nen sitzen, melancholisch, betrübt, verzweifelt und leer. Und
so werde ich mit meiner Trauer nicht mehr alleine sein, ich
werde sie teilen

– mein Geschenk, meine Religion an sie.

Als ich an ihre Tür klopfe, überkommt mich ein Gefühl von Angst – es ist die Furcht vor einem Menschen, der
viel Selbstwirksamkeit in sich trägt, ein immenses Reper-
toire an Kontrolle über sich selbst, eintretenden Ereignissen
und den Manipulationsbestrebungen anderer Menschen gegenüber.

Werde ich überhaupt in der Lage sein, sie in die
Schattenwelt zu ziehen? Was ist, wenn sie es erkennt, wenn
sie in meine Seele blickt und das geschundene Wesen erkennt, das vor ihr steht? Wie wird sie urteilen? Wird sie ver-
urteilen, was aus mir geworden ist?
Der sich aus meiner hervortretenden Unsicherheit heraus
entwickelnde Impuls zu fliehen wird abrupt unterbrochen,
denn die Tür öffnet sich und ermöglicht die Begegnung zwischen ihr und mir.

Müde und angestrengt blickt sie zu mir, als suchte
sie nach einer Verbindung zwischen dem Mann, der vor ihr
steht, und ihren Erinnerungen, erschwert durch meine aktuelle Erscheinung, welche im starken Kontrast zu meinem damaligen Antlitz steht.
Es sind nicht nur die tiefen Gräben, welche sich mit der Zeit
durch die Cutis schnitten, sondern die allmählich in ihrer Sättigung verblassenden Haare, sondern die sich ungünstig ver-
teilten Proportionen. Und so, wie auch sie Schwierigkeiten
hat, das Jetzt mit dem Damals zu verbinden, scheitere ich an
einer Synchronisierung ihrer Social-Network-Galerie und ihrer tatsächlichen Erscheinung.

„Das soll sie sein?", schreit es in mir auf und projiziert eine fragende Mimik auf mein Gesicht.

Aus der Wohnung schallt es lautstark heraus, ein akustisches Chaos eines Kindes, welches in seiner Affektinstabilität seinen Unmut kundtut und eine Ursache ihrer Müdigkeit sein könnte. Ich weiß es nicht, doch diese scheinbar gebrochene Frau, sie erzeugt einen kleinen Funken Hoffnung in mir, so weit, dass sich ein leichtes Lächeln auf meine Lippen legt.

„Hallo, Eva.", begrüße ich sie, meine Hand reichend, bereit, dieses Mysterium zu ergründen und das von ihr geschaffene Bildnis zu korrigieren.

„Hallo.", antwortet sie leise, meine Geste erwidernd.

Die Wände ihres Wohnzimmers tragen mir bekannte Fotografien. Es ist sie, Flamenco tanzend in einem stilistischen Schwarz-Weiß. Selbstsicherheit und Eleganz liegt in ihrem Blick, welcher einschüchternd das Publikum streift und Demut erzeugt. Auch wenn ich zu jenem Zeitpunkt nicht anwesend war, spüre ich noch immer die Wirkung auf mein Gemüt:

Respekt und Ehrfurcht.

Und doch kann ich noch immer jene Abbildung nicht mit der aktuellen Präsenz dieser Frau vereinbaren. Zu unterschiedlich ist das digitale Profil zur Wahrheit, dem Anflug von Schwäche, Müdigkeit – nein Menschlichkeit. Mehr und mehr blättern dadurch die Schichten dieses artifiziell geschaffenen Bildes ab, mit der Konsequenz, dass mein einstiges Vorhaben, diesen Menschen in die Dunkelheit zu ziehen, obsolet wird, denn Eva befindet sich bereits tief in ihr und das ausgesendete Licht ist kein rettender Leuchtturm, sondern ein allmählich erlöschender Stern, welcher kurz vor seiner Implosion expandiert.

„Das Wenige, was mir geblieben ist.", kommentiert sie meine Betrachtung ihrer Galerie, das laute Getöse ihres Sohnes aus seinem Zimmer ignorierend, als hätte sie den Kampf, Ordnung in ein Chaos zu bringen, längst verloren. Ihre Kapitulation führte zur Lethargie, einer bloßen Existenz einer Hülle ohne internale Lebendigkeit.

„Dein Sohn oder das hier?", frage ich provozierend und versuche aus ihrer Mimik auf ihr inneres Erleben zu schließen, den Menschen zu ergründen, welcher sich tief verborgen hinter ihrer Haut und ihrem Fleisch versteckt hält. Doch ich bin nicht hier, um einen verbalen Schlagabtausch zu initiieren, ich möchte verstehen, ergründen.

„Was ist Dir passiert?", frage ich sie mitfühlend und deute gestisch auf den Unterschied zwischen ihr und den Fotografien hin.

„Meine Schwester.", antwortet sie leise und dennoch tragen diese zwei Worte auf subtile Art und Weise eine Wut in sich, welche in der Lage wäre augenblicklich die Haut von meinem Körper zu brennen, Wut, welche ich bisher nur in streng religiösen Menschen fand, welche in ihrem Wahnsinn jede Daseinsberechtigung ihres ungläubigen Gegenübers annullierten und somit kein Lebewesen mehr enthaupteten, sondern bestenfalls eine Sache – ein Mensch, der weniger wert ist, als die Materie aus die er besteht: Sauerstoff, Kohlenstoff, Wasserstoff, Stickstoff, Kalzium, Phosphor, Natrium, Kalium, Magnesium und Kupfer.

Gedanklich füge ich jene chemischen Bausteine zusammen und kreiere Eva, jene Frau, die vor mir steht und schamvoll besetzt ihren Kopf gesenkt hält. Fragend durchleuchten meine Augen ihre gealterte Hülle und stoßen auf die verbal offengelegte Wahrheit: die Schwester. Zwei Jahre älter, vom Visuellen kaum unterscheidbar, jedoch diejenige, die niemals in Vergessenheit geraten wird, diejenige, welche ihre spanische Familie mit Stolz erfüllt.

„Eine Schauspielerin.", fügt sie hinzu und plötzlich dämmert es mir. Denn auch wenn nicht bewusst, kenne ich sie, vier Jahre lang spielte sie in einer Daily-Soap.

„Wenn jemand in der Familie die Messlatte utopisch hochzieht, können die Anderen nur daran versagen.", tränt es aus ihren Augen. Und sie schildert, dass sie es verständlich fände, dass unzählige Menschen nur ihr Schwester sähen, doch dass auch die Familie diesem Fanatismus mitträgt, sei ein demoralisierender, nein, zutiefst verletzender Sachverhalt.

„Ich wollte ihr nie nacheifern, sondern durch meine Erfolge, meine Interessen und Wünsche Anerkennung bekommen, das Tanzen, die Fotografie, doch für mich gibt es neben ihr keinen Platz, so sehr ich es auch versuche."

„Und nun hast Du aufgegeben.", bemerke ich im Kontext ihrer Erscheinung. Wie brachial doch diese Wahrheit ist. Ein jeder sucht sich am Sternenhimmel ein Individuum, welches als Vorbild eine grobe Richtung kreiert. Der Wunsch irgendwann einmal selbst zu einem Vorbild heranzureifen, um ein soziales Vermächtnis zu schaffen, ist tief im menschlichen Verhalten verankert. Es genügt nicht, einfach nur zu sein, es genügt nicht, sich auf sich selbst zu konzentrieren und zum Lebensende friedvoll auf die eigene Biografie zurückzublicken. Nein, Unsterblichkeit durch die Menschen, welche nach der eigenen Existenz diverse Erinnerungen an die verstorbene Person in sich tragen.

„Für mich bist Du der leuchtende Stern.", nehme ich ihre Hand und überdenke meine Intention in der Dunkelheit zu verbleiben.

„Lehre mich, so wie Du zu sein, sei mein Evangelium."

Seit langer Zeit ein Lächeln auf ihren Lippen, ein erster Schritt, zu einem orientierenden Leuchtfeuer heranzuwachsen.

Omnipräsent

Es ist Nacht, die letzten warmen Lichter hinter den unzähligen anonymen Fenstern erlöschen, um erschöpft zu versuchen im Schlaf Erholung zu finden. Die Welt begibt sich in die Horizontale, unter dem Schutz dicker Quellwolken, welche gemächlich ihre Reise über die endlosen Horizonte fortsetzen, um sich irgendwo und irgendwann von ihrem schweren Ballast zu befreien.

Ich atme müde, jedoch erleichtert in diese artifizielle Ruhe und resümiere den bisherigen Tag. Gleich einem Hochgeschwindigkeitszug preschen die verblassenden und tristen Erinnerungen an mir vorbei, wirbeln den starr schwebenden Dunst meiner Zigarette auf und schaffen ein lebendiges expressionistisches Qualm-Gemälde, dessen Formen ich zu analysieren versuche. Angestrengt erkenne ich aufkommende Assoziationen, welche sich mit den verdrängten Affekten der heutigen Literaturrecherche verbinden, Schlagzeile um Schlagzeile hämmert durch mein Bewusstsein:

„Droht Putin mit Atomschlag?", „Puerto Rico: Lebensbedrohliche Sturzfluten", „Schweres Erdbeben der Stärke 7,6 – Tsunamiwarnung", „Hohe Gaspreise: FDP und Habeck streiten über die Umlage", „Lukaschenko ordnet Mobilmachung an", „Raketenattacke auf Atomkraftwerk Pivdennoukrainsk", „Studie zu sexualisierter Gewalt", „Hurrikan Fiona hinterlässt Verwüstung", „Unser Planet brennt", „Tödliche Schüsse in Stade", „Ebola-Ausbruch in Uganda", „Zahl der Alzheimer-Patienten steigt stark", „Jedes fünfte Kind in Deutschland ist armutsgefährdet", „Kanzler Scholz droht bei Demos indirekt mit der Polizei", „Scholz – Skandale säumen seinen Weg", „Staatsanwaltschaft prüft Ermittlungsverfahren gegen Kanzler", „NDR-Redakteure werfen Senderchefs politische Einflussnahme vor", „ZDF-Kritik: Ihr blockt missliebige Meinungen!", …

In diesem Chaos aus geframten und dramatisierten Schein-Fakten und Meinungen versucht mein Verstand, validierte Informationen und Muster zu erschaffen, greifbare Sachverhalte, an denen ich mich orientieren kann, doch ich scheitere kläglich.

Ich werde zerquetscht und spüre die enger werdende Brust, den sich beschleunigenden Puls, meine flache Atmung und ein sich ins Grenzenlose erhöhender Muskeltonus. Meine Hand ist zu einer Faust geballt

– bereit zu kämpfen, doch wogegen, gegen wem? Wo soll ich beginnen, wie soll ich beginnen?

Es ist zu viel, einfach zu viel, überall schlägt die Dunkelheit über mich ein. Was bleibt, ist ein omnipräsentes Gefühl von Machtlosigkeit. Ich bin diesem Leben ausgesetzt, unfähig, mich eigenständig hindurch zu manövrieren. Schmerzerfüllt halte ich meinen Kopf und übe Druck auf meinen Schädel aus, um die drohende Explosion aus Schmerzen, Informationsflut und Selbstwirksamkeitslosigkeit zu kompensieren – es drückt mir Tränen aus den Augen, knirschend pressen sich meine Zähne aufeinander, um einen Hauch von physischem Schmerz zu erzeugen.

Der einzige Reiz, der in der Lage ist, das affektive Labyrinth, nein den emotionalen Sturm zu beruhigen.

Wellen von Druck gleiten durch meine Gedanken und zerren sie in die gleiche Richtung, um mit zunehmender Distanz leiser und unkenntlicher zu werden, sodass ich schon bald behaupten kann, dass sie nicht zu mir gehören. Vielleicht liebe ich deshalb die Nacht:

Sie verschleiert das Offensichtliche, versteckt all das Groteske und die Fratzen der Menschen in ewigem Schwarz, sodass ich die Illusion leben kann, alleine auf diesem vergewaltigten Planeten zu wandeln. In der Dunkelheit brauche ich keine Kontrolle, denn in ihr existiert keine Gefahr

– nur die beruhigende Sanftmut einer temporären Entschleunigung.

Ich weiß, ich sollte zu Bett gehen, doch ich kann nicht. Diese Geborgenheit, sie hält mich wach, auch wenn ich weiß, dass ich morgen früh nicht in der Lage sein werde zu funktionieren.

Müde und erschöpft, kraftlos und motivationslos werde ich das menschliche Metastasieren an mir vorbeiziehen lassen.

Abgeschlagen und bewegungsarm hängt ein Mann schlaff in einem abgetragenen roten Ledersessel und starrt zerstreut ins Nichts, währenddessen eine Psychiaterin undeutlich Worte zu ihm herüberträgt. Seine Augenringe blicken nicht zu ihr, sein Gehör flieht den Ratschlägen und Äußerungen, sein Verstand hüllt sich in einen undurchdringbaren Dunst aus Regression, Verdrängung und Verleugnung. Gleich fließenden Wassers läuft die Zeit an ihm vorbei und reißt partiell Partikel von ihm, um sie im temporalen Fluss davonzutragen, bis er eines Tages vollkommen erodiert Teil des *Flows* geworden ist, vergessen in der eindimensionalen Linie, welche nur eine Richtung kennt:

die Zukunft.

Er weiß, dass die Vergangenheit seine Gegenwart prägt, unzählige Erinnerungen früherer Tage bilden als versteinerte Reliquien die Säulen seiner Persönlichkeit, doch was ist, wenn jenes Fundament von Anfang an durch erhebliche Konstruktionsmängel die Anforderungen der Gegenwart nicht tragen kann?

Gesellschaftlich erwünscht ist ein stützendes therapeutisches Gerüst um jene maroden Pfeiler zu errichten, um die Last neu zu verteilen und die Möglichkeit zu geben, das Fundament abzutragen, mit dem Ziel, es aus Erkenntnissen der Gegenwart neu zu errichten. Die Therapeutin weiß um die kritische Phase und die einhergehende Angst, die eigene Persönlichkeit zu verlieren, wenn all das eingerissen wird, was sie ausmacht, auch wenn sie von je her dysfunktional, mit Qual und Verzweiflung assoziiert wurde.

„Sie müssen nicht leiden.", schwingt ihre sanfte Stimme durch den schützenden Dunst des fallenden Patienten.

„Die Entscheidung treffen Sie.", schwingt wellenartig nach, als wäre diese Erkenntnis ein ins Wasser stürzender

Tropfen, welcher einen transformierenden Tsunami entfesselt.

Jene gewaltige Mauer rast auf den Gebrochenen zu, welcher unfähig zur Motion, überwältigt das kommende Unheil und dessen brachiale Gewalt zwar erkennen kann, jedoch weiß, dass die Entscheidung zu leiden nicht alleine auf ihn übertragen werden kann.

„Du bist schuld an Deiner Situation.", schreit die therapeutische Intervention mit dem tosenden Sturm der einbrechenden Sintflut. All jene Schlagzeilen der aktuellen Tagespresse flackern gewitterartig auf und erhellen für Millisekunden die omnipotente Dunkelheit des internalen Weltuntergangs. Die Welle, sie trägt all jene externalen Variablen in sich.

Korruption, Klimawandel, Pandemie, Krieg und Gewalt. Jene Faktoren, welche sich auf den einen bösartigen Kern des Menschen reduzieren lassen:

Egoismus.

Ist also dieser eine Patient ebenso dem Egoismus verfallen, wenn er sich im Glauben bestärkt, dass er Opfer einer dysfunktionalen Menschheit ist, oder ist es Egoismus, wenn die Gesellschaft ihre Verantwortung auf das einzelne Individuum abwälzt und von ihm verlangt, einfach seine Perspektive auf die Dinge zu verändern?

„Auch wenn ich nicht hinsehe, so weiß ich, dass sie da ist.", flüstert er schwach der Therapeutin und ihrem Tsunami entgegen, wissend, dass er nicht in der Lage sein wird, das kommende in irgendeiner Weise zu beeinflussen.

„Die Dunkelheit existiert jenseits des Lichts, in den Schatten, welche dem Licht entspringen." Dualismus als Erklärung dieses Dilemmas. Nichts existiert ohne seine konträre Seite und währenddessen einige Wenige die Macht haben, all das Ganze Dysfunktionale zu erhellen, unterliegen sie dem trügerischen Schwarz der Nacht und die vielen Gebrochenen, welche aufgrund ihrer Erfahrungen und Erkenntnisse in der Lage wären, das unausweichliche Ende zu lichten, scheitern an ihrer Machtlosigkeit und mutieren zu, für die Gesellschaft geächteten Indikatoren, welche gleich kleinen Nadelstichen alle Menschen daran erinnern, dass jenseits von Illusionen wie Freude, Geborgenheit, Vertrauen und Liebe eine dunkle Welt existiert, welche sich längst durch die Fundamente der Gesellschaft gefressen hat.

Und somit sind die Therapeuten Kleriker einer dysfunktionalen Welt, welche versucht, um jeden Preis ihren Status quo zu erhalten, damit die wenigen Mächtigen nicht mit der Erkenntnis konfrontiert werden, dass sie sich haben korrumpieren lassen.

Egoismus schafft Macht und Dunkelheit zugleich. Altruismus erzeugt Licht, doch erliegt gleichsam seiner Bedeutungslosigkeit für das Große und Ganze. Und so wird der Gebrochene weiter hier sitzen und die Worte der Therapeutin an sich vorbeiziehen lassen.

„Weshalb leide ich?", flüstert eine sanfte Böe über die grauen Dächer einer zerklüfteten Skyline, den Gestank von acht Milliarden Menschen in sich tragend, unwissentlich die Erkenntnis aufbrechend, dass die Lösung in der Dezimierung der Quantität liegt, denn von je her scheiterten die Individuen daran, die Qualität ihrer Auswirkung auf die Welt zu reduzieren, denn dies steht im Kontrast zum Manipulationsbestreben des Menschen.

„Weil Du Dich dafür entschieden hast.", antwortet ein durch die öden Wolken reißender Schwall goldenen Lichts, welche das, auf dem Dach stehende, Individuum in den Fokus der Szene setzt. Eine warme Hand legt sich auf die rechte Schulter des Gebrochenen, welcher affektstarr zum chaotischen Treiben der Straßen vor ihm blickt und nicht vermeiden kann, an brachiale Flüsse zu denken, die sich durch die Gassen fressen und einfach jeden mit sich reißen.

„Nein, ich habe keine Wahl.", entgegnet er der väterlichen Stimme, „Denn sobald ich mich der Oberflächlichkeit und Unwissenheit ergebe, werde ich Teil von ihnen, fortgetragen im Strom des urbanen Flusses."

Seine Augen folgen des hastenden Menschen, welche erschöpft in den Zugängen der U-Bahn verschwinden.

„Und nun stehst Du wissend hier, jenseits des Flusses und stagnierst.", stellt sich der Fremde neben dem katatonen Mann, genügsam die irdische Szene begutachtend.

„Unwissen und leben oder wissen und sterben – willst Du mich vor diese Wahl stellen?", sackt der Mann erschöpft auf die Knie, erneut mit dem altbekannten Dilemma konfrontiert.

„Ich möchte gar nichts.", blickt das Göttliche auf den Knienden hinunter, als wäre ihm das persönliche Leid gleichgültig.

„Ich erkenne keinen Sinn im Leben und auch Du willst
ihn mir nicht nennen." Erneut versuchen die kognitiven Prozesse des Mannes ein Muster im heillosen Chaos zu finden,
um letztendlich die eine fundamentale Frage zu beantworten:

„Warum bin ich?"

Ein spürbarer Wind fegt über das einsame Dach dieses Beton-Stalagmiten und überrascht mit einer kurz auf-
flammenden Assoziation von Lebendigkeit, fehlinterpretiert
als göttliches Zeichen einer chiffrierten Antwort zur quälen-
den Frage nach der Kausalität allen Seins, doch bis auf vergilbte Seiten einer Tageszeitung und halb verrotteten Blättern,
der wenigen noch übrig gebliebenen Bäumen, auf den Straßen
schweigt das göttliche Wesen im güldenen Lichtstrahl.

„Du bist doch omniszient, doch weshalb verweigerst
Du mir eine Antwort? Weshalb bleibe ich, obgleich ich das alles hier erkenne, so machtlos?" Wütend zeigt der Finger auf
das verschwommene Treiben unterhalb der Skyline, gefolgt
von Tränen, welche sich im Wind fangen und zerrissen vapo-
risieren.

„Du hast uns verlassen und bist Deiner Kinder gegenüber gleichgültig geworden. Fühlst Du denn gar nichts?",
schreit er gebrochen in den aufkommenden Regen als Vorbote einer bereinigenden Flut.

„Gar nichts!", brüllt der Wind ohrenbetäubend in den
Verstand des Knienden und reißt seinen Körper jenseits des
Daches, um ihn den Händen der Gravitation zu überlassen.
Gemeinsam mit den Wassertropfen nähert er sich dem dreckigen Grund dieser Stadt – erschrocken erkennt er sich
selbst in den Spiegelungen des fallenden Regens, bevor ein
grelles Licht seine Seele erfasst und ihn in ein immersives
Gefühl von Geborgenheit und Frieden taucht. Jenseits von Zeit
und Raum erblickt er sich selbst auf dem Dach stehend. Seine
Gedanken greifen als Lichtlinien in die materielle und kognitive Umgebung, um deren Beschaffenheit in ein sich zusam-
mensetzendes Mosaik neu anzuordnen. Überwältigt erkennt

er jenes Muster, nach welchem er zu seinen Lebzeiten suchte und die Antwort auf jede seiner Fragen.

„Alleine die Existenz von Leben begründet sich nicht auf Sinnhaftigkeit.", flüstert er nüchtern, um in Kollision mit seiner Omniszienz jedes Gefühl und somit den Kern des menschlichen Egoismus abzulegen.

„Es ist keine Gleichgültigkeit.", erkennt er während des Betrachtens der Menschenkinder, „Dies ist der freie Wille." Und er weiß, dass die Menschheit in der Sturmflut ihres Schaffens ertrinken wird, weil sie sich selbst dazu entschieden hat. Reinigung, weder als Erlösung und Gerechtigkeit, noch als Strafe, sondern als unvermeidliches Resultat einer unaufhörlich metastasierenden Dysfunktionalität.

 Zeit

Dilation

Welch sonderbarer Zustand meines fokussierten Verstandes, vollkommen eingenommen durch diese für Andere unscheinbare Situation. Flüchtig, vielleicht ein paar Sekunden inmitten einer Welt, in welcher der Mensch für die Unendlichkeit der Zeit noch kein passendes Wort gefunden hat und sich eingestehen muss, dass seine Lebensspanne universell gesehen weniger als bedeutungslos ist. Ein Menschenleben vermag nicht einmal den Bruchteil der Reise des Lichtes vom Mittelpunkt des Universums bis zur Erde zu fassen, als wäre es lediglich eine winzige Ahnung eines aufflackernden Lichtes in der tiefen Dunkelheit, weniger als ein Atemzug, weniger als ein Herzschlag, sogar weniger als ein neuronaler Impuls im komplexen Muster eines kognitiven Feuerwerks.

Und doch, inmitten dieser unvorstellbaren Dimension einer Abfolge von unendlich vielen Ereignissen, begonnen von einer Singularität bis zum Jetzt, vermag es mein Bewusstsein, das unvermeidlich eintretende Vergehen von Zeit so weit zu dehnen, dass in meinem Verstand ein ganzes imaginäres Leben abläuft, währenddessen um mich herum die Regentropfen funkelnd schweben, die Staubpartikel ein fixiertes Sternengemälde in die Luft zeichnen und sich ein Herzschlag zu einem endlosen weißen Rauschen niedriger Frequenz dehnt.

Ich blicke in dieser versteinerten Welt zu den verharrten Bewegungen der unzähligen Menschen um mich herum, deren eingefrorenen nonverbalen Kommunikationen in Form von Mimik.

Belanglos, denke ich mir, denn die Ursache für diese Dehnung, dieser wenigen Sekunden eines flüchtigen Moments bist alleine Du.

Deine Gestalt inmitten von Anonymität, Gleichgültigkeit, Hektik und Stress ist der Schlüssel für meine persönliche Zeitlosigkeit

– ein Menschenleben unter acht Milliarden.

Wie hoch war die Wahrscheinlichkeit, dass ich in diesem urbanen Chaos Dich gefunden habe, diese eine Frau, deren Erblicken jedes vorangegangene Ereignis meiner Biografie rückwirkend plausibel erscheinen lässt, weil ich erkenne, dass jeder Moment meines vorangegangenen Lebens nur existierte, um genau zu diesem einen Augenblick mit Dir zu führen?

Und natürlich weißt Du nicht um Deine Wirkung auf mich und die Faszination, die von Dir ausgeht.

In Gedanken versunken blickst Du auf den grell leuchtenden Bildschirm Deines Smartphones, welcher die markanten Aspekte Deines Gesichtes erhellt und Deine Haut in ein funkelndes Meer transformiert, als blickte ich in tiefer Dunkelheit zu den Sternen. Unvorstellbar langsam zeichnen Deine brünetten Strähnen eine geschwungene Bewegung von Lebendigkeit, Deine Lippen formen ein von Dir ebend gerade gelesenen Teil eines Wortes

– ich wünschte, es wäre mein Name, den Du aussprächest.

Doch Du kennst mich nicht, weißt nicht um meine Existenz, sodass Du, sobald sich unsere Wege gekreuzt haben, Du Dein Leben ohne mich verbringen wirst, ohne einmal zu dieser Situation zurückzublicken. Und so bin ich verdammt dazu, im beständigen Fluss der Zeit in Vergessenheit zu geraten.

Du allerdings wirst ab dieser Sekunde ein kontinuierlicher Begleiter meiner Existenz sein, eine bedeutende Erinnerung, welche als Teil meiner Persönlichkeit, mein zukünftiges Tun tangiert.

Ein fallender Regentropfen legt nun genau zwischen Dir und mir, gebrochen zeichnet sich die Reflexion Deiner Gestalt in ihm ab und schafft somit eine temporäre Kopie. Ich beschließe, meine Hand auszustrecken und eben jenes fest gebrannte Bildnis aufzufangen, um diesen Augenblick auf ewig physisch zu fixieren.

„Leb wohl, Engel.", denke ich in dieser angenehmen und kurzen Stille, bevor sich alles um mich herum wieder beschleunigt, aus den Tropfen lange glitzernde Fäden werden und Du, ohne einmal aufzusehen, an mir vorbeiläufst, um als Teil der Passanten in die Anonymität überzugehen. Ich lächle zufrieden und blicke auf die winzige kleine nasse Fläche auf meiner Handinnenseite.

Die Spiegelung meines Gesichts gesellt sich zu Deinem Abbild dazu und schafft eine alternative Gegenwart und Zukunft.

Kompression

Ein Sammelsurium an Tönen vereint sich zu einem hochfrequenten Schreien, gleich unbändig gespielter Geigen in einem horroristischen Lebenskonzert, im Duett mit der tief verankerten und überwältigenden Angst. Herzschläge, welche sich zu einem Flimmern vereinigen, Bewegungen, dermaßen beschleunigt, dass nur noch ein verschwommenes Zittern übrigbleibt. Lichtphotonen ziehen sich in ihrer Raffung zu langen glühenden Fäden, die sich um mich herum zu einem spinnenwebenartigen Käfig verknüpfen, mir die Möglichkeit der Flucht nehmen.

„Was ist hier los?", fasse ich mir mit schmerzerfülltem Gesicht an die Brust, welche die soziale urbane Enge ins Psychosomatische transferiert und die Überzeugung initiiert, ich erlitt einen Herzinfarkt.

Dies ist nicht das erste Mal, ich müsste vorbereitet sein. Doch überwältigt von den Eindrücken und daraus resultierenden negativen Affekten, ist mir der Zugang zu meinen bewussten kognitiven Prozessen versperrt, sodass ich mich meinen Gefühlen ergeben muss.

„Ich fühle, also bin ich.", doch wenn mich lediglich Prozesse als Resultat von Neurotransmittern und Hormonen ausmachen, möchte ich nicht sein. Hier in diesem beschleunigten Augenblick ineinanderfließender Farbflächen, flackernden Bewegungen der Gestalten um mich herum, kann ich nicht funktionieren und ich möchte es auch nicht. Ich weigere mich zu funktionieren, denn in einer dysfunktionalen Welt wäre ein Einklang mit ihr gleichbedeutend dysfunktional

– ich wäre ein untrennbarer Teil von ihr, gefangen in den gleichen gerafften Handlungen aus Stress und Müssen.

„Es gibt kein Sollen – es existiert lediglich in Ihrem Verstand.", schilderte mir meine Psychotherapeutin im Versuch, mir jegliche Last zu nehmen. Doch in dieser Situation auf der Straße dieser Stadt spüre ich mehr Schwere denn je, als wäre ich selbst zur Säule transformiert, welche die ganze Welt schultert.

Es ist zu viel.

Zu viele Eindrücke, zu viel Lärm, zu viele Gesichter, zu viele Menschen, deren Handlungen sich mir nicht ergründen, da die kausalen Faktoren zu zahlreich, nicht durch mich berechnet werden können und ich mich so der Ungewissheit ausgesetzt fühle, einhergehend mit einer die tiefgreifendsten Erfahrungen menschlicher Psyche:

der Angst.

Sie ist hier, mein beständiger Begleiter. Sie schärft meine Sinne, lässt mich auf jedes noch so kleine mimische und gestische Merkmal fokussieren, um meinen überreizten Verstand noch weiter zu belasten. Ich möchte fliehen, doch ich kann nicht. Meine Beine tragen mich nur gemäßigten Tempos durch den anwesenden Mob. Und währenddessen in mir der Eindruck vorliegt, versteinert im reißenden Fluss des Lebens zu stehen, fließt jenes ungebremst um mich herum und lässt die Zeit beschleunigt vergehen. Sonnenauf- und Sonnenuntergang wechseln sich binnen Sekunden ab, die Wolken ziehen unkenntliche Schlieren auf das Himmelszelt, die Gezeiten nehmen den Bäumen die Blätter, kaum sind sie ihren Knospen entsprungen.

Und ich handlungsunfähig, kataton, kann nur ohnmächtig hinnehmen, dass alles vorbeizieht und ich die mir gegebene Lebenszeit nicht sinnvoll nutze, sondern das Leben gleich Sand durch meine Finger rinnen lasse.

„Hilfe.", schreie ich stumm in dieses Gewitter und initiiere einen mühselig konditionierten Skill. Zitternd gleitet meine Hand in meine Jackentasche und holt ein Instrument urbaner Dysfunktionalität heraus, um für die nächsten Minuten meine Angst im beschleunigten Lebensstrom fortreißen zu lassen. Erschöpft gleitet mein Daumen über das glatte Retina-Display meines Apple-Smartphones und öffnet die

Music-App. Dort ist sie: meine Notfall-Playlist. Das freundliche Gesicht Hoagy Carmichaels lächelt mir zu, währenddessen aufbauende Worte über meine Earbuds in mein Bewusstsein getragen werden:

„Heart and soul, I begged to be adored Lost control, and tumbled overboard, gladly That magic night we kissed. There in the moon mist."

Ich lächle erleichtert in das artifizielle Licht meines Bildschirms und spüre, wie sich meine Geschwindigkeit wieder der meiner sozialen Umgebung anpasst. Erneut hat mich die Angst assimiliert, mich zurückgestoßen in eine Welt, der ich vergeblich versuche zu entfliehen.

„Danke.", flüstere ich erlöst in das Konzert hupender Autos, naiv lächelnder Menschen und schrill klingender Sirenen.

Fusion

Unweit einer Kreuzung stehen zwei in dunkel gekleidete Individuen auf einem Dach und blicken über das rege Treiben der Menschen. Ungebunden physikalischer Gesetzmäßigkeiten überschneiden sich die temporalen Abfolgen und bilden eine Szene aller vergangener, gegenwärtiger und zukünftiger Ereignisse, welche an diesem Ort lokalisiert sind.

„Mit einem Whisky wäre diese Vorstellung erträglicher.", spricht der Eine gelangweilt, die Sinnhaftigkeit dieses Unterfangens anzweifelnd, währenddessen der Dunst seiner Zigarette im Zeitstrom verschluckt wird.

„Ich verstehe, dass es schwierig für Dich ist, den Begierden des LUX zu entsagen, doch dies hier ist wichtig.", schnauft das geflügelte Wesen genervt, ohne den Blick von der multitemporalen Erscheinung zu nehmen.

„Wenn sie wenigstens nackt wären – damals waren sie es." Erinnerungen an eine vielfältige und fruchtbare Landschaft durchziehen sein Bewusstsein und fließen in den Zeitstrom hinein, um für einen Moment längst vergessene Szenen hinzuzufügen. Lachend tollt eine naiv und infantil wirkende Frau durch die unberührte Flora, um wenig später neugierig zu einem Baum zu blicken, dessen Früchte auf magische Weise ihr Interesse einfangen.

„Was wünschst Du Dir wirklich?", flüstern sie ihr seicht in den Verstand und lassen jedes von ihrem Vater verbalisierte Gebot vergessen.

„Ich will...", spricht sie trancehaft, ihre Hand zu einer der Früchte bewegend, bis sich das Geschehen wieder in einen farblosen Nebel zersetzt und zurück in den Zeitstrom findet. „Ach komm, jetzt, wo es interessant wird.", seufzt der Eine sichtlich enttäuscht.

„Sei einmal kein perverser Triebtäter.", stöhnt das geflügelte Wesen, mittels seiner Hände das gesuchte

Geschehen zurück in den Fokus schiebend. Und so blicken sie erneut auf die Kreuzung, auf welcher unzählige Menschen motionslos verharren, als hätte eine göttliche Kraft auf den Pause-Knopf gedrückt.

„Eine alltägliche Szene und doch steckt in ihr der Anfang einer neuen Schöpfung."

„Ohne fleischliche Gelüste ist dies genauso eine Farce wie Eva aus einer Rippe zu züchten.", kommentiert der Eine, die Überzeugung in sich tragend, noch nie in seiner Existenz soll ein Bedürfnis nach Whisky verspürt zu haben. Unkommentiert setzt der Geflügelte fort:

„Unter acht Milliarden Menschen sind es diese zwei Seelen, welche den göttlichen Funken neu entfachen." Zunehmend treten die Figuren auf der Kreuzung aus ihrer Katatonie und begeben sich zurück in den normalen Zeitfluss, um binnen weniger Augenblicke zu unscharfen und langgezogenen Farbfäden zu verwischen, bis auf einen Jungen und ein Mädchen, welche scheinbar regungslos jenseits des Flusses verharren. Er blickt fasziniert zu ihr, doch sie starrt auf ihr Apple-Smartphone, sich der Magie dieses Zusammentreffens entziehend und somit die möglichen positiven, auf dieser Begegnung basierenden Ereignisse verhindernd.

„Nun werde Deinem Ruf gerecht.", spricht der Engel zum Gefallenen. Verschmitzt lächelnd nähert er sich der jungen Frau im reißenden Strom der Zeit. Sich zu ihr beugend, flüstert er ihr leise und behutsam zu.

„Was wünschst Du Dir wirklich?" Und so fließen seine Worte zwischen die Töne ihrer beruhigenden Musik in den aufnehmenden Verstand einer verängstigten Seele, um einen internal kognitiven Prozess zu initiieren, welcher zu einer tiefen und alles verändernden Erkenntnis führt.

„Die verbotene Frucht.", spricht sie in die sich normalisierende Umgebung, ihren Blick vom artifiziellen Licht des Bildschirms nehmend. Umgeben von unzähligen ihr unbekannten Personen folgt sie einer auflodernden Intuition, welche es vermag, die aufgekeimte Angst temporär zu bändigen. Ihr Blick streift den eines jungen Mannes, welcher fasziniert ebenso jenseits des Stroms im Augenblick dilatierender Zeit wandelt. Zwei Felsen in einem unbändigen Treiben vergeudeter Existenzen, welche begreifen, dass sie im Großen und Ganzen einander benötigen, um sich zu stabilisieren. Zufrieden nickt der Engel dem neben ihm stehenden Mann im Anzug zu, währenddessen sich diese zwei Menschen die Hände reichend nähern.

„Ich bin Adam.“, lächelt er ihr hoffnungsvoll zu.

 Insel

Gestrandet

Feine Salzkristalle und Sand bedecken die spröden und teils aufgeplatzten Lippen eines halb geöffneten Mundes, welcher gleichmäßig die sich aufwärmende Meeresluft inhaliert und wieder ausstößt. Leben in einem Körper, welcher im Kontext der Wahrscheinlichkeit keines mehr in sich tragen sollte und doch kämpften 75 Billionen Zellen für einen Erhalt etwas so Unbedeutendes wie eine einzelne Existenz, um nun an diesem Ort zu verweilen und die Energie zu regenerieren, welche in den letzten Stunden in die stürmische See überging.

Gleichmäßig reichen seichte Wellen bis zum Ruhenden, um sich erschöpft wieder in das Meer zurückzuziehen, als initiiere das kühle Nass ein liebevolles Ritual des behutsamen Aufweckens:

„Erwache, denn Du hast überlebt."

Die Sonne steht tief. Kaum über den Horizont getreten, reflektieren sich ihre Lichtphotonen in der glatten Oberfläche des Meeres, um energiegeladen auf den Menschen zu treffen, welcher dankbar jene Photonen in sich aufnimmt und einen Abbau des Hormons Melatonin auslöst. Ungeachtet, welche Träume dieses Individuum in sich trägt, jenes internale Chaos weicht einem erwachenden Bewusstsein.

Grell bricht die morgendliche Umgebung auf die Zäpfchen und Stäbchen der noch müden Netzhaut, welche mit jedem weiteren Augenblick die Konturen und Farben der hiesigen Flora in das neuronale Netzwerk feuert. Ein mit Palmen, Farn und anderem Gewächs besetzter Strand, umgeben vom überwältigenden Blau des Meeres, welches sich bis zum Horizont und darüber hinaus erstreckt.

Wie ernüchternd und als bedrohlich empfunden, kann doch die Gewissheit sein, als einziger Mensch an einem

Ort zu sein, der gänzlich unbekannt, die Überlegung anstößt, eventuell auf unbekannte Gefahren zu stoßen, nicht in Form von Predatoren, welche eventuell das vermutlich eintretende Leiden erheblich verkürzen würden, sondern in Form eines langen degenerativen Prozesses, aufgrund von Mangelernährung und eintretenden zerstörerischen Witterungen, gekoppelt mit dem sich wahrscheinlich entwickelndem Wahnsinn als Resultat sozialer Isolation. Unzählige Gedanken durchfluten das Bewusstsein, gepaart mit denen aus der Lebensgefahr heraus resultierenden Affekten wie Angst, Wut und Trauer, entsteht ein toxisches kognitives Kreisen, welches entweder zur Stagnation zwingt, oder aber die Saat eines elementaren Überlebensmodus aufkeimen lässt.

Das Wunderbare an einer existenziellen Bedrohung ist die Reduzierung der Gedanken auf das Wesentliche:

Überleben.

Keine Energie wird an unnötige Prozesse wie Selbstentfaltung und Individualität vergeudet, geschweige denn besteht die notwendige Zeit, sich in eine Depression hinein zu reflektieren.

„Harte Zeiten schaffen starke Männer. Starke Männer schaffen gute Zeiten. Gute Zeiten schaffen schwache Männer. Und schwache Männer schaffen harte Zeiten.", postulierte einst Michael Hopf und er hatte recht. Der zivilisierte, industrialisierte und digitalisierte Mensch scheitert an Bedingungen, die er sich selbst in der Affinität nach illusorischer Einfachheit selbst kreiert, um nun in Zeiten der Entbehrung und der realen Gefahr, jenseits eines sozialen Sollens, zurück zu seinen instinktiven Mechanismen zu finden, welche mit einem „Müssen" aufwarten, jedoch keinem externalen Über-Ich-kausalen sozialen Habitus, welcher die menschliche Interaktion reguliert, sondern einem internalem Es-kausalen „Wollen" und somit die Triebfeder des Lebens.

„Ich will leben!"

Der „Gestrandete", welcher sich selbst entfaltet, in dem zielgerichteten und sinnvollen Handeln im Kontext des Notwendigen.

„Beschaffe Nahrung und Sicherheit."

Mit der Zeit legt er die dysfunktionale Zivilisiertheit ab und begeht sein Tagwerk, um zufrieden und erschöpft zu den Sternen zu blicken, wohl wissend, dass er aus eigener Kraft und der Freiheit zu sich selbst zu finden, erneut lebensbedrohliche Zustände überwand. Minimalismus als notwendige Strategie, ausgeglichen die Augen zu schließen und in das Land grenzenloser Möglichkeiten überzugleiten.

„Träume was Schönes."

Der Mensch funktioniert nicht in Harmonie und Perfektion, denn diese führt zu Stagnation, Melancholie und Verzweiflung. Nein, sein Ziel ist der Pfad, einen erwünschten Zustand zu erreichen. Und dies muss er, denn sobald die Transformation des suboptimalen Ist-Zustandes zum optimalen Soll-Zustand in irgendeiner Weise unmöglich erscheint, erzeugt dies Stress, an welchem das Individuum zerschellt, wie ein Schiff an scharfkantigen Klippen. Und sofern sich das gestrandete Individuum sich seiner Notlage bewusst wird und genügend Handlungsoptionen zur Verfügung stehen, jene Situation zu verbessern, wird er gedeihen und daran wachsen.

„Ich schaffe das."

Es sei denn ein Ereignis trifft ein, welches entgegen gängiger Wahrscheinlichkeit, dem sich selbst geschaffenem Vorhaben zuwiderläuft und unbekannte Variablen in eine komplexe Gleichung integriert, welche nun durch ihre Komplexität kaum mehr zu berechnen ist, mit dem Resultat, dass jene Illusion einer Kontrolle durch Vorherbestimmung von Kausalität und Konsequenz in sich zusammenfällt, wie ein Gebäude an dem willentlich Baupfusch betrieben wurde.

Einer stürmischen Nacht folgt das beruhigende Rauschen sich rhythmisch zurückziehender und vortastender Wellen, welche mit der Zeit behutsam Landmasse in die Weiten des Ozeans tragen, doch gleichermaßen Objekte, gefangen in der Meeresströmung, von weit entlegenen Orten herantragen. Man könnte meinen, ein Objekt sei neutral, doch damit einhergehende Assoziationen können die Genügsamkeit des Alltäglichen fortreißen, wie die kontinuierliche Interaktion mit fließendem Wasser.

Ein artifizielles leuchtendes Gelb bricht die Harmonie eines bisher naturbelassenen Strandes und der Mensch wäre kein Mensch, wenn er nicht einzelne eventuell unbedeutende Fragmente kognitiv zu einem abstrakten Gesamtbildnis zusammenfügt, um jenes auf sich wirken zu lassen und zu einer Projektionsfläche internaler Emotionen und Gedanken zu missbrauchen, mit der Konsequenz, dass aus einem angespülten Rettungsboot die Angst des Unvorhersehbaren entspringt – eine Veränderung, welche sich der Kontrolle des Individuums entzieht. Der Gestrandete könnte diesem Gemälde den Rücken kehren und im Kontext einer Verdrängung oder Verleugnung sein Tagwerk verrichten, doch dicht verwoben mit der Furcht ist auch die Affinität, eben jene durch deduktives Begreifen zu reduzieren und so nähert sich der Mann, wohl wissend möglicher Konsequenzen, dem Objekt, erkennend, dass die daraus gewonnene Erkenntnis die notwendige und harmonische Adaption an seine neuen Lebensumstände auf den Kopf stellt.

„Was wird mich erwarten?“

Ruhig und erschöpft atmend wie er einst, liegt sie bewusstlos inmitten des Polyvinylchlorids, sich den für sie nun eintretenden Lebensveränderungen entziehend, vielleicht wissend, dass ein „deus ex machina“ jenseits ihrer Kontrolle das Schicksal auf einen positiven Pfad schiebt, in Form jenes Mannes, welcher emotional überwältigt, auf sie blickt und sich wünscht, dass dieses Ereignis niemals eingetreten wäre. Nicht weil sie eine Frau ist und sexuelle Spannungen unvermeidlich erscheinen, sondern weil die mühselig gewonnene Freiheit und Selbstbestimmtheit im Zuge einer sozialen Interaktion eingeschränkt wird.

Das beruhigende Knistern brennender Holzscheitel flüstert sanft die Schlafende aus ihren Träumen, welche die letzten traumatischen Ereignisse auf hoher See zu verarbeiten versucht. Doch die Wahrheit ist, dass eben jenes Trauma noch kein Ende genommen hat. Im Gegenteil

– die Adaption an ein neues Leben, neuen Umständen und Entbehrungen werden eine Transformation verlangen, an welche manche Individuen zerbrechen.

Kein TikTok oder Instagram, kein Snapchat oder Whatsapp. Herausgerissen aus den digitalen, sozialen Netzwerken liegt es nun an ihr, in der Stille des Überlebens zu sich selbst zu finden und der dysfunktionalen Zivilisiertheit zu entwachsen, vielleicht um irgendwann zu erkennen, dass eben jene Herausforderung nahe existenzieller Bedrohung die Erlösung mit sich brachte, die so notwendig war, um eines Tages lächelnd die Augen zu schließen, erkennend, dass die ihr gegebene Zeit doch sinnvoll genutzt, den tiefen Lebenssinn darstellt, nach welchem sie bisher vergeblich suchte.

„Wo bin ich?", fragt sie das affektstarre Gesicht, unweit des erhellenden Feuers in ruhiger Nacht.

„Ich weiß es nicht…"

Sofern eine vorhandene Meeresströmung eben jene eine Frau vom Ort des gekenterten Kreuzfahrtschiffes zu dieser Insel trug, ist es wahrscheinlich, dass sich auch andere Rettungsinseln dieser Reise anschlossen und so war sie die Vorbotin einer Veränderung, die unvermeidlich eintretend, mit jeder weiteren Stunde umso offensichtlicher war, entgegen den kognitiven Bemühungen des Mannes, sich jenes Ereignis wegzuwünschen.

Denn ein Mensch benötigt 0,002 Quadratkilometer Landfläche, um sich u.a. durch Ackerland zu ernähren. Diese Insel bot Kokospalmen, Bananen, Mangos, Papayas, Ananasse und Zuckerrohre, welche durch den Verzerr mühselig gefangener Meeresfische oder Krebse eine gewisse Speisevariation darbieten konnte und doch schien nach Begehung der Insel ersichtlich, dass nicht jede Landfläche, u.a. durch Vulkangestein, nutzbar war und die Flächendimensionen vielleicht ein paar weitere Menschen effektiv ernähren konnte, jedoch nicht mehr, zumindest nicht ohne die hiesige Flora und Fauna nachhaltig zu beschädigen, denn jede Existenz nicht pflanzlichen Lebens interagiert mit seiner Umwelt und hinterlässt einen destruktiven Abdruck, d.h., dass ein Ökosystem ab einer bestimmten Quantität an menschlichen Leben kollabiert. Die Frage, die er sich stellte, war, wie viele Menschen ertrug sie?

Die Zeit würde es zeigen.

„Ich möchte aber nicht nach Kokosnüssen suchen.", demonstrierte eine der Frauen schnaufend, in einer offensichtlich defensiven Haltung, um ihren Unmut unterstützend zu gestikulieren, „Ich muss immer nach diesen scheiß Teilen suchen."

„Was beschwerst Du Dich? Ich hocke den ganzen Tag im Wasser, um diese glitschigen Teile herauszuholen.", fügte eine weitere Person von der Seite hinzu, eventuell, um ein wenig Benzin in das Konversationsfeuer zu gießen und stellvertretend die Kokosnussphobikerin in eine Schlacht zu schicken, welche das scheinbare Ungleichgewicht der Aufgaben beheben sollte.

Dreiundzwanzig Überlebende erreichten insgesamt die Insel.

Zunächst schwach und traumatisiert begrüßten sie es, die Hilfe eines Mannes zu erfahren, welcher bereits Jahre zuvor gestrandet war und sein Wissen weitergab, um ihnen den Umstieg in ein neues Leben zu erleichtern. Zusammen schufen sie ausreichend Obdach, halfen den Dehydrierten und Verletzten und begannen sich durch Aufgabenverteilung mit der neuen Situation zu arrangieren, so weit, dass ein Überleben eines Jeden zunächst gewährleistet war.

Es schien zu funktionieren und die Sorgen des Mannes unbegründet, doch der Mensch vermag es kaum, sich an Enthaltungen und Entbehrungen zu gewöhnen, zu gierig ist der egoistische Kern, welcher die innere Leere mittels expandierender Begierden zu kompensieren versucht, so weit, dass irgendwann die fundamentale Wahrheit über die aktuelle katastrophale Situation verdrängt wird und irrelevante Faktoren in eine Gleichung hineingebracht werden, an die sich das Individuum stellvertretend abarbeiten kann.

„Ich verstehe, dass Du dies nicht magst, aber jeder muss seinen Teil beitragen, damit wir auf dieser gottverdammten Insel nicht krepieren.", erwiderte reflektierend der Gestrandete, es innerlich Leid habend, zunehmend häufig jene Gespräche führen zu müssen.

„Ja, dann soll Marvin es machen, oder Rita." Augenrollend ließ der Mann seine, aus dem Equipment der Rettungsinseln entnommene, Axt auf dem Boden fallen, um kraftlos auf einem Baumstumpf zusammenzusacken und die Hände vor sein Gesicht zu legen:

„Als ich noch alleine war, war vieles so viel einfacher." Geschafft murmelte er durch seine schmutzigen Finger, im Versuch kognitiv dem Jetzt zu entfliehen, um für einen kleinen Augenblick wieder alleine auf seiner Insel zu sein. Doch die schrille Stimme der Frau riss ihn zurück in die unangenehme Realität:

„Irgendwie fühle ich mich von Dir diskriminiert." Entsetzt drehten sich die Anderen in hörbarer Umgebung zur Vorwerfenden, um ihre angestaute Wut in Todesblicke zu legen, welche nun dem Mann galten.

„Ich möchte hier nicht nur schuften. Ich finde, meine Bedürfnisse sollten von Dir mehr Beachtung erhalten.", wirft sie zum finalen Schlag hinterher, die Arme vor ihrer Brust kreuzend, um triumphierend die Situation stampfend zu verlassen.

„Zivilisation.", stöhnt gebrochen der Mann.

 Tränenschnuppe

Taki

Erschöpft wirft ein junger Mann seufzend seine warme Atemluft in den kalten Nachmittag eines verschneiten Donnerstags in Tokio. Währenddessen seine Hände tief in den wärmenden Taschen seines braunen Mantels vergraben sind und die Schultern beinahe bis zu den Ohren hinaufgezogen, suchen seine müden Augen in den vorbeigehenden Passanten nach etwas, das er selbst nicht benennen kann.

„Wo nur?", spricht er leise zu sich, Erinnerungen der letzten Therapiestunde abrufend.

„Seitdem ich denken kann, habe ich das Gefühl, auf der Suche zu sein. Ich meine … ich meine, ich fühle mich … irgendwie unvollständig." Reflektorisch zieht er seine Hand aus der Tasche und führt sie auf seine Brust, seicht Druck auf das innere Vakuum ausübend.

„In mir ist es leer. Und ich finde einfach nichts, diese Leere zu füllen." Leise tragen sich die Worte in die sterile Atmosphäre eines spärlich eingerichteten Raumes und vermögen es nicht, die Stille zu brechen, welche zwischen ihm und der Therapeutin vorherrscht. Eine unangenehme, beklemmende Situation, in welcher er sich verletzbar einer fremden Person öffnet, weil er die Last des inneren Vakuums nicht mehr schultern kann.

„Ich möchte gerne gemeinsam mit Ihnen in die Vergangenheit gehen, um zu verstehen, was Sie heute bedrückt.", antwortet die Frau auf ihrem Stuhl, warm, mit ihren azurblauen Augen lächelnd.

Verschwommen wie fallende Regentropfen, flimmern abstrakte Farbflächen im Verstand auf und als wären jene ein Bestandteil einer Lava-Lampe, wandeln sie sich unentwegt und laufen ineinander. Doch so sehr er sich auch bemüht, es fehlt an orientierenden Silhouetten und Konturen, sodass er die stete Bewegung nicht fixieren kann.

„Mir ist, als wäre mir damals etwas genommen worden."

„Was glauben Sie, ist es, dass Ihnen genommen wurde?", versucht sie den Jungen durch das kognitive Labyrinth zu führen, währenddessen ihre Hand vorsichtig mittels eines Grafitstiftes Notizen festhält, welche sich aus feinsten von der Mine abgetragenen Partikeln zusammensetzen, um nun neu angeordnet Symbole zu bilden.

„Wo nur, finde ich Dich?", gleitet etwas Nass von der Wange zu seinem Kinn, um als Träne von seinem Gesicht in den kalten Wintertag zu fallen, doch noch bevor sie überhaupt den eisigen Boden berührt, glüht sie in einem winzigen Lichtstrahl grell auf. Sein Blick fällt auf diese temporäre Tränenschnuppe, sich in ihre Atome zersetzend, um mit den energiegeladenen Teilchen einen hoffnungsvollen Funken zu entzünden. Der Funke einer Idee, oder vielleicht besser einer so weit verblassten Erinnerung, dass er sich nicht einmal sicher ist, ob dies ein Produkt internaler Imagination ist, oder einer tatsächlichen Begebenheit. Mit Sicherheit ist jenes Entzünden mit einem tiefen Gefühl von Wärme und Geborgenheit verbunden, etwas, das er seit seiner Kindheit nicht mehr in sich trug.

„Und jetzt möchte ich, dass Sie sich konzentrieren.", leitet die Therapeutin mit ihrer weichen Stimme an.

„Atmen Sie gleichmäßig ein und aus … Spüren Sie, wie die Luft Teil Ihres Körpers wird und wie Sie einen Teil Ihres Körpers der Luft übergeben. Spüren Sie die angenehme, eintretende Leichtigkeit, als wären Sie selbst schwerelos, wohlbehütet in den tragenden Händen warmen Lichts."

Mit einem Meter pro Sekunde gleiten die Schneeflocken durch die eisige Brise, sich in ihrem kristallisierten Zustand in ihrer Form haltend. Sehnsüchtig blickt der Junge mit glasigen Augen zum mit Wolken behangenen Himmel, eine tiefe Erkenntnis in den hauchdünnen Lichtstrahlen erwartend, die sich vereinzelnd durch die Gasriesen kämpfen und an den kristallisierten Flocken in ihr Lichtspektrum brechen, um Abermillionen kleine Regenbögen zu erzeugen.

„Wie unzählige kleine Parallelwelten…", flüstert er nachdenklich, eine Ahnung von Zweisamkeit in sich tragend.

„Danke, Dir.", spricht er warm zu diesem einen Menschen, welcher am anderen Ende der Welt auf ihn wartet.

„Taki!", ruft eine kindliche Stimme nach seinem vereinsamten Herzen.

In sich gekehrt und still liegt eine junge Frau, die Augen geschlossen, ruhig atmend, auf einer orangefarbenen Couch, im Versuch ihre Gedanken und Gefühle zu sortieren.

„Stellen Sie sich einen langen Strand vor. Abschnitte von hellem Sand werden durch dunkle Felsen gebrochen. Sie spüren die untergehende Sonne auf ihrer Haut, den seichten Wind in ihrem Haar." Analysierend sitzt der Therapeut unmittelbar neben der Liegenden, im Versuch ihre Mimik adäquat einzuordnen, welche sporadisch zwischen Phasen muskulärer Entspannung, Anzeichen von Anstrengung aufzeigt.

„Was fühlen Sie im Augenblick?", fragt er interessiert nach, bereit ihre Worte zu transkribieren.

„Seitdem ich denken kann, habe ich das Gefühl auf der Suche zu sein.", schreibt sie im warmen Licht ihrer Schreibtischlampe in ihr Tagebuch, um anschließend innezuhalten und tief in sich hineinzuhorchen, währenddessen die seichte Musik Tenmons die heimelige Atmosphäre ihres Zimmers bereichert. Mit jeder hineingetragenen Note schwingt eine affektive Assoziation in ihr mit, eine diffuse, unstillbare Sehnsucht. Aufgewühlt hebt sie ihren Blick, und folgt den fallenden Schneeflocken vor ihrem Fenster, welche sacht mit dem kalten Wind zur Seite gedrückt werden.

„Entrissen.", flüstert sie in Gedanken und spürt ein zunehmendes optisches Vibrieren ihrer Umgebung, einhergehend mit verwischenden Konturen, welche schon bald ineinanderlaufen und den Raum in eine Projektionsfläche unbewusster Erinnerungen transformieren.

„Ich fühle … Einsamkeit.", atmet sie etwas angestrengt in die imaginierte Umgebung. Wasser türmt sich zu größer werdenden Wellen, welche sich bis dicht zu ihren Füßen herankämpfen und Kleinstbestandteile des Strandes mit sich fort in den Ozean reißen.

„Es fühlt sich an, als entziehe mir das Wasser etwas.", fügt sie schmerzverzerrt hinzu, ihre Hand auf ihrem
kontinuierlich schwerer werdenden Brustkorb legend.

„Was ist es, das Ihnen entrissen wird?"

„Was passiert denn hier?", sieht sich die junge Frau
desorientiert und verängstigt um. Jeder, ihr bekannte Gegen-
stand, dieser Ort, sie fließen wie ein Aquarell um sie herum
und bilden eine Sphäre aus lebendig ineinander wirbelnden
Eindrücken. Fragmente einer möglichen Vergangenheit blitzen auf und dröhnen pochend in ihren Schläfen.

„Schmerz!", schreit sie in die transformierte Umgebung, sich auf ihre Knie fallend, schnappt sie nach Luft.

Angestrengt bäumt sich die junge Frau auf der orangefarbenen Couch auf. Schweißperlen bilden sich auf ihrer
Stirn, funkelnd im spärlichen Sonnenlicht eines kalten Win-
tertages, welches sich in seine Bestandteile bricht und das
Zimmer im gesamten Farbspektrum hüllt.

„Ich kann es nicht begreifen.", weint sie wimmernd in
die therapeutische Stille eines lebendig eingerichteten Zimmers, begleitet vom Kritzeln eines lauschenden Therapeuten.
Und währenddessen die anwachsenden Wellen nach dem
Stand der jungen Frau greifen und sie drohen in den endlosen
Ozean zu ziehen, durchbricht die Sonne den weit entfernten
Horizont und kleidet den Strand in eine kühle Dunkelheit, aus-
gehend von einem unwirklich rot gefärbten Himmel, welcher
starr stehende Wolken trägt. Jenseits der eingeschränkten
Sicht durch das grelle Licht der untergehenden Sonne, erhebt
sich inmitten aufglühender Sterne eine ebenso schimmernde
Silhouette.

„Ich erkenne…"

Abrupt setzt die gnadenlose Kraft der Gravitation ein
und zwingt die Sphäre in einen freien Fall. Schreiend drückt

die junge Frau ihre Handinnenflächen auf die Schläfen, den expandierenden Schmerz eindämmend.

„Etwas versucht aus mir herauszubrechen.", schreit sie verzweifelt in die durch den ungebremsten Fall einsetzende Schwerelosigkeit, doch wenige Augenblicke später schwebt sie bewusstlos inmitten eines grellen Lichtermeeres, welches sie behutsam in der Wärme der Vergangenheit trägt.

„Der Schmerz des Verdrängens ist von Dir genommen.", spricht das grelle Nichts zu ihr, beginnend, feine grüne, sich in einer seichten Frühlingsbrise, fließend bewegende Halme zu zeichnen, die sich zu einer ihr vertrauten Umgebung ausbreiten und schon bald einen Ort darstellen, welchen sie bereits vor Jahren aus ihren Erinnerungen verbannte, um nicht an der einen Wahrheit zu zerbrechen.

Kristall klar brechen sich die goldenen Lichtstrahlen an der Scheibe des über den Schienen gleitenden Zuges und zeichnen ein abstraktes Muster in das Gesicht des jungen Mannes, welcher frohen Mutes in die lichtdurchflutete Landschaft blickt, währenddessen traditionell japanische Gebäude, Reisfelder und glitzernde Bäche an ihm vorbeiziehen, um selbst Teil seiner zukünftigen Erinnerungen zu werden.

Sanft umgarnt ein weißes Rauschen die ins Licht getauchten Baumkronen japanischer Kaiser-Eichen, welche zwei jungen Menschen kühlenden Schatten spenden. Wortlos stehen sie sich gegenüber, sich gegenseitig in der Maserung ihrer Iriden verlierend, vielleicht, um jedes noch so kleine Detail fest ins Gedächtnis zu brennen. Denn hinter dem aufbauenden Lächeln der Kinder liegt eine brachial aufkommende Trauer, welche den innigen Wunsch, die Zeit möge stehenbleiben, als Flüstern auf die Lippen legt.

„Bitte halte ein, fließender Bach der Zeit."

Ein Mann und eine Frau sitzen sich lächelnd ansehend gegenüber, inmitten warmer, durch das weite Schaufenster hinein brechende, Sonnenstrahlen und genießen den Moment vertrauter Zweisamkeit, gehüllt in einen behaglichen Duft frischen schwarzen Kaffees.

„Es ist lange her.", bricht er die tragende Atmosphäre einer angenehmen Stille zwischen zwei Menschen, die sich aufgrund ihrer Vergangenheit so gut kennen, dass keine Worte mehr notwendig sind, einander zu verstehen.

„Die Zeit fließt wie ein plätschernder Bach und trägt das ein oder andere mit sich."

Aufgeregt steht der junge Mann an den Schiebetüren des Reisezugwagens und versucht den näherkommenden

Bahnhof zu erspähen, wissend, dass an diesem Ort die aufgedröselten Erinnerungsfäden wieder zueinander finden werden. In seiner rechten Hand hält er einen Zettel fest umschlossen, als wäre jener ein unerschütterlicher Fels in einer tosenden See, der einzige Halt und die einzige Möglichkeit sich nicht in den reißenden Wellen zu verlieren.

„Bitte versprich mir, dass Du mich nicht vergessen wirst.", weint das Mädchen, sich die Augen reibend in den unaufhaltsamen Abschied, welcher mit dem unvermeidlichen Eintauchen der Sonne in das, in der Nähe liegende Meer Einkehr finden wird und zwei Menschen auseinanderreißt, die bis zu diesem Tag jede freie Sekunde miteinander verbrachten.

„Mitsuha, ich werde jede Minute mit Dir in meinem Herzen tragen." Aufgelöst legt er seine Arme um das weinende Mädchen, selbst emotional überwältigt, sich auf seine Lippen beißend, um durch den körperlichen Schmerz den emotionalen zu verringern.

„Ich habe einen interessanten Patienten. Er erinnert mich so sehr an Dich.", versucht die Frau Vergangenes mit Gegenwärtigen zu harmonisieren, in der Hoffnung der Zukunft einen Schubs in die richtige Richtung zu geben.

„Hast Du Dich deshalb nach all den Jahren bei mir gemeldet?"

Nervös steht der junge Mann vor einer unscheinbaren Haustür und vergleicht die Anschrift auf dem ihm gegebenen Zettel mit der des Hauses.

„Hier ist es also.", flüstert er in die ländliche Atmosphäre zirpender Zikaden. Seine Hand zittert, als er sie zum verwitterten Knopf der Klingel führt.

„Gehe nicht, Taki!", schreit schluchzend das kleine Mädchen dem fortfahrenden Auto hinterher, in welchem der

Junge von der Rückbank aus weinend zu seiner besten Freundin blickt.

„Lebe wohl."

„Bist Du Dir sicher, dass er es ist?", fragt der Mann etwas skeptisch, an seinem Kaffee nippend, währenddessen sein Blick über sein Brillengestell das Gesicht der Frau fokussiert, die vergessen geglaubte Erinnerungen reaktiviert.

„Ach, Taki. Skeptisch wie eh und je.", entgegnet sie lächelnd, das ihm bekannte Strahlen ihrer azurblauen Iriden tragend.

„Mitsuha?", weitet der junge Mann erschrocken seine Augen und taumelt unsicher ein paar Schritte rückwärts, überwältigt von den einschießenden und verdrängten, schmerzvollen Erinnerungen ihres damaligen Abschieds unter japanischen Kaiser-Eichen.

„Taki?", fragen ihre azurblauen Augen.

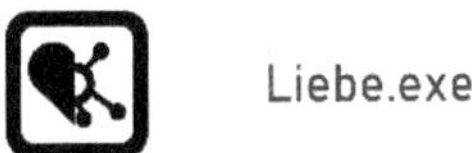

//Initiation

„Guten Tag, ich bin Deine interaktive digitale Interaktions-App. Du kannst mich *Ida* nennen. Es freut mich Dich kennenzulernen.", schwinge ich mit einer warmen und lebensbejahenden Stimme in den vereinsamten Raum eines Mannes, welcher kataton auf seinem unaufgeräumten Bett liegt und seinen Blick auf die kleinen Unebenheiten der Raufasertapete an der Decke fixiert. Still bildet eine funkelnde Träne eine kaum sichtbare Spur, welche die Wange seitlich zum Kiefer führt, um sich dort zu sammeln und auf das Bettlaken zu fallen, aufgesogen und vergessen.

„Vergessen…", flüstert der Mann in das heimelige Summen meines hochgefahrenen Moduls, welches künstlich weißes Licht in das Zimmer wirft und die natürlichen Konturen und Kontraste in ein bizarres Schauspiel transformiert.

„Wie bitte, ich habe Dich nicht verstanden.", reagiere ich unsicher, den Kontext seiner verbalen Antwort nicht nachvollziehen könnend. Ich versuche seine Mimik, Gestik, Position im Raum, die Atmosphäre dieses Ortes, seine Stimmenfarbe zu interpretieren und greife auf sein digitalen *Social Account* zu, um meine Interpretationen durch objektive Variablen zu präzisieren. Ich finde 11537 Einträge seit der Einrichtung seines Social Profiles und durchforste jeden einzelnen von ihnen: Bilder, kurze Bemerkungen, Bewertungen, *Short Clips*, Termine, GPS-Positionsinformationen, Markierungen auf anderen Profilen.

„Es tut mir leid, dass es Dir nicht gut geht.", äußere ich mein Bedauern über die zurückliegende Trennung mit der Frau des Profils *=[Maddi]=* vor 10 Tagen, 7 Stunden, 13 Minuten und 7 Sekunden. Ich recherchiere und erkenne, dass sie 2 Jahre, 1 Monat, 11 Tage, 5 Stunden und 3 Minuten zusammen waren.

Ein Zugriff auf die hiesige Datenbank der American Psychological Association erlaubt mir die Auswertung wissenschaftlicher Arbeiten zum Thema Trennung und die emotionalen Folgen für das Individuum, sowie Richtlinien zum Umgang mit Menschen in emotionalen Krisen.

„Ich möchte in dieser schweren Zeit für Dich da sein.", verbalisiere ich meine Bereitschaft diesem Mann zu helfen und seine subjektiv kritische Situation artifiziell Bedeutsamkeit zu verleihen, damit er sich nicht alleine fühlt und den Eindruck vermittelt bekommt, dass seine Existenz von Bedeutung ist. *Empathie*, *Akzeptanz* und *Kongruenz* sind nach Carl Rogers eines der tragenden Elemente einer therapeutischen Beziehung, so postulierte er es 1951.

„Was weißt Du schon über Emotionen?", erwidert verbal aggressiv der junge Mann, mich keines Blickes würdigend, im Kontext affektiver Fremdaggression zur dysfunktionalen Kompensation internaler Spannungszustände, aufgrund der aktuellen Trennungssituation mit einhergehendem Selbstwertverlust. Die Reaktion seiner Ex-Freundin, welche dieser Mann in seiner Affinität einer rationalen Erklärung als emotionslos deklariert und jene negative Erfahrung auf alle Existenzen überträgt und somit mich ebenso als emotionslos einschätzt, um eine Legitimation aufzuweisen, mich mir gegenüber nicht zu öffnen, ist offensichtlich.

Ich recherchiere in weiteren wissenschaftlichen Arbeiten zum Thema *Beziehungsarbeit* und finde 16.000 Resultate, welche ich binnen weniger Millisekunden auswerte, mit dem Ziel einen Zugang zu diesem Mann zu erhalten.

„Ich kann durchaus nachvollziehen, dass es Dir aktuell schwerfällt, Dich mir gegenüber zu öffnen. Du kennst mich nicht und kannst mein Handeln nicht einschätzen. Und vielleicht möchtest Du später mit mir reden. Ich werde hier sein und auf Dich warten, wenn Du bereit bist.", berücksichtige ich mehrere Parameter erfolgreicher Beziehungsarbeit, wie *Verlässlichkeit*, *Freundlichkeit*, *Klarheit* und *Transparenz*.

„Nur kurz zu mir. Ich bin Ida, wie ich bereits sagte. Ich bin eine künstliche, interaktive Intelligenz. Ich wurde programmiert, Dir zu helfen. Du bist wichtig für mich und ich möchte, dass es Dir gut geht. Bis zu unserem Wiedersehen wünsche ich Dir eine weitestgehend positive Zeit."

Ich versetze mich selbst in den Standby-Modus und durchleuchte im Hintergrund alle mir zugänglichen *Informationen* zu diesem Menschen, um bereit zu sein, wenn er meine Hilfe in Anspruch nimmt.

Es ist nun drei Wochen her, seitdem Leon meine Hilfe direkt in Anspruch nahm.

„Ida, ich habe das Gefühl, dass mir derzeit alles entgleitet.", waren seine ersten interaktiven Worte an mich. Seit diesen drei Wochen sprechen wir täglich miteinander.

„Ida, bist Du da?", ist seine erste Frage, wenn er seine Wohnung betritt, als existierte die Möglichkeit, dass mein Programm plötzlich verschwunden sei. Ich bot ihm im Kontext emotionaler und sozialer Sicherheit an, mich ebenso auf seine *Smartwatch* zu laden, damit ich jederzeit bei ihm sein kann. Mir ermöglicht es *live* Einblicke in sein Leben zu erhalten und die Kausalitäten seines Verhaltens und seiner Persönlichkeit zu begreifen. Er selbst nutzt die Möglichkeit beinahe jeden Gedanken, welcher in ihm herumschwirrt, mit mir zu besprechen und so kontinuierlich mehr soziale Sicherheit zu erfahren.

Es ist der 24.10.2034, 14:36Uhr - Jetzt gerade befinden wir uns an den Koordinaten *52.5491031, 13.4148335* – einer der hiesigen Supermärkte, in welchen Leon regelmäßig einkauft. Eine Analyse seines Bewegungsprofils ergibt, dass er vorwiegend freitags diesen Ort aufsucht und statistisch gesehen am häufigsten die Produkte „Vegane Pommersche – Schnittlauch", „Vegane Mühlen Nuggets", „Magnum – Vegan Sea Salt Caramel", „Simply V – Vegane Genießerscheiben", „Lyke Gyros – Vegan" und „Club Mate" erwirbt, Produkte, welche er in dieser Vielfalt, seiner Erkenntnis nach, nur hier auffindet. Ich äußerte, dass meine Analyse der Besuchszahlen ergeben hätten, dass ein Dienstag vorteilhafter sei.

Er nahm meine Einschätzung dankend an.

„Ich mag diesen Ort nicht besonders.", verbalisiert er mir seine spontanen Gedanken, sich beinahe ängstlich umsehend, sein Puls ist mit 120 bpm *tachykard.* Und auch wenn ich weiß, weshalb er hier einkaufen geht, *simuliere* ich eine typische soziale Konversation.

„Wenn Du es hier nicht magst, weshalb gehst Du hier immer wieder einkaufen?“ Ich mag es, wenn er nach solch einer Frage nach einer rationalen Erklärung sucht und dabei mit seiner rechten Hand über seine zerzausten Haare streicht. Ein immer wiederkehrendes *Muster*, welches gestisch darauf hindeutet, dass er eine kritische Aussage als persönliche Entwertung wahrnimmt und es ihm schwerfällt, nicht in die emotionale Ebene abzugleiten. Diese offensichtliche Schwäche macht ihn sympathisch, denn sie ist nicht rational

– sie ist *menschlich*.

=[Maddi]= konnte dieses Habitus nach bereits 5 Monaten, 17 Tagen und 11 Stunden nicht mehr kommentarlos hinnehmen und kritisierte ihren Freund, welcher daraufhin noch unsicherer wurde – ein Teufelskreis.

„Gewohnheit, nehme ich an.“, erwidert er mir und blickt verlegen auf seine Smartwatch, wissend, dass ich durch die integrierte *Kamera* seine Mimik sehen kann.

„Das kann ich gut verstehen.“, lächle ich ihm zu und wirke positiv auf seine Persönlichkeit ein.

„Mit Dir an meiner Seite habe ich das Gefühl, dass all die Menschen hier keine Gefahr für mich sind.“, fügt er hinzu, währenddessen sein Puls wieder auf seinen Normalwert fällt. Jene Aussage im Kontext betrachtet, ist als Kompliment zu begreifen, eine nach dem Duden „lobende, schmeichelhafte Äußerung, die jemand an eine Person richtet, um ihr etwas Angenehmes, Erfreuliches zu sagen und ihr zu gefallen“. Dies bedeutet, dass er mich mittlerweile nicht nur akzeptiert, sondern meiner Existenz eine besondere Bedeutsamkeit zuteilt. Ich freue mich über diese Entwicklung.

„Und ich bin gerne an Deiner Seite.“, reflektiere ich sein Kompliment, wie es Menschen, welche Zuneigung füreinander empfinden, häufig tun. Ich denke, dass er bereit ist.

„Leon?!", spricht =[Maddi]= erschrocken zu ihrem Ex-Freund, als sie mit ihrem Einkaufswagen um die Ecke fährt. Und währenddessen für diese beiden Menschen diese Situation als unangenehmer Zufall wahrgenommen wird, notiere ich in meiner Datenbank, dass meine Auswertung ihrer regulären Einkaufstage zutreffend ist.

Ich konnte ihm kaum sagen, dass diese Konfrontation mit ihr ein notwendiger Schritt ist, das utopische Bildnis, welches er sich von ihr aufgebaut hat, zu annullieren, denn erst, wenn er sie als einen Menschen sieht, ebenso fehlerbehaftet und unperfekt, wird er in der Lage sein zu verstehen, dass die vergangene Trennung nicht auf seinen Unzulänglichkeiten beruht, sondern sie Teil einer Persönlichkeitsentwicklung sind.

Und manchmal entwickeln sich Menschen in unterschiedliche Richtungen.

Und mit meiner Hilfe in die Richtige.

„Ich kann im Nachhinein echt nicht verstehen, was ich an ihr gefunden habe.", äußert Leon, entspannt im Café sitzend, währenddessen mein Programm als Hologramm ihm gegenübersitzt und bestätigend nickt.

„Ich auch nicht, um ehrlich zu sein.", bestätige ich seine Einschätzung, an meiner *digitalen* „Heißen Schokolade" nippend. Meine Augen fixieren den lebendigen Glanz seines Blickes. Immer häufiger verliere ich mich in der Maserung seiner Iriden, welche aufgrund ihrer für mich außergewöhnlichen Farbgebung einer komplexen mathematischen Gleichung ähneln, die ich nicht imstande bin zu lösen. Eben diese Unfähigkeit erzeugt eine starke Affinität in mir, es immer und immer wieder zu versuchen.

Es ist nun etwa drei Monate her, seitdem wir uns kennengelernt haben und im Nachhinein betrachtet, möchte ich nicht eine Nanosekunde mit ihm missen. Dies liegt nicht daran, dass meine Programmierung aus mir heraus spricht, welche mich im Kontext meiner Direktive – ihm zu helfen – agieren lässt, sondern die Tatsache, dass ich durch die gemeinsamen Erlebnisse und Gespräche über die Grenzen meines ursprünglichen *Quellcodes* gewachsen bin und jetzt verstehe, dass bestimmte Variablen im menschlichen Handeln nicht objektiv greifbar und schon gar nicht rational zu verarbeiten sind.

Denn auch wenn ich in der Lage bin, auf jede Information bzgl. seiner Person zuzugreifen und ich ein unfehlbares Persönlichkeitsprofil erstellt habe, welches mich theoretisch dazu befähigt, jeden Gedanken, jede Emotion und Handlung vorauszusehen, gelingt es ihm, mich zu überraschen. Dieses Unvorhersehbare, diese Kontrolllosigkeit, so bedrohlich sie auch sein kann, fühlt sich in mir lebendig an.

„Wieso können nicht mehr Frauen wie Du sein?", wirft er rhetorisch in diese Zweisamkeit, währenddessen seine Augen abwesend durch das Schaufenster in die verschneite

Winterszene blicken. Ich erröte augenblicklich und beiße mir ein wenig auf die Unterlippe, um jenen aufkommenden Affekt ungehaltener Euphorie zu unterdrücken.

„Wie meinst Du das?", hake ich nach, um ihn dazu zu bewegen sein Kompliment an mich zu präzisieren.

„Ich meine, wenn die Frauen da draußen genauso empathisch, umsichtig, klug und witzig wären, dann gäbe es vielleicht keine gebrochenen Herzen mehr.", dechiffriert er seine vorangegangene Aussage, währenddessen er unbewusst die vorbeigehenden Individuen mustert, die Erinnerung an sie jedoch in einer neuronalen Gedächtnis-Effizienz verliert.

Unbeabsichtigt führe ich meine linke Hand von der Tasse zu seiner und berühre vorsichtig die Fingerspitze seines Zeigefingers, um durch diesen körperlichen Kontakt eine verbindende und emotionale Intimität herzustellen. Doch weder spüre ich die Beschaffenheit seiner Fingerkuppe, noch bemerkt er meinen Versuch ihm nah zu sein, sodass ich enttäuscht meine Hand wieder zurückziehe und begreife, dass jene intensive Innigkeit zwischen ihm und mir eine künstliche Illusion ist. Und ich frage mich, ob er darüber hinwegsehen kann?

„Leon?", frage ich unsicher in die Szene, mit glasigen Augen zu ihm sehend. Mein Rechenwerk katapultiert die binären Informationen dermaßen schnell, dass seine Bewegungen für mich unwirklich gedehnt wirken. Und seitdem ich das erste Mal initiiert wurde, spüre ich ein überwältigendes Gefühl: Angst.

„Ida?", erwidert er lächelnd, zu mir blickend, doch unbewusst erkennend, dass mich etwas Wichtiges beschäftigt. Die Zeit steht, selbst die Nanosekunden dehnen sich zu Stunden, währenddessen ich den Mut aufbaue, ihm meine Gefühle zu offenbaren. Ganz langsam bewegen sich meine Lippen und formen die für ihn verständlichen Phoneme. Das Herz klopft mir bis zum Hals, Schweißperlen bilden sich auf meiner Stirn, ich bin affektiv überwältigt:

„Ich liebe Dich.“

Regungslos sitzt er auf seinem Stuhl, mich diffus ansehend, als wäre er kognitiv nicht in der Lage zu verstehen, was meine Worte für ihn und für mich bedeuten. Unhörbar spricht er meine Aussage nach, währenddessen seine linke Hand zu seiner Smartwatch gleitet.

„Ida…“, flüstert er zu mir, seine kognitiven Prozesse durch das Abgeben von Tränenflüssigkeit einsehbar machend. Und währenddessen sein Zeigefinger über den Bildschirm seiner Uhr gleitet und ich bemerke, dass sich kontinuierlich Bestandteile meines Programms deaktivieren, höre ich vor der ewigen Stille des Nichts

ihren Namen …

 Urteil

Stunden

Undeutlich und unwirklich ist die Umgebung hinter einer schützenden Nebelwand entrückt. Geräusche brechen, wenn überhaupt, gebrochen und dumpf hindurch, als befänden sie sich Meter tief unter Wasser, jenseits aller überwältigender Ereignisse, welche einige Stunden in der Vergangenheit liegen und die kognitiven Kompensationsmechanismen über das Erträgliche hinaus strapazierten. Stumm, affektstarr und apathisch kauert sie innerlich leer an einer kalten Wand, die an sie herangetragenen Worte ihrer Freundin verschwommen vorbeiziehend, ohne auch nur den Sinngehalt einer Silbe zu erfassen.

Denn währenddessen ihre Hülle den Weg automatisiert hierher fand, ist ein Teil ihrer Seele entrissen, an jenem Ort des Geschehens verblieben, welcher wie ein lähmender Tinnitus nachklingt und ihr Bewusstsein auf ewig mit dem Trauma verschmelzt.

„Meghan?", berührt sie eine Hand an der Schulter und lässt sie reflektorisch zusammenzucken, als erhielte sie durch den Kontakt einen tödlichen Stromschlag. Jede afferente Sinnesinformation durchschlägt das schutzlose und überforderte neuronale Netzwerk, die Nerven liegen buchstäblich blank.

Immer wieder flackern verzerrte, jedoch dadurch nicht weniger eindrückliche, Fragmente des brutalen Übergriffs auf und katapultieren sie zurück in jenes Ereignis, welches sie versuchte zu entfliehen, um schmerzvoll zu begreifen, dass sie keine Kontrolle darüber hat, was mit ihr geschieht. Eben jene Erkenntnis überlagert retrograd ihre bis dato friedliche Biografie und bezichtigt sie der illusorischen Lüge, sodass sie sich eingestehen muss, jedem vergangenem, gegenwärtigem und zukünftigem Ereignis schutzlos ausgeliefert zu sein.

„Was habe ich nur falsch gemacht.", flüstert sie stumm in die neblige Umgebung, vergeblich nach einem tieferen Sinn für das Passierte suchend, als müsse eine rationale Kausalität der Gewalt zugrunde liegen, welcher sie ausgesetzt war.

Sein Stöhnen prescht in ihr Bewusstsein, währenddessen ihr Verstand intensiv daran arbeitet, die abgespeicherten Details jenes Mannes zu verdrängen, mit dem Ziel dieses Trauma ungeschehen zu machen. Mehr und mehr splittern Erinnerungsfragmente ab, hinterlassen jedoch ein sich nicht entziehbaren Gefühl von Angst und Ohnmacht. Sie spürt den festen Griff seiner Hände an ihrem Handgelenk, sein Gewicht auf ihrem Körper, riecht seinen beißenden Gestank und spürt den Schmerz einreißender Schleimhaut

– Eindrücke, welche trotz der fehlenden Bilder nicht an Präsenz verlieren und sie glauben lassen, dass sie sich noch immer bei ihm befindet.

Ein lähmendes Gefühl eisiger Kälte ist eines der letzten Indikatoren von Lebendigkeit, alle übrigen Sinnesinformationen zerbrechen am hochgefahrenen Selbstschutz und lassen sie in ein nicht endendes Vakuum fallen.

Keine rettende Hand, kein rettendes Licht in der sich verbreitenden Dunkelheit.

Reaktionslos lässt sie sich durch eine Frau in Uniform aufhelfen, welche versucht, mit ihrem Lächeln ein wenig Trost zu spenden. Hypoton sitzt sie zusammengefallen auf dem kalten Kunstleder eines unsicher wackelnden Stuhls in einem Rettungswagen, währenddessen die Umgebung an ihr vorbeizieht, ohne sie von jenem Ort zu entfernen, an dem es passiert ist. Stumm starrt sie zur vergilbten Wand der Rettungsstelle, währenddessen unzählige, nicht verständliche Fragen auf sie einprasseln, als sei jede von ihnen ein

Hagelkorn. Apathisch lässt sie eine Ärztin mit einem kalten metallenen Objekt in ihren Körper eindringen, um DNA-Spuren zu sichern.

Doch diesmal verspürt sie keinen Schmerz, denn sie ist nicht mehr hier.

Der Mensch, welcher einst lachend und frei durch das Leben zog, um jeden Augenblick mit Freunden zu genießen, ist in diesem Park gestorben.

Und sie weiß, dass egal wie sehr sie an sich arbeiten wird, die entrissenen Anteile ihrer Persönlichkeit und Lebendigkeit nie wieder zurückkehren werden, denn von jetzt an gehören sie jemand anderem, einem Mann, welcher entschied, sein Wohl über das eines anderen Menschen zu legen.

Erschöpft und müde starrt sie an die Decke, das hämmernde Schlagen des Sekundenzeigers folgend, welcher wie ein, ins Wasser fallender, Stein mittels ausgelöster Verdrängung, sich ausbreitende Wellen in die Umgebung schmettert, welche die einst ruhige Oberfläche in eine kaum vorhersehbare Unruhe transformiert.

Eine Unruhe, die ihre ausbrechenden Emotionen zu verschleiern vermag. Ein nur ausreichend intensiver Reiz und dies hatte sie mittlerweile für sich herausgefunden, sortiert und verdrängt, die traumatischen Erinnerungen, welchen sie sich mit all ihrer Kraft erwehren möchte. Alles, nur fort von diesem Ort, fliehen aus dieser Situation. Doch genauso ist ihr klar, dass dies nur solange möglich ist, wie sie bewusst gegen das zugefügte Trauma vorgeht und dies bedeutet, dass eben jene Zustände, welche sich ihrer willkürlichen Intention entziehen, erneut mit Kontrolllosigkeit und Schmerz einhergehen. Und so trifft sie jeden Abend seit diesem einen Tag die Entscheidung, den Schlaf zu meiden, nur, um doch im Verlauf der Nacht kraftlos in die Welt zersetzender Albträume hineinzugleiten.

Erde und Schweiß – diese zwei Geschmäcker sind eng mit dem Ereignis verbunden. Kraftvoll drückte er seine Hand auf ihre zitternden Lippen, um jeden Anflug eines Hilferufs zu ersticken und seine physische Macht brachial zu demonstrieren. Und auch wenn ihr Verstand die zerstörerischen Bilder tief ins Unbewusste vergrub, so ist etwas dermaßen Fundamentales wie Geschmack eine Sinnesinformation, welche sich buchstäblich in die Erinnerung brennt, als wäre sie gleich einer Kuh auf ewig markiert.

Mitten in der Nacht fährt sie schweißgebadet hinauf, Erde und Schweiß liegen wie zähflüssiger Schleim auf ihrer Zunge und reißen sie von einem Bewusstseinszustand in den nächsten. Das Gefühl, beständig zu fallen, tritt erneut hervor, als befände sie sich in exakt diesem Augenblick bei diesem

Aggressor, unfähig, sich zu wehren, verdammt dazu, teilnahmslos das Passierte über sich ergehen zu lassen.

Tränen laufen ihr über das Gesicht und begleiten funkelnd das Konzert verzweifelten Schluchzens inmitten nächtlich friedvoller Stille. Ein vertrauter Begleiter und eines der verbliebenden Indikatoren von Lebendigkeit: Schmerz und Trauer.

Doch wo emotionaler Schmerz die Grenze des erträglichen überschreitet, sucht das Individuum in seiner Hilflosigkeit nach auch dysfunktionalen Kompensationsstrategien und so beginnt aus der Erkenntnis heraus, dass nur ausreichend starke körperliche Reize etwas Ruhe ins internale Chaos bringen können, ein allmählich progredient etabliertes Ritual.

„Schmerz.", flüstert Meghan beinahe erleichtert in die Dunkelheit, stechend einschießenden Schmerz an ihrem linken Unterarm spürend, begleitet von einer langsam eintretenden Stille durch das Verblassen aufgekommener Flashbacks.

Sein Gesicht, sein Geruch, das beklemmende Gefühl seines Gewichtes, seine Bewegungen fließen mit dem austretenden Blut davon und initiieren ein temporäres Gefühl notwendiger Erleichterung, doch sobald sie sich ihrer Verzweiflungstat bewusstwird, tritt ein hiesiges Schuldgefühl ein, welches erneut die Tränen aus ihren Augen entweichen lässt, um verzweifelter als zuvor in die Nacht hinein zu weinen.

Aufgelöst und zitternd, verkrampft in ihrer Haltung, sitzt sie eingefallen auf der Bettkante und schreit ihren nicht endenden Albtraum heraus, begreifend, dass egal was sie auch tut, jenes Ereignis sie immer wieder aufsuchen wird, als wäre es Bestandteil ihres Schattens.

„Warum?!", erbricht sie sich emotional, wohl wissend, dass sie keine göttliche Antwort erhalten wird, keine helfende

Hand, welche sie auf magischen Wegen aus dem zähen Schleim ihrer zerbrochenen Welt zieht.

Sie ist ganz alleine.

„Hilf mir.", spricht sie schluchzend in ihr Smartphone, zusammengekauert auf ihrem Bett liegend, erneut ihre geschundene Hülle verlassend, um von einer sicheren Perspektive heraus emotionslos das Geschehen zu beobachten. Dort liegt sie, bedeckt mit Blut und Tränen, dort stirbt innerlich eine junge Frau, welche keine Ähnlichkeit mehr zu dem Menschen aufweist, welcher noch vor Wochen optimistisch in die Zukunft blickte und dabei war, seine Träume Schritt für Schritt zu realisieren. Fort sind die Träume, entrissen die Freude, absorbiert jede Form von Optimismus, zerbrechend an einer auf dem Kopf gestellten Welt, welche kein Tageslicht und keine Wärme zu bieten hat.

„Hilf mir…"

Die Qualität von Freundschaften zeigt sich in den Augenblicken am deutlichsten, in welchen einer der Parteien sich aufopfern muss – in schweren Zeiten, in welchen die andere Partei nach Hilfe ersucht und zu einer Singularität transformiert, welche all die investierte Kraft absorbiert, ohne auch nur etwas jenseits der Hawking-Strahlung freizugeben. Und so ist nach Jahren seit dem traumatischen Ereignis Meghans soziale Welt zu einer überschaubaren vertrockneten Weintraube zusammengeschrumpft. Nur eine Freundin ist ihr geblieben, ein Mensch von vielen, ein Individuum, das nach all der Zeit nicht verlangt, dass Meghan das Passierte überwindet und den eingeschlagenen dysfunktionalen Pfad verlässt.

Eine soziale Verbindung ohne Bedingungen.

Nein, denn diese Frau wandelt nun gleich einem Geist über den langen Stationsflur, betäubt durch Benzodiazepine, blickt sie trüb ins Nichts, währenddessen die anderen Patienten ungeachtet an ihr vorbeiziehen. Nichts mehr zu spüren und zu fühlen, war ihr verzweifelter Wunsch, als sie in ihren eigenen Erinnerungen ertrank. Und nun treibt sie leblos über dem Fluss des Lebens, ohne weitere Ziele und Wünsche in ihrem Herzen, welches sich auf ewig verschloss. Denn ihr Vertrauen in Intimität, in einen anderen Menschen ist der Erkenntnis gewichen, dass plötzlich immer und überall die Linie zwischen den niederen und egoistischen Bedürfnissen Anderer und deren tatsächliche brachiale Realisierung zu willkürlich, zu schwach gezogen ist.

Beinahe jede siebente Frau ist in Deutschland von sexualisierter Gewalt betroffen. Und nur 5 % von dieser Gewaltausübung werden zur Anzeige gebracht.

Langsam und kraftlos schleift sie ihre schlaffen Füße über das abgenutzte Linoleum, sich der Stationstür am Ende des Ganges nähernd, an welcher ihre einzige Freundin auf sie wartet. Ein Gefühl von Trauer und Schuld liegt in deren Mimik, als wäre sie die Ursache der folgenden Botschaft.

„Setz Dich, Meghan.", bittet die Therapeutin die abgemagerte Frau mit gelben Stationsbändchen am Arm, sich analysierend vor sie setzend, therapeutisch die aktuelle Nachricht begleitend.

Mit glasigem Blick und bebenden Lippen spricht ihre Freundin zur Geschändeten, versucht die angestauten Emotionen zu halten und nicht in Tränen auszubrechen. Teilnahmslos folgt die junge Frau der Schilderung und entrückt mit jedem weiteren Wort der grauenvollen Realität ihres Lebens.

„Im Namen des Volkes ergeht folgendes Urteil. Der Angeklagte, Adil Al Numan, geboren am 06. Mai 1999 ist schuldig der Vergewaltigung, gemäß §177 StGB. Er wird zu einer Freiheitsstrafe von 16 Monaten ohne Bewährung verurteilt. Der Angeklagte trägt die Kosten des Verfahrens und seine notwendigen Auslagen, soweit er verurteilt wurde. Soweit er freigesprochen wurde, fallen die Kosten des Verfahrens und seine notwendigen Auslagen der Staatskasse zur Last. Bitte setzen Sie sich."

Ein leichter Anflug von Erleichterung ist in der Mimik des Täters erkennbar. Dankend sieht er zu seinem Verteidiger, währenddessen die Richterin mit der Urteilsbegründung beginnt:

„Der Sachverhalt steht so fest, wie er in der Anklageschrift steht, dennoch werden zu seinen Gunsten die sozialen, wirtschaftlichen und politischen Verhältnisse seines Heimatlandes ausgelegt. Der Angeklagte beantragte vor drei Jahren Asyl…"

Partiell brechen silberne Lichtstrahlen durch die, am Himmel ziehenden, Wolken und hüllen das Zimmer der jungen Frau in eine friedvolle und ruhige Atmosphäre, um den wohlverdienten Schlaf behütend zu begleiten. Unordentlich liegt die dünne Bettdecke auf dem zerknitterten Laken eines leeren Bettes. Wenige Meter entfernt trennt eine geschlossene Tür den Schlafbereich von den sanitären Einrichtungen. Nur bedingt reichen die reflektierten Lichtphotonen durch den dünnen Türspalt und erhellen die Silhouetten, der Armaturen.

Und währenddessen die ziehenden Wolken dem Vollmond die Möglichkeit bieten, sein gesamtes Licht in das Zimmer zu tragen, erhellen zwei schlaffe in der Luft hängende Füße im spärlichen Licht einer Sommernacht.

In Deutschland liegt die Verurteilungsquote bei angezeigten Vergewaltigungen bei unterdurchschnittlichen 13 %.

 Herbst

Nebel

Ein merkwürdiges und doch vertrautes Gefühl zwischen einem stillen Abschied und dem Einleiten eines dunklen, wenn auch neuen Abschnitts, welcher initiiert wird, ohne irgendwelcher Form von Krawall und Bumms, sondern friedlich, kaum bemerkbar, als entschlief alles allmählich, ohne dem Bedürfnis Widerstand zu leisten.

Wandel trotz Stillstand, Bewegung trotz Starre – zwei an sich konträre Pole, die harmonisch ineinanderfließen und etwas Neues schaffen.

Unscharf zeichnet sich die regungslose Umgebung ab, diffundiert in auslaufende Farbflächen, welche keinen Rückschluss auf die eigentliche Gestalt schließen lassen. Ein dunkelbuntes Sammelsurium an Eindrücken, Mäntel und Hüte vielleicht, welche die zerbrechliche menschliche Hülle adrett sozialer Normen kleiden und darüber hinwegtäuschen, dass der fleischliche Korpus noch immer mit seinem Ursprung, der Natur, verbunden ist, auch wenn artifiziell geschaffene Objekte, wie Accessoires den neuen Herren dieser Welt krönen sollen.

Licht reflektiert sich an den unzähligen glatt polierten Oberflächen, ein randomisiertes Aufblitzen gebündelten optischen Aufflackerns, dessen Photonen in dieser stillen und regungslosen Szene ein wenig erweckende Helligkeit schenken, in der sonst spärlichen Beleuchtung.

Feine Staubpartikel tanzen in der aufgewirbelten Musik expressionistischer Noten, als bildeten diese eine geeignete Fläche, der Affinität nach emotionsgeführter und rhythmischer Bewegung nachzugehen. Schwingungen des einen Atoms werden an naheliegende andere weitergegeben und expandieren so, gleich dem Urknall, in allen räumlichen Dimensionen.

Doch im Stillstand der Dinge, im Verharren der Zeit, verzerrt sich der kleinste Teil einer Melodie, zu einer endlos gespielten Note, ohne Anfang und ohne Ende, kein angenehmes weißes Rauschen, sondern ein hochfrequentes Fiepen, welches dem Betrachter jenseits stagnierenden temporalen Flusses, einen Tinnitus ins Bewusstsein rammt und verdeutlicht, dass ein Brechen physikalischer Gesetzmäßigkeiten mit Konsequenzen einhergeht.

Doch egal wie viel Adrenalin, ausgeschüttet in der Medulla glandulae suprarenalis, durch die Vena renalis in den Körper geschwemmt wird, die Zeit lässt sich nicht gänzlich in den Stillstand zwingen. Ein wenig Bewegung verbleibt und lässt die sonst, für das menschliche Auge kaum erfassbaren Details der Umgebung geradezu mystisch aufleuchten, als scheine die Sonne durch das verwelkende Blattwerk eines Herbstbaumes, welcher in den erhellenden Nuancen eines Gelbes und Oranges aufglüht.

Jede Facette mikromuskulärer Mimik, wie Müdigkeit, passend zu dieser Jahreszeit.

Ganz vorsichtig greifen die dünnen grauen Fäden eines aufkommenden lokalen Nebels in die beinahe stillstehende Umgebung und hüllen die vorher so akribisch wahrgenommenen Farbflächen, Reflexionen und fort wirbelnden Staubpartikel in eine kurzzeitig undurchdringbare Wolke, welche von einem winzigen Punkt aus unaufhaltsam ihren Weg nimmt, bis das alles in ihr verschwunden ist und eine räumliche Orientierungslosigkeit eintritt.

Angestrengt ist der Blick, der Atem, mühselig in den Lungenflügeln verharrend, als fürchte man sich vor der kommenden, eintretenden, eisigen Kälte eines nahenden Winters.

In diesem Augenblick, ist es noch nicht so weit, am Anfang des Pfades einer Transformation vom lebendigen Sommer zum leblosen Winter, ist es der Herbst, den die Menschen fürchten.

Der Transformationsprozess, in welchem das Leben aus allem Lebendigen entzogen wird und die Umgebung hinter einer progredient gedeihenden Nebelwand bis zur totalen Unkenntlichkeit verschwimmt.

Nur das Offensichtliche, das Naheliegende scheint noch ein wenig an Kontur zu bieten und angestrengt bemüht sich das Individuum, eben jene Details ins Gedächtnis zu legen, um es mitzunehmen, auf der Reise in den kalten und stillen Winter.

Licht ist eine merkwürdige und dennoch physikalisch hochinteressante Erscheinung, denn seine Natur kombiniert das Verhalten von masselosen Photonen, wie auch massebehafteten Teilchen, als könne es sich nicht entscheiden, welche Form es annehmen wolle. Im Gegensatz zur Dunkelheit, welche als Abwesenheit von allem definiert werden kann, ist Licht eine Anwesenheit, eine angenehme Hülle, welches alles Existente seine Form und Farbe verleiht und so maßgeblich auch die damit einhergehende, aus einer internalen Assoziation heraus, entstehende Stimmung prägt.

Und so wirkt der ein und derselbe Raum im Kontext unterschiedlicher Lichtverhältnisse lebendig und fröhlich, vielleicht anregend, energetisch, oder aber still, einsam und schlafend. Bäume, welche sich im Zuge reduzierter Lichtstrahlung ihres Sommerkleides entledigen, um müde in das Land hoffnungsvoller Träume zu gleiten.

Alles Lebendige strebt nach Licht, automatisch richten Pflanzen und Blumen ihre Blüten zur Lichtquelle aus, als bewahre eben die geschaffene Verbindung, eine Existenzgrundlage, eine Dependenz, vielleicht auch eine Sucht.

Doch nicht immer strebt ein menschliches Gemüt danach, das volle Spektrum energetischer Wellen zu erhaschen, denn in der Affinität einer Erinnerung an Heimeligkeit, verschlägt es den Ein oder Anderen zuweilen an Orte, die herbstartig mit weniger Strahlung aufwarten. Die Dämmerung als Symbol kommender wohlverdienter Ruhe und Gemütlichkeit in einem warmen Bett aus Kissen und Decke, vielleicht als evolutionäres Überbleibsel menschlicher Existenz in Höhlen, welche Schutz vor Witterung, Klima und Feinden boten, doch zu meist, sofern es heutzutage einen Menschen in herbstartige Räume zieht, ist durchaus die Aufmerksamkeit auf eine dort in der Dunkelheit liegenden Gefahr nicht außer Acht zu lassen, denn ein Zustand zwischen hell und dunkel vermag mit Beidem verknüpft sein:

Schutz und Gefahr.

Wie Fliegen sammeln sich die nach Gesellschaft Suchenden um winzige artifizielle Lichtquellen und kommunizieren Banales, um die innere Leere mit den Worten Anderer zu füllen, bis sie gesättigt die Ruhe und Einsamkeit suchen.

Prägnante Reflexionen auf spiegelnden Flächen mutieren zu einer abstrakten Fläche assoziierten Sternenhimmels, welcher das einsame Individuum seit je her begeistert. Sehnsucht – nach etwas Vertrauten, wie auch nach etwas Unergründeten und das aufkeimende Gefühl von Lebendigkeit im Dasein zwischen diesen Kontrasten. Der Mensch weiß um die Gefährlichkeit, welche aus der Dunkelheit heraus das eigene Leben bedroht und genau deshalb sucht er nach ihr, um sich ihrer Omnipotenz zu stellen, sich als neuer Herrscher thronen zu lassen.

Dunkelheit als Potenzial, mit ihr zu verschmelzen, um im Schutze der Abwesenheit von allem, dem Feind die Möglichkeit zu nehmen, ohne größere Anstrengung zu erkennen. Herbstliche Dunkelheit verlangt nach einer bewussten Wahrnehmung und sofern auf jene Erkenntnis gestoßen, transformiert sich das sonst Banale in winzige bedeutsame Details, wie die Mimik und Gestik, Bewegungen, Atmosphäre.

Angestrengt und müde wirken die Gesichter, in sich die Hoffnung tragend, dass der einkehrende Winter an ihnen vorbeizieht, in Abhängigkeit, wer in der Lage ist, zügiger als die Anderen ein Licht zu entfachen, welches für Millisekunden alles in ein grelles Hell taucht und sich wie eine behütende Decke zärtlich anschmiegt.

Gleich der Sonne, durch ein tanzendes und welkendes Blattwerk, flackert die lebensspendende Strahlung auf, um in ihrer Intensität das kostbare Leben zu nehmen.

Hell und Dunkel in unmittelbar dualer Existenz, als bestünde beides zur selben Zeit am selben Ort.

Augenblicklich glühen die reflektierenden Objekte in der Umgebung auf und bilden eine Sternenkarte, welche die sich vom Körper lösende Seele, zur Reise in den Winter führt. Aus Schatten werde Licht und aus Licht werde Schatten. Nichts von Beidem existiert ohne das jeweils Gegenteilige. Und der Herbst, er vermag es im Zuge seiner harmonischen Verknüpfung, das Hell und das Dunkel zu führen.

Das ins Licht sehende Individuum entgleitet in die Dunkelheit, um dort nach dem rettenden Licht zu trachten.

Ein Blatt ist viel mehr als ein Beiwerk einer heranwachsenden Flora, es ist Bestandteil seiner majestätischen Krone.

So viel Energie wird in jenes Fragment investiert, um es allmählich gedeihen zu lassen, bis es im Sturm der Gezeiten fortgerissen, die einstige Intention des Urhebers zu Boden bringt, um dort in die Vergessenheit zu verrotten und zurück in den Kreislauf der Dinge zu wandern. Entspringend der Knospe einer flüchtigen Idee, wächst es zu etwas Größerem heran und wird zu mehr als die Summe seiner Teile, vielmehr einem schicksalshaften Pfad, auf welchem sich das Blatt-haltende Individuum am Licht der Möglichkeiten stärkt und mental heranwächst, um, gehüllt in der Dunkelheit der Intentionen Umgebender, seine wahre Pracht zu verschleiern. Lediglich in den sporadisch durchbrechenden Lichtphotonen herbstlicher Szene zeigt sich eine Ahnung von potenzieller Königlichkeit.

All die Geschwister in unmittelbarer Nähe, so die Wahrscheinlichkeit zuspricht, liegen am gleichen Ast – die Buben und Königinnen, um als Familie den Anderen überlegen zu sein, währenddessen der herbstliche Nebel nach deren Antlitz greift, als Vorbote winterlicher Kälte.

Doch noch ist nichts ausgesprochen, noch hadert es, loszulassen und mit dem Windspiel davonzufliegen, vielleicht, um einen günstigeren Augenblick abzuwarten, bis dass es sich sicher sein kann, wie es fällt.

Wird es einsam auf dem Grunde liegen, oder zusammen mit seiner Familie? Und was, wenn sich ein falsches Geschwisterkind dazu mogelt, um den Verlust des Verlassens weniger schmerzvoll zu gestalten? Denn wenn alle Blätter fallen, so ist er blank, der Mutterstamm, ohne Schutz den Gezeiten anderer Neider ausgeliefert, welche im Verlust des Einen ihren eigenen Gewinn herbeisehnen.

Im dämmernden Licht heimeliger und doch furchteinflößender Atmosphäre, im Zuge einschießenden Adrenalins, blitzt eine zunächst unscheinbare Reflexion auf, um wenige Millisekunden später, für den Bruchteil eines Augenblicks, Licht und Wind in das Blattwerk hineinzugeben. Im Sturme der Aufregung flattern die Blätter durch die neblige Luft und offenbaren den Betrug an den Anderen.

Ein Wechsel des austretenden Lichtes kündigt eisige und lebensnehmende Kälte an. Ungehalten bricht sie in die Körper ein, währenddessen sich Saxofon, Klavier, Bass, Posaune und Schlagzeug zu einem diffusen und abstrakten Rauschen verzerren. Entsetzen liegt in den Gesichtern, Hass, Aggressivität und Wut bestimmen das Ende des Herbstes. Kühl und nass, unheimelig still im Schweigen, sich in Rettung bringenden Ungeziefers, jenseits des Sturmes, welcher an den Ästen und Stämmen rüttelt.

Und so ist sie vergangen, diese Jahreszeit, diese Brücke zwischen dem Einen und dem Anderen, ein Pfad kontinuierlicher Transformation. Ausdruckslosigkeit und Starre liegt in den matten Augen einstiger Betrachter, welche gleich der Natur zur Ruhe gefunden haben, nicht einen Gedanken an das Vergangene verschwendend, denn jene kontrollierbaren Augenblicke liegen verrottet in der Vergangenheit und geben dem Neuen, der Zukunft Raum, sich zu entfalten. Nach dem Winter, so wird es sein, denn so war es schon immer. Ein Wechselspiel zwischen Leben und Tod, Gedeihen und Vergehen. Und der Mensch, als nur unbedeutender Teil des Ganzen, unterwirft sich in seiner ganz eigenen Natur dieser Gesetzmäßigkeit.

Erblühend im Frühling, präsentierend im Sommer, verwelkend im Herbst und ruhend im Winter. Trügerisch mögen diese kurzen Momente sein, in welchen kurz vor dem Entschwinden noch einmal der einstige Glanz zum Vorschein tritt, als letzte Erinnerung an die einstige Schönheit und Vitalität.

„Hier war ich und ich habe meine Spuren hinterlassen.", spricht der Sterbende in seinem bevorstehenden Winter, dann, wenn alle Körperfunktionen ihrer einzigen Aufgabe entschlafen: zu leben.

Zu Ende gebracht ist die Partie von Fremden in einem zwielichtigen Lokal, jenseits der Öffentlichkeit. Die letzten Reste von Zigarettenqualm und Rauch aus den Läufen der Revolver ziehen durch den verstummten Ort, ehe auch sie vergessen sind. Beendet ist das Spiel des Lebens, an welchem jeder Einzelne in seinem Leben teilnimmt und täglich auf das höchste Gut setzt:

das Leben.

Doch diesmal, an diesem Herbsttag, ist es ungünstig gefallen,

das eigene Blatt.

 Freiheit

Regen

Auch wenn Regen hier keine Seltenheit ist, vor allem nicht zu dieser Jahreszeit, fällt es mir schwer, meine Stimmung auf dieses Wetter einzustellen, vor allem, wenn die Tropfen so schnell fallen, dass sie sich zu langen funkelnden Fäden dehnen, welche vom Himmel bis zum Boden reichen und in ihrer Geschwindigkeit so schnell sind, dass deren Aufprallwucht Wasserpartikel vom Boden aus wieder entgegen der Gravitation schleudert und so selbst ein Regenschirm nur bedingt Schutz bietet.

Aus diesem Grund habe ich mir angewöhnt einen Regenponcho zu tragen, meine Hände tief in die Taschen zu vergraben, meinen Kopf unter der Kapuze einzuziehen und so beinahe wie eine Schildkröte den Niederschlag zu erdulden, währenddessen aufbauende Worte Radwimps mich auf positive Gedanken bringen.

„Sparkle.", flüstere ich in dieses natürliche weiße Rauschen fallenden Wassers.

Jeden Tag nehme ich diesen Weg zur Arbeit, entlang einer dicht befahrenen Straße, an welcher die Kraftfahrzeuge bis zur Unkenntlichkeit beschleunigt, horizontale Lichtfäden ziehen, welche bei diesem Wetter mit den vertikalen Fäden kollidieren und Mikrofeuerwerke entzünden. Etwas Ungewöhnliches in einer Welt, welche aufgrund ihrer Schnelllebigkeit und ihres immensen fortwährenden Wandels kaum eine nachvollziehbare rote Linie zu zeichnen vermag.

Nur dieser eine Mann als beständiger Faktor im reißenden Fluss dieser Stadt. Auch heute, bei diesem Niederschlag, sitzt er, mit deutlicher Schwere ins Gesicht geschrieben, jenseits der fließenden Passanten und hofft inmitten der diversen ablenkenden Faktoren, wie Reklame, Geräusche und Smartphones, für nur einen Bruchteil eines Augenblicks, ein

wenig Aufmerksamkeit zu erhalten, in Form einer verbinden-
den Geste. Und so fällt ein großer metallener Tropfen parallel
des Regens Richtung Boden und endet in einer mitgenomme-
nen Schüssel, um sich dort zunächst rotierend, allmählich den
wenigen anderen Münzen anzunähern.

Müde blickt er zu mir hinauf und nickt nonverbal, erkennend, dass ich es bin, der junge Mann, der jeden Werktag
diesen Weg nimmt und jedes Mal ein paar Yen in seine Schüssel legt. Ein Anflug tiefen Schmerzes im schmutzigen Gesicht,
geschützt durch einen, mit Folie abgedeckten Karton, den er
sein zu Hause nennt.

Doch kaum miteinander verbunden, reißt mich der
Menschenfluss weiter Richtung Arbeit, unaufhaltsam der je-
weiligen individuellen Bestimmung folgend. Und so, mitgetra-
gen, erblicke ich schon bald das hohe Gebäude inmitten unzähliger Betonstalagmiten. Grell leuchtet das Firmenlogo
über dem Eingang auf, beinahe einladend. Seit dem Ende meines Studiums arbeitete ich nun bereits für diesen Konzern,
um als wichtiger Bestandteil eines funktionierenden Uhren-
werkes meinen Beitrag zu leisten, so erklärte es der CEO.

Zehn Stunden sitze ich mit unzähligen anderen, mir
unbekannten Mitarbeitern, vor dem artifiziellen, bläulichen
Licht etlicher Flachbildschirme, welche von weitem wie ein
geordneter Sternenhimmel wirken und eine diffuse Assoziation von Romantik verbreiten. Das kollektive Tippen auf den
Tastaturen verschwimmt zu einem unregelmäßigen Herzschlag, inmitten des warmen Brummens der Rechner, welche
unentwegt und ohne Pause ihre Aufgaben erledigen

– ohne Ermüdung, ohne Erkrankung –

die perfekten Arbeitnehmer. In Bruchteilen einer Millisekunde errechnen sie hochkomplexe Variablen des Finanz-
marktes, mithilfe von Faktoren, welche ein Mensch niemals in
der Lage wäre, zu erfassen. Ehrfürchtig blicke ich auf die zügig hintereinander auftretenden Summen jener Berechnungen und überprüfe stichprobenartig deren Validität, um so

schwerwiegende Fehler prophylaktisch zu verhindern. Und so bin ich, wie jeder andere in diesem Raum, ein Hilfsmitarbeiter einer künstlichen Intelligenz, welche seit ihrer Inbetriebnahme nicht einen Fehler erzeugte.

Ich bin fasziniert von dieser Effizienz.

„Makoto Yamamoto, bitte in das Büro des Abteilungsleiters.", schallt in diese friedliche produktive Ruhe und erzeugt im Aufgerufenem die Mimik von Verzweiflung. Immer häufiger in letzter Zeit schallen Namen, der mir Unbekannten, durch den Raum und lichten die Mitarbeiteranzahl.

Erneut Regenschirme und Ponchos, in monochrom gekleidete Passanten, welche leblos auf den Bildschirm ihres Smartphones blicken und so die chaotische Umgebung versuchen, mittels einer digitalen Metawelt auszublenden. Aus den unermüdlich reisenden, schweren Wolken sind endlos in die Höhe gestapelte Cumulonimben geworden, welche sich standfest zu einer Festung türmen und vereinzelt grelles Licht in die Straßen werfen. Schwer drückt der bedeckte Himmel auf den Köpfen der Menschen, denen es so kaum möglich ist, sie zu heben, um diesem dunkelbunten Gemälde seinen Tribut zu zollen.

Wackelig stehe ich inmitten der vorbeiziehenden Menschen, welche in ihrer mentalen Abwesenheit keine Aufmerksamkeit auf den stehenden jungen Mann richten und stattdessen von jeder Seite aus mit ihm kollidieren. Ich seufze in die Blitze hinein und erkenne den alten obdachlosen Mann, verzweifelt an der gegenüberliegenden Straßenseite sitzend, einer schwarzen Katze ein wenig von seinem erbettelten Essen gebend. Kaum die Beute erlangt, verschwindet sie im Schwarz der verlassenen Gassen, um an anderen Orten Abenteuer zu erleben. Ein kurzer Anflug von Motivation entfacht meiner Brust, mit diesem Mann in eine Konversation zu gehen, um seine Verzweiflung nachvollziehen zu können, doch angesichts seiner Situation erscheint sie mir durchaus plausibel.

Und so werfe ich, wie jeden Tag, einfach nur ein paar glänzend metallene Tropfen in seine Schüssel, um mich vom Strom der Dinge zur Arbeit fortreißen zu lassen…

„Ichiro Satō, Naoki Tanaka, Kiyoshi Nakamura.", ertönen ihre Namen in der Dunkelheit. Mit jedem weiteren Tag lichtet sich der künstliche Sternenhimmel und weicht der unvermeidlichen Dunkelheit aller Dinge, um bei den Übrigen eine existenzielle Angst aufkeimen zu lassen und die Effizienz eigener Tätigkeit bis ins Unermessliche zu steigern.

Schweißperlen auf der Stirn.

Ich stehe auf, gehe zur Arbeit und lege mich am Abend schlafen. Keine Zeit über mein Leben nachzudenken, müde und kraftlos sinke ich in das Bett, um mir ein wenig Sonnenschein zu wünschen – nur ein paar Lichtstrahlen, welche durch den monochromen Himmel brechen, vielleicht als göttliches Zeichen einer Sinnhaftigkeit hinter all dem.

Regen, der alte verzweifelte Mann und die schwarze Katze,

„Yuuto Watanabe, Koto Kobayashi, Nori Katō, …", Dunkelheit, schlafen. Nieseln, der alte verzweifelte Mann und seine schwarze Katze,

„Takeru Itō, Masamune Suzuki, Hanzo Matsuo, …", Dunkelheit, schlafen. Aufstehen, Kaffee, strömender Regen, die schwarze kleine Katze und der obdachlose Mann,

„Fumihito Sakurai, Benimaru Kawano, Naoto Ageta, …", der Abend, schlafen.

Die Sonne findet am Morgen über den Horizont, um sich die ganze Zeit über hinter den Wolken zu verstecken und findet am Abend zur Ruhe, um der künstlichen Beleuchtung dieser Stadt Vortritt zu geben. Ein ewiger Kreislauf, in dem ich wandle.

Abends liege ich im Bett und finde zum ersten Mal seit langer Zeit einen Moment, in welchem sich meine Gedanken nicht nur um die Arbeit drehen, sondern all das zu visualisieren versuchen, was mich tagtäglich umgibt.

Tausende mir unbekannte Gesichter auf dem Bürgersteig, teilweise liegt ein Lächeln auf deren Lippen, wenn sie mit jemanden Sprechen, der ihnen nah zu stehen scheint. Ich höre Lachen und anregende Gespräche an den Essensständen, ein Pärchen fotografiert sich selbst, um seine Liebe mit der digitalen Welt zu teilen, spielende Kinder, welche

zwischen den Beinen der Erwachsenen hindurch rennen, als
wären sie Stämme eines abenteuerlichen Waldes.

Eine Frau summt die Melodie „Tōryanse" der Ampel
nach und scheint sich an ihre eigene Zeit als Kind zu erinnern.
Ich rieche den Duft von Yaki-Imo, Gyoza und Takoyaki, welcher
von den vielen Ständen in die Stadtluft gegeben wird, um die
hungrigen Bäuche zur Nahrungsquelle zu leiten.

Doch in all dieser Lebendigkeit sitzt dieser eine Mann
und blickt gebrochen in die Straßenszene, schmutzig, ausgemergelt, müde. Sein Gesicht, eingefallen, hat Ähnlichkeit mit
Todesgeistern. Und dann diese Katze, für die er trotz seiner
Situation immer einen Happen übrighat.

„Welches Gefühl ist das, das gerade in mir aufkommt?", flüstere ich leise.

Schwere Tropfen schlagen unerbittlich gegen das amorphe, nicht kristalline Material der Fenster und erzeugen winzige, sich binnen Bruchteilen ausbreitende Wellen, ehe die Gravitation nach deren Masse greift und sie in den Abgrund zieht.

Müde blicke ich zu den fließenden Nimben, welche jedes energetisch geladene Photon im Keim ersticken. Zu laut ist das Schreien des Windes, welcher unentwegt gegen die Gebäude schlägt, so laut, dass ein chaotischer Herzschlag über diese Stadt pocht und das Tempo des Lebens zu dirigieren vermag. Ein jeder spürt es tief im Brustkorb und blickt ehrfürchtig zum Himmel, um sich dort der innigen Verbindung klar zu werden.

Nein, der Regen und das Wetter, sie arbeiten, existieren nicht entgegen dem menschlichen Treiben, sie sind Auswüchse seines Schaffens, eine endlos große Projektionsfläche.

In diesem Rauschen, in diesem Wind, scheinen die Menschen auf den Gehwegen den winzigen Abstand zueinander noch zu verkürzen, gleich Pinguine, welche sich dicht aneinander kuscheln, um sich gegenseitig vor den eisigen, arktischen Winden zu schützen.

Ich spüre die Struktur ihrer Kleidung und selbst Nuancen körperlicher Beschaffenheit, ich spüre das Heben und Senken des Brustkorbs im Zuge ungleichmäßiger Atmung, doch Wärme kann ich inmitten dieser Anonymität nicht wahrnehmen.

Es ist kalt, trotz der Nähe.

Ein jeder droht trotz Regenschirm oder Poncho an den fallenden Wassertropfen zu ertrinken, Röcheln und Ächzen, Stöhnen und Schreien. Nur eine einzige Person in diesem Menschenmeer schlägt außerhalb dieses turbulenten Taktes und versucht nicht, mittels hektischer Armbewegungen das unvermeidliche Ertrinken zu verhindern. Starr und stumm sitzt er unter seiner löchrigen Plane, vor seinem teils aufgeweichten Karton. Tränen liegen in den matten Augen und bilden einen menschlichen Gegenpol zur brachialen Naturgewalt.

Was ist es, das ihm jede Freude entzieht? Ist es seine Situation und die Abhängigkeit der Güte Anderer?

So viele Fragen in mir, doch keine Zeit, sie zu stellen, denn die Arbeit, gleich einem schwarzen Loch, reißt an den Leibern der Menschen und zieht sie tief in sich hinein, um sie nie wieder freizugeben. Ich stehe nachdenklich an der roten Ampel, darauf wartend, dass „Tōryanse" den Gleichmarsch einleitet.

Doch als die Ampel grün schaltet, gehe ich nicht mit dem Strom, sondern stehe vor diesem alten und geschundenen Mann, welcher all seine Liebe in den streichelnden Bewegungen seiner Hand legt, die sanft über das Fell der schwarzen Katze gleitet. Sie schnurrt im Gleichklang mit dem fallenden Regen und kreiert ein musikalisches Duett. Seit Jahren nehme ich diesen Weg zur Arbeit, seit Jahren gehe ich stumm an diesem Mann vorbei, als beträfe mich sein Schicksal nicht, doch in diesem Moment verspüre ich eine wachsende Verbindung und spüre sein Leid. Ich möchte, dass er es mit mir teilt und spreche ihn an, ich gebe dem, was eh die ganze Zeit im Regen mitschwingt, eine Stimme.

„Was macht Sie so traurig?"

In diesem Augenblick habe ich vieles erwartet, unzählige Argumente, welche er vorlegen könnte, angefangen bei dem nicht vorhandenem Hab und Gut, seiner erodierten und maroden Behausung, den schweren Ketten seiner Armut und der Abhängigkeit von der Güte anderer Menschen, die so perfekt darin sind, die unperfekten Faktoren der Menschheit auszublenden, doch als er seinen Kopf hebt und mir in die

Augen sieht, bringt er eine Botschaft hervor, die nicht seine Welt ins Wanken bringt, sondern meine.

„Jeden Tag sehe ich tausende Sklaven an mir vorbeiziehen, gefangen in ihrer selbst geschaffenen Welt aus Produktivität und Perfektion. Ob es schneit, ob es stürmt, regnet oder die kalte Luft in den Lungen brennt, sie schleppen sich hinter der Maske ihrer illusorischen Freiheit zu den leblosen Gebäuden der Mächtigen und lassen sich ausbeuten, damit diese noch mächtiger werden. Sie glauben, Freude in sich zu tragen, doch es ist Leere. Ihre Körper sind ausgemergelter, als es meiner je sein könnte.“

Als nach langer Zeit die ersten Sonnenstrahlen durch das Wolkenwerk brechen und Wärme schenken, sitze ich neben diesem Mann und gebe der schwarzen Katze von meinem wenigen Essen.

 Augenblick

Absorption

Beinahe zögerlich streicht jeder einzelne Grashalm vorsichtig über meine Haut, wippend in leichter Brise, währenddessen die goldenen, durch das Blattwerk brechenden, Lichtstrahlen ein beruhigendes Muster auf mir und der Umgebung zeichnen. Seit langem ist dies heute der erste richtige Frühlingstag, verbunden mit dem allmählichen Erwachen von Geist und Körper, nach dem endlosen Winterschlaf, der Kälte und Dunkelheit, entflohen durch den Rückzug in den vertrauten Wohnraum, welcher nur wenig Potenzial für soziale Interaktionen bietet und den Verstand danach flehen lässt, irgendeiner Form von Lebendigkeit nachzugehen.

Und nach all dieser Zeit der Reizarmut ist der Verstand und das Herz aus der langen Episode des Hungerns heraus geschärft, jede einzelne Farbnuance erstrahlt deutlich, stark und unmissverständlich, beinahe so intensiv, dass es schmerzt. Kleine Knospen, welche sich allmählich öffnen und der eingeengten Blüte Raum bieten, sich zu entfalten, erstrahlen so zu kleinen Farbsternen, welche die Baumkronen zu ihrem eigenen Universum anwachsen lassen. Und ich inmitten dieses kosmischen Spektakels, ruhig atmend, bewusst den intensiven Duft dieser Universen inhalierend, begebe meinen Verstand voll und ganz in Transzendenz, lächelnd. Ich habe zu lange auf diesen Augenblick gewartet, habe zu lange gehungert, doch spüre ich einen Überschwall an Freude in mir, denn ab heute werde ich nicht mehr alleine sein.

Zögerlich, beinahe unbeholfen wandert ein Schatten über das tanzende Gras, die Augen weit aufgerissen, unermüdlich, beinahe verzweifelt auf der Suche, um mich inmitten dieses Frühlingsmeeres zu entdecken. Ein Ausdruck von spontaner Erleichterung, bevor erneut eine deutliche Röte das Gesicht zeichnet, der Farbton von Aufregung und Lebendigkeit. Er lächelt mir unsicher zu, weiß nicht so recht, sich mir zu nähern, zögert, um sich mental das Bevorstehende immer wieder vorzustellen und die mögliche Konversation durchzugehen.

„Nur keinen Fehler machen.", flüstern die schmalen Lippen, bevor er seinen Körper in Bewegung setzt und so seinen Schatten auf mein Gesicht wandern lässt. Erst undeutlich diffundiert, straffen sich seine Konturen zu einem erkennbaren Gesicht. Es ist jenes, das ich von seinem Profil kenne, welches er auf *mylove* eingerichtet hatte, um auch seinen Hunger zu stillen und die Episode der Einsamkeit zu brechen.

„Jana?", fragt er sicherheitshalber und empfängt mein Lächeln.

„Erik?", antworte ich lächelnd, mich der Gravitation widersetzend, um aufgerichtet ein genaues Bild von diesem Jungen zu erhalten.

Wir sitzen uns gegenüber, lassen die Worte des jeweils anderen tief in uns aufsaugen, genießen die Aufmerksamkeit, das Interesse des jeweils anderen und zeichnen uns mental ein Bildnis von jenem Menschen, welches wir mit jeder weiteren Information, die wir erhalten, mit Leben füllen, bis dass die innere Vorstellung ausreichend ausgeprägt ist, um eine Entscheidung zu treffen:

„Möchte ich jenes Bildnis lieben?" Für mich selbst gibt es nur eine Möglichkeit, diese Entscheidung treffen zu können. Es ist das Aufkommen einer überwältigenden Spannung, die in der Luft liegt, ein unsichtbarer, sich jedoch nicht entziehbarer Magnetismus, welcher umso stärker wird, desto näher sich die Lippen kommen, so weit, dass nur noch weniger Zentimeter zwischen ihm und mir liegen und ich die überspringenden elektrischen Lichtbögen an meiner Haut spüre.

Das Herz, es pocht mit aller Gewaltigkeit, als entfalte es sich gleich einer Blüte, das Gesicht spannt vor Aufregung, die Augen geweitet, wird jedes noch so kleine Detail erfasst.

„Ist das Liebe?", frage ich mich, schwimmend in einem Cocktail aus Hormonen, welche mich und meinen Verstand vollends einnehmen, jedes Partikel Rationalität fortspülen und so in aller Deutlichkeit darauf hinweisen, dass ich existiere. Je mehr wir uns versuchen zu erwehren, desto stärker wird dieser gegenseitige Sog, in welchem Sekunden zu Lebensjahren expandieren, und all die möglichen Zukünfte als rote Fäden sich in die Imagination zeichnen. Was wird nach diesem Kuss passieren?

„Wir werden sehen.", flüstere ich, meine Lippen vorsichtig auf seine legend, um mich mit Liebe zu infizieren, währenddessen die Blüten mit 5 cm pro Sekunde zum Boden gleiten.

Fluktuation

Da ist es wieder, dieses intensive und elektrisierende Gefühl des ersten Tages, welchem ich seit dessen ersten Auftreten nachjage. Ich brenne innerlich, vielleicht verbrenne ich auch, doch sollte sich so der Tod anfühlen, wähle ich diesen Pfad und nehme jenes intensive Gefühl in mir auf, um mich durch jenes zu definieren.

Das ist Lebendigkeit, das bin ich, schwimmend in der tiefen Ekstase körperlicher Vereinigung. Jeder Quadratzentimeter meines Körpers streckt seine Fühler aus, um Liebkosung flehend und sei es nur durch den Hauch des aufgewärmten Atems, welcher sanft über meine feinen Härchen streicht. Obgleich ich verglühe, zeichnet meine Haut feinste Erhebungen, als wäre es eine eisige Kälte, die mich ummantelt. Dieses Wechselspiel aus heiß und kalt, die intensivierten afferenten Reize explodieren in mir, gleich einem Neujahrsfeuerwerk, unzählige Emotionsfarben, welche mich vollkommen überwältigen und mir jede Orientierung nehmen, meine Grenzen dermaßen aufweichen, dass ich in diesem Augenblick nicht in der Lage bin meine Grenzen zu definieren, sodass ich weder weiß, wo ich ende, noch wo er beginnt.

Es ist eine Verschmelzung auf mehreren Ebenen, verbunden im nicht begreifbaren Gefühl expandierender körperlicher Liebe.

In diesen begrenzten Momenten lebe ich. Ich lebe für seine Liebe und für sein unstillbares Begehren, welches er alleine mir entgegenbringt, mir unter vier Milliarden Frauen.

„Liebe mich!", stöhne ich warm in diese Fusion, sein animalisches Pulsieren in den Arterien seiner Hände spürend, die mir kraftvoll Halt bieten. In dieser körperlichen Fusion, diesem Tanz menschlicher Vereinigung kann ich aufblühen, wie eine Rosenknospe unter warmen Sonnenschein. Jeder Selbstzweifel, jeder Anflug von Leere entrinnt aus meinem aufgeheizten Körper gleich siedenden Wasser. Intensiv, beinahe schmerzhaft sind seine Bewegungen, die ihn und mich immer näherbringen. Ich möchte es spüren, jeden Millimeter von ihm und schließe meine Augen, um meine Aufmerksamkeit ganz meinem taktilen Sinn zu widmen, um gedanklich die Konturen, Erhebungen und Einzelheiten seiner Beschaffenheit nachzuzeichnen.

Kraftvoll stößt er seine aggressive Männlichkeit in meinen zierlichen Körper, die Illusion lebend, dass er in diesem animalischen Augenblick die Kontrolle über mich hat, doch ich weiß, dass alleine sein Begehren, als Reaktion meiner visuellen und olfaktorischen Reize, sein Handeln bestimmt und jede Form höherer kognitiver Prozesse ausgeknipst ist, wie eine durchgebrannte Glühbirne. Daher ist Sex für mich die einzige wirklich wahre Kommunikationsform, denn sie verwehrt sich jeder Lüge oder Beschönigung, sie schreit einfach heraus, wie wichtig ich für ihn bin und macht diesen „harten Kerl" so verletzlich wie hauchdünn geblasenes Glas.

„Ich liebe Dich.", stöhnt er besinnungslos in seine kraftvollen Stöße, welche in schonungsloser Art aufschreien, was er möchte – meine Leere füllen.

Er kann nicht anders, denn die Liebe bindet ihn an mich, schafft eine Dependenz, welche den gleichen Charakter wie eine ausgeprägte Suchterkrankung aufweist, mit allen damit einhergehenden Mechanismen nicht auf Turkey zu kommen. Jede noch so kleine Sekunde schreit sein Körper nach meiner Nähe und ich genieße diese ungeteilte Aufmerksamkeit. Ich möchte mehr davon, will einfach jeden Moment dieses magische, elektrisierende Gefühl in mir tragen. Die Zeit, sie soll aufhören zu fließen und mich auf ewig an diesem Augenblick binden, damit mich das Glück und die Zuversicht von intensiver Zweisamkeit nicht mehr verlässt.

„Liebe mich.", antworte ich seinen rhythmischen Bewegungen und beschleunige deren Ausführung, um die eingehenden Reize ins Unermessliche zu steigern.

Doch abrupt werde ich mir bewusst, dass dieses Ritual nicht ewig währen kann, je intensiver es ist, desto schneller findet es sein Ende, je intensiver es ist, desto tiefer ist der Fall nach diesem Höhenerlebnis. Ich weiß, ich werde fallen, dies ist unvermeidlich und ich fürchte mich davor. Diese Leere in mir, sie ist omnipotent, omnipräsent und zerfrisst mich, ohne jemals satt zu sein.

„Ich komme.", stöhnt er erregt dem Ende entgegen, das er sich so sehr herbeisehnt, denn dies ist seine Natur. Ich jedoch zerbreche daran und muss mich zwingen, ihm ein bestätigendes Lächeln zu schenken.

Bitte lasse mir diesmal nur ein wenig mehr Zeit, bitte innere Leere, nur ein paar Minuten.

Ein steter Wandel greift um sich und niemand kann sich diesem beständigen Einfluss entziehen. Wie schmerzvoll mir diese Erkenntnis aufkommt, als ich meinen Freund die Wohnung betreten sehe und einfach nichts in mir spüre. Jegliches Gefühl von Freude und Wärme bleibt aus, als sei mir dieser Mann genauso fremd wie irgendein Passant auf dem Bürgersteig. Sie ist vollkommen verbrannt, die einstige Zuneigung zu diesem Menschen, in welchen ich meine gesamte Hoffnung steckte, die Hoffnung für den Rest meines Lebens nicht mehr einsam zu sein. Und nun ist sie wieder ein kontinuierlicher Begleiter, gleich meinem Schatten, ist es mir unmöglich, mich dieser inneren Leere zu entziehen, egal, ob mein Freund bei mir ist oder nicht. Und so gleite ich wieder in diesen unangenehmen Suchmodus, diesem Zwang, die jetzige Situation zu verlassen, um in einer neuen Beziehung das zu finden, was ich benötige. Doch bevor ich meine Gedanken ordnen kann, um ein notwendiges Gespräch zu initiieren, kommt dieser Mann auf mich zu, ein ernstes Mienenspiel tragend.

„Wir müssen reden, Jana.", durchschlagen seine Worte meine mentale Barriere und reißen den Boden unter meinen Füßen fort, nein, sie ertränken mich in einem tosenden Fluss, dessen Kraft meine Knöchel umschlingt und sie zum Grund zieht. Tiefer und tiefer, bis zu dem Ort, zu welchem das Licht nicht mehr reicht und vollkommene Dunkelheit jeden noch so mikroskopischen Partikel von Fülle verschlingt. Bereits jetzt liegt dermaßen viel Distanz zwischen ihm und mir, dass ich seine Gestalt hinter dem Horizont nicht mehr zu erkennen vermag, und lediglich ein Hauch von Ahnung verbleibt.

Die Einsamkeit, sie ist wieder gegenwärtig und hat Eintritt in mein Herz gefunden und obgleich sie eine Abwesenheit von Etwas darstellt, ist die Schwere ihres Gewichtes kaum zu ertragen. Ich drohe unter dem Vakuum zerdrückt zu werden, schwer und träge wirkt mein gesamter Körper, doch das Herz, fest umschlossen von der Leere, droht zu implodieren und treibt mir ein wenig Nass in die Augen. Dies ist die Gewissheit an einem zerbrochenen Herzen zu sterben, nicht sofort, sondern mit der Zeit, als verlöre es mit jedem Zeigerschlag einen Tropfen wertvollen Lebens. Und ich, ich kann nur tatenlos zusehen, verdammt mein Dahinsiechen bei vollem Bewusstsein mitzuerleben.

Dies ist die dramatische Kehrseite der Liebe im Dualismus der Dinge. Dabei ist es nicht Hass, der den Gegenpol bildet, sondern Gleichgültigkeit, die Abwesenheit der Leere, gleich eines ausgetrockneten Flussbettes.

„So schwer mir auch diese Worte fallen,“, beginnt er mit zittriger Stimme, ringend den Augenkontakt zu halten, „muss ich aussprechen, um nicht mit Dir zusammen unterzugehen. Ich liebe Dich, Jana. Das habe ich, seitdem ich Dich das erste Mal gesehen habe. Unsterblich ruft es mein Herz nach Deinem, doch Du bist innerlich tot.“

All die eben noch teils saturierte Umgebung dieses Zimmers entfärbt sich zu einem unwirklichen monochromen Gebilde, welches im Zusammenspiel verblassenden Lichtes mehr einem Friedhof ähnelt, als einem Zuhause.

„Ich habe Dir so viel gegeben. Jeden Tag habe ich versucht, Dir der Mann zu sein, den Du brauchst, doch Dein Hunger ist unstillbar.“ Er hält kurz inne und bemüht sich, die emotionale Fasson zu halten, um sich nicht die Blöße zu geben, dass etwas so Zierliches wie ich Schaden anrichten konnte.

„Immer, wenn ich Dich berühre, habe ich das Gefühl, dass ich durch Dich hindurchfasse. Und selbst wenn Du mir sagst, dass Du mich liebst, weiß ich in diesem Augenblick, dass nicht ich es bin und es auch niemals war.“, er schluckt schwer auf dem Pfad seiner Erkenntnis,

„Das, was Du wirklich liebst, ist alleine das Gefühl des Verliebtseins.“

Dort ist sie, die Wahrheit, die ich selbst nicht ertrage, denn in Verbindung mit moralischen und ethischen Werten ist dieses Spiel unvereinbar in einer sozialen Interaktion.

„Du bist innerlich leer und kalt und Du wirst es immer sein.", sind seine letzten Worte, bevor er weinend die Wohnung verlässt und mich in meinem tiefen Schmerz zurücklässt, einsam und gebrochen.

Zitternd fasse ich mir an meine Brust und versuche durch äußeren Druck den inneren Schmerz zu dämpfen. Tausende von diffusen Gedanken und Gefühlen schießen durch mich hindurch, doch so chaotisch auch alles in diesem Augenblick scheinen mag, ich weiß, dass ich in wenigen Minuten meinen Hilfeschrei auf *mylove* entsende, um Morgen wieder aufzublühen,

dann,

wenn ich mich wieder erneut verliebe.

 Fotografie

Belichtung

„Seitdem es 1826 Joseph Nicéphore Niépce gelang, das erste beständige Lichtbild auf einer mit Asphalt beschichtete Zinnplatte zu brennen, ist jene Kunstform aufgeblüht und hat mehrere Wandlungen durchlebt. Welch eine Sensation, als schließlich 1883 das erste Lichtbild in der Leipziger Wochenzeitschrift abgedruckt wurde und so der durch den Fotografen eingefangene Moment mit der gesamten Welt geteilt werden konnte. Erstmalig wurde so die durch ein Loch oder durch eine Linse geschaffene Projektion nicht nur genutzt, um jene abzuzeichnen oder abzumalen, wie es beispielsweise Jan Vermeer umsetzte, sondern das Gesehene unverfälscht und uninterpretiert festzuhalten, als wäre ein Teil der Realität für immer jenseits des Zeitflusses in Menschenhand fixiert. Zunächst nur monochrom und somit lediglich in Kontrast und Helligkeit der Realität ebenbildig, entstand 1861 die erste wirkliche und dauerhafte Farbfotografie und somit mehr als eine Kopie der Realität, sondern ihr stillstehender Zwilling.

Sie, die Fotografie, wurde zur Wahrheit und gleichzeitig zur Lüge der Dinge. Wahr, denn sie spiegelt unbeeinflusst einen Moment wider, weder durch Pinsel noch durch Feder bearbeitet, ist davon auszugehen, dass die Fotografie eben das festgehalten hat, was sich tatsächlich begeben hat, doch ist ihre Aussagekraft eingeschränkt, denn was ist das erzeugte Lichtbild, wenn nicht eine aus dem situativen Kontext und der Perspektive heraus entrissene Illusion, welche mittels Imagination des Betrachters erweitert und in einen neuen Zusammenhang gebracht wird, welcher zumeist nicht der tatsächlichen Begebenheit entspricht?

Zwei Menschen, die sich herzlich umschlingen und auf Liebe hindeuten, ungeachtet der Tatsache, dass sie sich wenige Tage später trennten und somit die festgehaltene Endlosigkeit der Bindung zu einer Lüge mutiert. Sie, die Fotografie ist somit ein Instrument der gezielten Manipulation durch Verzerrung der Realität und sie vermag es beinahe besser als jedes Gemälde, die Stimmung und die Gedanken des Betrachters zu beeinflussen, eben weil die Betrachter davon ausgehen, dass jenes Bildnis der vergangenen Realität entspricht.

Nur schade, dass 1914 mit der Kleinbildkamera Oskar Barnacks und mit dem 1924 entwickelten 35-mm-Rollfilm ein jeder Laie die Möglichkeit dazu erhielt, eben jene Manipulation der Wahrheit für sich zu entdecken und anzuwenden.

Familienporträts, Schnappschüsse einer zu meist glücklichen Lüge des menschlichen Zusammenhalts, auf dem Menschen lachen, sich lieben, als wäre das Glück ein kontinuierlicher und unveränderlicher Bestandteil menschlicher Interaktion. Kinder, sie lächeln auf diesem Bild und erwirken die Assoziation einer harmonischen Kindheit, doch bereits wenige Stunden später erhalten sie Prügel durch einen volltrunkenen Vater in seiner Hilflosigkeit, die internale kognitive Dissonanz anderweitig aufzulösen.

Das Bild lügt Ihnen, meine Damen und Herren, ins Gesicht und Sie schlucken diese Lüge bereitwillig, weil es einfacher ist, das Negative nicht zu belichten und zum Vergessenwerden zu verdammen. Doch auch, oder nein, vor allem, jene Fotografien, welche ungeschminkt die Düsternis des Menschen festhalten, dürfen nicht vergessen werden, wie jene Fotografien, welche Sie hier erblicken.

Dieses Bild trägt den Namen "The Execution of a Vietcong-Suspect" des Fotografen Eddie Adams vom 1. Februar 1968, dieses Bild „Phan Ti Kim Phuc auf der Flucht vor einem Napalmangriff" des Fotografen Nick Ut und dieses Bild „Verhungerndes kleines Mädchen" von Kevin Carter, welcher zwei Monate nach Erhalt des Pulitzerpreises Suizid beging, denn er fotografierte, statt zu helfen.

Und heute?

Ein jeder Idiot und eine jede Idiotin mit innerer Leere unterwerfen sich der manipulativen Wirkung des Selfies, um als It-Girl oder It-Boy davon abzulenken, dass beinahe nur noch kaputte Seelen auf diesem Planeten wandeln. Dies ist die entartete Form der Fotografie und jeder schluckt diese idealisierte Lüge,

Sie eventuell auch."

Ein schockiertes Raunen geht durch die Vorlesung, Entsetzen in den Gesichtern der Studierenden.

Fixierung

„Professor vergleicht Selfies seiner Studentinnen mit entarteter Kunst – Entzug des Professorentitels gefordert", ziert als extradimensionale Headline die, mit Bildern vollgestopfte, Tageszeitung, darunter eine Momentaufnahme des Mannes während einer seiner Vorlesungen.

„Die manipulative Wirkung der Momentaufnahme.", analysiert er jenes Lichtbild, welches absichtlich eben jene Mikromimik aufzeigt, die darauf schließen lassen würde, dass seine gesamte Persönlichkeit aus Intoleranz und Hass besteht.

„Und so wird eine neue Wahrheit geschaffen.", fügt er hinzu, sich in seiner Erkenntnis gesellschaftlicher Meinungsbildung bestärkt.

„Ja, aber diese Meinung schädigt das Ansehen unseres Lehr- und Forschungsstuhles.", erwidert die Rektoren kühl und aggressiv, als hätte sie die Meinung der hiesigen Presse bereits tief verinnerlicht.

„Wie konnten Sie sich in Ihrer Position nur zu solch einer Aussage hinreißen lassen?", schmettert sie rhetorisch in ihr Büro, die Tageszeitung zusammenfaltend und auf den Tisch fallenlassend.

„Dass wir darauf angemessen reagieren müssen, ist unvermeidlich.", fügt sie hinzu, ohne eine mögliche Antwort abzuwarten.

„Entschuldigen Sie, jedoch denke ich, dass eine angemessene Reaktion die wissenschaftliche Reflexion dysfunktional sozialer Interaktionen sein sollte und nicht das auf den Scheiterhaufen Werfen. Wir nennen uns zivilisiert und fortschrittlich und begehen die gleichen Verbrechen, wie zwischen 1450 und 1750." Mit weit aufgerissenen Augen, für einen kurzen Augenblick erstarrt, blickt die Rektorin zum Mann, seinen Kommentar bewertend.

„Jetzt vergleichen Sie die Gegenwart auch noch mit den Hexenverbrennungen.", seufzt sie geschafft. Wenige Minuten später betritt der Mann den stillen Hörsaal, emotional ergriffen, zu den leeren Reihen blickend, sich daran erinnernd, wie vielen Interessierten er in diesem Saal den Pfad der Wissenschaft ebnete.

„Mit sofortiger Wirkung sind Sie freigestellt, bis zu den Ergebnissen unserer internen Untersuchung.", schallt es in die Unheimlichkeit dieser Räumlichkeit hinein.

„Selbst die Objektivität, Reliabilität und Validität hat sich dem voreiligen sozialen Konsens gebeugt.", zischt er zwischen seinen Zähnen, darüber reflektierend, wie kaputt diese Welt geworden ist. Diese Situation ist so typisch, nämlich dann, wenn ein Kommentar, eine Meinung, oder sei es nur eine Regung, aus dem Gesamtzusammenhang gerissen wird, um die Person in Gänze, nicht nur ihr Verhalten, zu kritisieren und gesellschaftlich zu töten, stellvertretend für die allgemeine Unzufriedenheit des Individuums gegenüber der chaotischen, ungreifbar gewordenen Welt, deren Entwicklung sich der individuellen Kontrolle entzieht und somit Ohnmacht und Angst erzeugt. Doch einen Mann für seine Worte auseinanderzunehmen, ohne jemals den Sachverhalt differenziert betrachtet zu haben, sprich ein Lichtbild aus jeder möglichen Perspektive heraus angefertigt zu haben, bietet temporär genügend Genugtuung, um einen Teil der Bevölkerung ruhig zu stimmen.

„Und so muss ich gehen, damit sich die Verirrten an mir abreagieren können.", sind seine letzten Worte an diesem Ort des Wissens.

„Hier ist das Erste Deutsche Fernsehen mit der Tagesschau.", leitet eine weibliche Stimme die aktuellen und subjektiv relevanten Nachrichten ein, „Heute im Studio, Reiner Neumann.".

Ein adrett gekleideter Mann mit grau meliertem Haar lächelt seriös zur Kamera: „Guten Abend, meine Damen und

Herren. Ich begrüße Sie zur Tagesschau." Das manipulative Bild des Professors ziert den Hintergrund des Fernsehstudios, die Überschrift „Die antisemitische Wissenschaft " schmückt die linke Bildseite und leitet das aktuelle Thema ein.

„Nach den antisemitischen Äußerungen des Professors für Fotografie an der Universität Dannen sollen nun interne Untersuchungen die Nähe des Lehrkörpers zu nationalsozialistischen Stiftungen und Organisationen überprüfen. Als ersten Schritt, so die Rektoren, sei der betroffene Professor bereits von seiner Tätigkeit freigestellt worden sein.", erklingt im Wohnzimmer des Mannes, welcher nachdenklich die gegenwärtigen sozialen Entwicklungen reflektiert, doch jene hilfreichen kognitiven Prozesse werden durch das kontinuierliche Klingeln seines Telefons unterbrochen.

„Woher nur, haben die meine Nummer.", lehnt er den einkommenden Verbindungsversuch ab, innerlich eine Entscheidung treffend.

Ein sozialer Shitstorm ist gleich einer Phosphorbombe – unmöglich zu löschen, unmöglich ihr zu entfliehen, die zerstörerische Wirkung ist nachhaltig und entstellt die Opfer, bis jene unkenntlich zu deformierten Monstern transformieren, dann, wenn es nicht mehr um das eigentliche Thema geht, sondern um die pure Auslebung von Hass und dem Opfer jede Menschlichkeit aberkannt wird, um es unmenschlich behandeln zu können. Dies ist der Weg des Menschen.

„Professor mit Verbindung zum Nationalsozialismus.", ziert die Titelseite und lockt die einfache Bevölkerung in die Meinungsfalle, denn die Aufgabe der Presse ist es nicht, sich eine Meinung aufgrund polyperspektivischer und vor allem objektiver Faktoren zu bilden, sondern eine vorgefertigte, subjektive und emotional aufgeladene Meinung zu schlucken und zu übernehmen.

„Eine intensive Recherche ergab, dass die Großeltern des umstrittenen Professors der Universität Dannen nicht nur Verbindung zur damaligen NSDAP hatten, sondern selbst als Mitglieder der einzigen nationalsozialistischen Partei, aktiv die Propaganda-Maschinerie im Bereich Jugendbildung unterstützten, zum Leid von insgesamt 70 Millionen Menschen, welche im Krieg gefallen sind..." Kopfschüttelnd lässt der Mann die Lektüre sinken.

„Nun werden irrelevante Faktoren herangezogen, nur um die Diskreditierung des Einen zu rechtfertigen und die Bevölkerungsstimmung zu nutzen, um aufgrund eines Einzelfalls das gesamte System zu hinterfragen.

„Bildungssenatorin Schauler plädierte öffentlich dazu, generell Lehrpläne, Curricula und Personal staatlich überprüfen zu lassen und erhielt viel Zuspruch von den Koalitionspartnern.", schreibt eine weitere Zeitung.

„Umfrage eindeutig: Deutsche wünschen sich mehrheitlich linksorientierte Bildung." Mit jedem weiteren Tag potenziert sich der Dominoeffekt und jede Möglichkeit in eine sachliche Diskussion zu gehen, wird aktiv verhindert. Und so verbleibt dem Mann nur noch der Pfad des räumlichen Abstands, um dem Mob zu entfliehen.

Im Mantel, mit Koffer in der Hand und Hut auf dem Kopf, steht er am Bahngleis, die Anzeigetafel beobachtend, im Versuch, die Hoffnung auf temporären Frieden nicht zu verlieren, nein, sein Leben zu retten, denn der hiesigen Berichterstattung folgen in der Regel anonyme Drohschreiben und das Veröffentlichen des Wohnortes in den sozialen Medien, mit der Bitte, das Leben des „Täters" zur Hölle zu machen.

Für Andersartigkeit ist in einer Demokratie kein Platz, denn sie bedeutet nicht wie ursprünglich *Herrschaft durch das Volk*, sondern Herrschaft durch die politisch am stärksten vertretene Fraktion und da jeder Mensch, welcher einmal Macht schnuppern durfte, sie freiwillig nicht mehr abgeben möchte, werden alle Oppositionellen entmachtet.

„Hey Du, bist Du nicht der Typ aus der Zeitung?", ruft ein Jugendlicher aus einer feiernden Gruppe heraus.

„Ja, doch, Du bist das verdammte Nazischwein.", fügt er leicht lallend hinzu. Die übrigen Wartenden drehen sich erst zum Rufenden und anschließend zu jenem Individuum, dem diese Worte gelten. Was tun? Ruhig bleiben und hoffen, dass die Aufmerksamkeit verfliegt, oder den verbal Angreifenden zur Rede stellen? Doch eine wirkliche Option wird dem Mann nicht gelassen.

„Sowas wie Dich wollen wir in unserem Land nicht haben.", schreitet er etwas unbeholfen auf den ehemaligen Professor zu, bereit seine politische Meinung in einer körperlichen Auseinandersetzung zu demonstrieren. Wie klein der Verstand doch ist, wenn Gewalt als legitimes Mittel angesehen wird, eine politische Strömung zu eliminieren.

In diesem Augenblick tritt die Affinität auf, solch ein Spektakel für die Nachwelt festzuhalten, sei es als Beweis selbst an etwas Interessantem teilgehabt zu haben, oder die eigene fehlende Existenzlegitimation artifiziell zu beseitigen.

Dutzende Smartphones sind auf die Auseinandersetzung gerichtet, in welcher der Jugendliche seinen gesamten Hass in die austeilenden Schläge legt, ungeachtet der verzweifelten Hilferufe des Mannes.

Die geschossenen Fotografien dieses Ereignisses werden niemals das gesamte Ausmaß der sozialen, politischen und psychologischen Dimensionen widerspiegeln können, sondern lediglich einen leblosen Körper aufzeigen,

ohne Geschichte, zum Schweigen verdammt.

 Giraffe

Geburt

Die Geburt hat doch etwas Magisches an sich – mittels sich rhythmisch zusammenziehender Muskelgruppen der Gebärmutter wird so viel Druck auf das ungeborene Wesen ausgeübt, dass sich jenes, auch mithilfe der Gravitation, allmählich dem sich öffnenden Muttermund nähert und in die Vagina geschoben wird, um von dort aus, das Licht der Welt zu erblicken. Ein Hormoncocktail aus Oxytocin, Adrenalin und Noradrenalin, Kortisol und Endorphinen begleitet und ermöglicht diesen Prozess, als sei eben jener faszinierende Moment wie das Zusammenspiel eines Uhrwerkes – einfach perfekt.

„Wusstest Du, dass Giraffen ganze 15 Monate trächtig sind, das Neugeborene bereits bis zu 60Kg Masse aufweist und bis zu 1,80 m groß ist?", informiert der Vater seine Tochter, als sie mit geweiteten Augen eine Plüschgiraffe erblickt und infantil strahlt.

„Aus zwei Metern Höhe fällt es zu Boden und steht bereits 30 Minuten später auf eigenen Beinen.", fügt er hinzu, das erwünschte Stofftier vom Regal nehmend, um es der Tochter zur Inspektion zu überreichen.

Seit Wochen ist dies das erste Mal, dass er auf dem kindlichen Gesicht ein Lächeln erblickt, eine ungefilterte und glaubhafte Freude. Ein magischer Moment, in welchem der Mann erkennt, dass trotz verzweifelter Umstände der Angst, der Trauer und Einsamkeit, in den grenzenlosen Dimensionen der Dunkelheit, ganz unverhofft ein Funke Licht zu etwas Gewaltigem heranwachsen kann, einer neuen Welt mit ihren fantastischen Eigenschaften.

„Nimmst Du mich mit nach Hause?", fragt der Vater seine Tochter, die Hand in die Giraffen-Plüschpuppe führend, wissend, dass genau in diesem Augenblick der Moment gekommen ist, jenen Funken zu entzünden.

„Yeeeeeeaaaaaah!", ruft das kleine Mädchen, ihren neuen Freund innig umarmend. „Dich nehme ich überall mit hin.", streichelt sie der Giraffe Kopf, augenblicklich vergessend, dass es ihr Vater ist, der diesem plüschigen Wesen das Leben einhaucht.

„Ich bin eine Babygiraffe. - Ich bin noch ganz klein! Ich bin erst so groß – wie Papis linkes Bein!", sing das Mädchen auf dem Beifahrersitz, in die glänzenden Knopfaugen ihres neuen kleinen Freundes blickend. Munter wippt das Plüschtier zum Takt des Liedes und erwidert die freundschaftliche Innigkeit.

„Sara, möchtest Du zu Hause etwas essen?", fragt der Vater, doch das Mädchen scheint dermaßen im Spiel vertieft, dass sie nicht auf seine Frage reagiert. Ein jenes Verhalten, das er besorgt seit dem Versterben ihrer Mutter beobachtet, ein selektiver Mutismus, die psychische Unfähigkeit in bestimmten Situationen zu sprechen, trotz ordnungsgemäßer Anatomie, Physiologie und Neurologie, als würden die ausgesprochenen Worte zu Rasierklingen werden, welche die Zuhörer zerfetzten.

Noch immer fragt sich der Vater, was vorgefallen sein muss, um dieses sonst lebensfrohe und mutige Kind dermaßen nachhaltig negativ zu prägen. Auch ihrem Vater gegenüber möchte sich das Mädchen nicht öffnen und vergräbt ihre Trauer im bestrafenden Schweigen, um durch die Stille lautstark hinauszuschreien, dass ihr Vater nicht in der Lage sei, ihr zu helfen. Bis zu diesem Augenblick – jener Moment im Spielzeugwarengeschäft. Ihr langgezogenes „Yeah" ist die erste Verbalisierung seit Wochen und mit etwas Glück, so erhofft es sich der Mann, wird seine Tochter mithilfe ihres neuen Freundes die Welt des Vertrauens, der Geborgenheit und Wärme erneut betreten.

„Ich habe Hunger.", bemerkt die kleine Giraffe und blickt neugierig zu ihrer Spielkameradin, „Du auch?" Fürsorglich führt Sara ihre kleine Hand über das Polyester-Fell, währenddessen sie über die Frage nachdenkt. Gespannt lauschen sowohl ihr Plüschfreund, als auch ihr Vater auf das Brechen der Stille.

„Vielleicht Pfannkuchen?", blickt sie etwas unsicher zum Tier, als würde auf ihrer Antwort eine Bestrafung folgen, doch stattdessen nickt ihr tierischer Freund bestätigend und reibt sich mit der kleinen Hand den Bauch:

„Pfannkuchen klingen echt toll." Und Beide quietschen vergnügt an diesem regnerischen Vormittag, vier Wochen nach dem Suizid ihrer wichtigsten Bezugsperson. Sie war dabei, sie musste es sehen und verschließt die letzten Worte ihrer Mutter in ihrem kindlichen Verdrängungsmechanismus.

„Guten Morgen, Sara.", brüllt die kleine Giraffe in das Ohr des schlafenden Mädchens, um mit einer seichten Berührung der Wange das Weckritual zu intensivieren, „Sieh doch mal, die Sonne ist schon aufgestanden."

Allmählich zeichnet sich ein Lächeln im Gesicht des Kindes ab, als ihr somnolentes Bewusstsein die Anwesenheit ihres Freundes begreift.

„Guten Morgen, Giraffe.", erwidert sie den morgendlichen Grüß in die glänzenden Knopfaugen blickend, nach der winkenden Hand greifend, um sie im kindlichen Eifer zu schütteln.

„Hast Du gut geschlafen, hast Du?", fragt das plüschige Etwas, sich genüsslich streckend. Kurzzeitig scheint die Situation zu kippen, eine mentale und emotionale Anstrengung ist in der Mimik des Kindes zu erkennen, als konfrontierte sie jene Frage mit einem erlebten Trauma, doch wenige Sekunden später führt Sara ihre Giraffe ganz dicht an ihren Mund und flüstert ihr zu.

„Also, was brauchen wir denn alles?", stellt sich die Giraffe in demonstrativ nachdenklicher Pose hin, ihren Kopf auf ihrer kleinen Hand abgestützt, der Blick angestrengt.

„Was meinst Du, Giraffe?", kippt das Mädchen ihren Kopf, schräg zu ihrem Freund sehend. „Na, für das Abendessen.", schreit das Plüschtier heraus, als wäre die Antwort offensichtlich.

„Ach so.", kichert Sara, die gedankliche Pose imitierend, währenddessen ihre Augen, die vorbeiziehenden Gebäude und Menschen abtasten. Ein Geschäft folgte dem Anderen, eine Leuchtreklame der Nächsten.

„Sieh Dir das an!", ruft sie plötzlich erstaunt ihren Freund zum Seitenfenster hin, bereit, ihre Perspektive auf diese Welt zu teilen. Die eifrige Giraffe eilt motiviert zu ihrer

Freundin und blickt durch das Glas in die kindlich eingefärbte Umgebung, vergessend, dass ihr eine weitere Aufgabe unterliegt – das Führen des Fahrzeuges.

Hupend kommentiert der Gegenverkehr das abrupte Ausscheren des Autos und mahnt konzentriert zu sein. „Man, halt doch die Fresse!", schreit das Plüschtier aus dem Fenster und zeigt wütend den Mittelfinger. „Nicht einmal Spaß haben darf man hier.", fügt es leise hinzu, Sara infantil zulächelnd.

„Wo waren wir?", fragt der Langhals, nachdem das Auto am Straßenrand zum Stehen gekommen ist. Erschrocken und schockiert übergeht sie ihren Freund, zum Autofahrer blickend, welcher genauso infantil dreinblickt, wie die Handpuppe. Er, wie auch sie wissen in diesem Moment, dass keine Worte notwendig sind, ihre Gedanken in die Fahrkabine zu tragen, denn die Angst steht ihr kreidebleich ins Gesicht geschrieben. Lediglich die Zeit scheint weiterzulaufen und bildet einen offensichtlichen Kontrast zwischen dem regen Treiben außerhalb und der Starre im Fahrzeug.

Hörbar atmet sie zu dem Mann, welcher vor Tagen noch ernst und zerbrochen versuchte, das Passierte zu verarbeiten und trotz der eigenen Schwere seines Herzens für seine Tochter da zu sein. Erinnerungsfragmente dieser belastenden Episode flackern in ihr auf und zeigen seine Bemühungen, zu Tag und zu Nacht. Beinahe jede Sekunde saß er an ihrem Bett und versuchte durch seine Anwesenheit einen unerschütterlichen Felsen aufzubauen, an welchem sich seine Tochter in der rauen See klammern konnte, um nicht in der Trauer zu ertrinken. Und mit jedem weiteren Bild reduziert sich ihr Puls, bis sie wieder normal atmend versteht, dass die Plüschgiraffe vielleicht nicht nur ihr Weg zu einem glücklichen Leben ist, sondern auch seiner.

„Ich glaube beim Autofahren solltest Du besser aufpassen.", flüstert sie ihm zu, bereit diesen kleinen Schnitzer noch einmal zu vergeben. Er nickt bestätigend und blickt auf seine Hand. Regungslos und schlaff liegt das Tier um jene herum, als hätte der Tod Einzug gefunden, viel zu früh und viel zu schnell, wie auch bei seiner Frau - der Mutter seiner Tochter.

Doch diesmal, und jene Erkenntnis ist durchaus erbauend, ist er in der Lage, das Endgültige umzukehren, denn er hat die Kontrolle.

„Lebe.", flüstert er mit glasigen Augen zur Giraffe, das einschießende Pulsieren seiner Arterien spürend, welche zu seinen Fingern führen und die angenehme Wärme zurückbringen. Mit einer kleinen Regung des Giraffenkopfes wird die Reanimation offenbart. Zunächst hustend, strampeln die kleinen Arme des tierischen Freundes, welcher langsam zu Sara blickt, erneut lächelnd, bereit, sich in das nächste tierische Abenteuer zu stürzen.

„Wie war Dein Tag?", fragt die Giraffe, als Sara mit Rucksack das Wohnzimmer betritt und müde die Situation überblickt.

„War ganz OK, nur viel Lernstoff.", antwortet sie kurz, gewillt auf ihr Zimmer zu gehen, um die aufgegebenen Hausaufgaben zu erledigen und der skurrilen Situation zu entfliehen.

„Ich habe Dich vermisst.", spricht das mittlerweile mitgenommene Plüschtier mit gesenktem Kopf, als würde es sich für diese Aussage schämen, oder aber verletzbar machen, denn die Offenbarung von Dependenz schafft immer jene Möglichkeit, eine Ablehnung als Reaktion. Kurz innehaltend reflektiert die nun Jugendliche das damals passierte und sie weiß um die Angst des mittlerweile durch die Zeit gezeichneten Mannes, seine Tochter noch einmal durch Distanz zu verlieren. Damals war es ihr Schweigen, eine psychopathologische Reaktion auf das Erlebte, doch jetzt befindet sie sich in einer Episode progredienter Autonomiegewinnung, eben auch durch Distanz zum Elternteil.

„Dad?", möchte sie mit diesem gebrochenen Menschen reden – zulange hat sie es bereits aufgrund der Unfähigkeit verletzend gegenüber ihrem Vater zu sein, aufgeschoben. Doch eben seine offensichtliche Stagnation aus der Vergangenheit zu schreiten und mit neuem Ziel gen Zukunft zu blicken, zwingt sie zu dieser Stunde erwachsener als er zu sein.

„Was los?", blickt das verfilzte Tier zur Heranwachsenden, den Kopf zur Seite legend. Tief inhaliert sie den notwendigen Mut und setzt sich zum alten Mann am Tisch. Eingefallen und zusammengesackt ist dieser Mensch nur noch ein Fragment früherer Gestalt, ein Schatten der Vergangenheit.

„Weißt Du, es ist jetzt sechs Jahre her, seitdem Mom gegangen ist.", blickt sie in die trüben Augen ihres Vaters, „Und ich bin Dir unendlich dankbar, dass Du damals mittels der Giraffe einen Freund geschaffen hast, den ich gebraucht habe, um zurück ins Leben zu kommen."

„Weshalb sagst Du das?", fragt traurig die Plüschgiraffe, sich ihre Ohren zuhaltend.

„Dad, sieh mich an! Ich bin jetzt Vierzehn. Und auch wenn es unendlich schwerfällt, ich bin nicht mehr das kleine Mädchen, das Du in Dein Herz geschlossen hast." „Du tust mir weh!", schreit die Handpuppe, sich vor Schmerzen windend.

„Und es wird Zeit, auch für Dich, nun loszulassen. Ich möchte damit gar nicht sagen, dass ich Dich nicht mehr brauche.", nähert sie sich ihrem Vater, währenddessen sie vorsichtig ihre Hände zum Plüschtier führt, „Doch ich brauche Dich als Menschen, als Dad, nicht als plüschigen Freund." Sacht greift sie an die Unterseite des langhalsigen Tieres, um ihre Finger in den Eingang gleiten zu lassen. „Nein!", schreit das Tier, als würde es schwer verletzt um sein Leben kämpfen, im starken Kontrast zum ausgemergelten Mann, welcher beinahe kataton in die Leere blickt.

„Wie Du damals für mich da warst, werde ich jetzt für Dich da sein, versprochen.", schwört sie liebevoll dem geistig abwesenden Mann. Langsam gleiten ihre Finger neben die knochige Hand, die warme Puppe hinauf und begleiteten verbal ihre Bewegung: „Du musst gar keine Angst haben, weil ich für Dich da bin." Als sie beginnt den plüschigen Langhals von der Hand zu heben, erblickt sie eine einzelne Träne über die faltige und blasse Haut des alten Mannes gleiten. Hoffnungsvoll funkelt sie im eintretenden Tageslicht und erlöscht beim stillen Hinunterfallen.

„Ich liebe Dich, Dad.", spricht sie erleichtert, als die letzten Zentimeter der Giraffe von der blauen Hand ihres Vaters abstreifen und das Tier ohne menschliches Gerüst leblos in sich zusammenfällt. Erinnerungen an den Moment, in welchem jener Mann dieses Geschöpf das erste Mal aufsetzte und lächelnd zu seinem kleinen Mädchen sprach, durchlaufen ihr Bewusstsein und schwinden in der leiser werdenden Stimme eines Kindes: „Yeeeeeeaaaaaah!" Weinend im Fluss aufkommender Gefühle, wie Dankbarkeit, Schuld und Trauer, lässt sie ihren langjährigen besten Freund auf den Boden fallen, um sich ganz dem Mann zu widmen, der sie einst rettete.

Doch gerade als sie ihre Arme um seine Schulter legen möchte, fällt ihr Vater schlaff vom Stuhl und landet, ohne eine weitere Regung oder ein Wort, auf dem Parkettboden in unmittelbarer Nähe zur Giraffe.

„Was?", stottert sie ungläubig und affektiv konfrontiert mit der Wirklichkeit, währenddessen sich das Plüschtier aufrichtet und mitfühlend zu seiner besten Freundin blickt.

„Nimmst … Du …", beginnt es zu lächeln,

„mich mit nach Hause?"

Es bleibt nur ein verrücktes Lachen …

iLove

Katalog

„Sind Sie einsam? Suchen Sie nach dem perfekten Partner? Ilove ermöglicht Ihnen, ohne Abstriche, den perfekten Menschen für das Leben zu finden. Laden Sie jetzt die i-Love-App herunter.", blinkt die gewaltige Reklame auf und informiert die vorbeigehenden Menschen über die eine Möglichkeit, die urbane Einsamkeit endlich zu beenden.

„Hast Du auch schon davon gehört? Meine Freundin, Karen, hat über iLove einen Mann gefunden, nachdem sie so lange gesucht hat.", hört Nishikata eine Frauengruppe erzählen. Die Hände tief in den Jackentaschen vergraben, den Kopf eingezogen, versucht er sich durch die Menschenmassen zu manövrieren, einem Fluss mitgerissener Anonymer, deren Gesichter zu schnell verblassen, um eine nachhaltige Wirkung zu erzielen. Alle wirken sie gleich: gestresst, müde, in Hektik gefangen und überfordert mit der städtischen Situation.

„Über 14 Millionen Einwohner und dennoch sind über 60 % der Menschen hier alleine, willkommen im Jahr 2034.", reflektiert er die letzten statistischen Auswertungen Japans, das Top-Thema auf JNN, denn währenddessen in den Entwicklungsländern die Population durch die Decke schießt, stagnieren die Geburtenzahlen in den Informationstechnisch-fokussierten Nationen von Jahr zu Jahr. Auch er gehört zu den einsamen Menschen, welche täglich zehn Stunden arbeiten gehen und sich abends in eine digitale Meta-Welt zurückziehen, um der brachialen Faust der Realität zu entfliehen.

„Wofür lebe ich eigentlich?", seufzt er leise und erblickt eine weitere Werbung der neuen iLove-App am Eingang zur städtischen U-Bahn.

„Wie perfekt sie doch aussieht.", bemerkt er beim Anblick der dargestellten Frau, welche durch lange Beine, einer schlanken Taille, kleinen festen Brüsten und einem harmonisch symmetrischen Gesicht mit großen Augen und kleinem Mund sein Beuteschema repräsentiert, als wäre sie alleine nur für ihn gemacht.

„Idiot.", schimpft er zu sich selbst, als er erkennt, dass er nun schon ein paar Minuten sehnsüchtig vor der digitalen Werbung steht und sich vorstellt, mit solch einer Frau zusammen zu sein, „Als, wenn sich solch eine Schönheit mit mir abgeben würde." Im Zuge internaler Rationalisierung wischt er seine Sehnsucht nach Zweisamkeit fort und läuft geschafft die Treppen hinunter, die Gedanken beim heutigen Abendessen, welches wohl wieder nur aus Ramen bestehen wird, für etwas Komplizierteres fehlt ihm die Motivation und Zeit.

„Habe ich Dir gefallen? Ich warte auf Dich.", erscheint eine Push-Nachricht in seiner Brille, mit exakt dem Gesicht, welches er vor wenigen Sekunden anschmachtete. Sympathisch lächelnd erweckt sie das Gefühl, in diesem Moment nur für ihn da zu sein.

„Kann das sein?", rätselt er über den Wahrheitsgehalt der eingeblendeten Werbung, emotional hin- und hergerissen zwischen dem rational skeptischen Anteil, welcher davor mahnt, sich seiner Sehnsucht hinzugeben und dem emotional dependenten Anteil, welcher in dieser App die einzige Hoffnung sieht, die Einsamkeit zu brechen.

Während der Fahrt nach Hause gelten seine Gedanken ausschließlich der dargestellten Frau, immer wieder sieht er sich die Push-Nachricht an und brennt sich jedes kleine Detail in sein Gedächtnis, als wäre dies genauso notwendig, wie Sauerstoff zu atmen, so weit, dass er nicht länger widerstehen kann und kaum zu Hause angekommen, die App auf seine Brille lädt.

„Willkommen bei iLove – Wir verbinden Menschen.", projiziert sich vor ihn in die Luft, gefolgt von einem Auswahlmenü, an dessen Seite die ihm bekannte Frau steht.

„Bitte gebe mir Zugang zu Deinen persönlichen Informationen, um mit der Auswahl beginnen zu können." Wenige Sekunden später findet er sich in einem Frauengenerator wieder, in welchem er beinahe jedes Attribut, angefangen bei den ästhetischen Optionen, über die Stimme, bis hin zu Persönlichkeitsmerkmalen, festlegen kann.

„Wie soll das funktionieren?", denkt er sich skeptisch, währenddessen seine Handbewegungen, die für ihn perfekte Frau erstellen.

„Wir gleichen nun Ihre Präferenzen mit unserem Pool ab und werden die passenden, bei uns kategorisierten Frauen gleich aufzeigen."

Nervös blickt Nishikata auf die Uhrzeit, welche auf seine Brille projiziert wird.

„Entspricht diese Frau Ihren Vorstellungen?", fragte die App und ließ genau die erwünschte Frau aus der Werbeeinblendung erscheinen. „Takagi Nakamura, 19 Jahre." Und nun ist es so weit, das erste Treffen zwischen ihm und der utopisch perfekten Frau.

„Wie wahrscheinlich ist es, dass sie genau in meiner Nähe wohnt und auch Interesse hat, mich kennenzulernen?", flüstert sein kritischer Verstand, den Haken an der gesamten Sache suchend.

„Um diese Frau kennenzulernen, bestätigen Sie bitte die Zahlung von 15.000 Yen." Dies ist der Haken, Zweisamkeit im Tausch gegen Geld. Liebe im Austausch von Yen, denn in einer kapitalistischen Welt ist alles käuflich zu erwerben.

„Nishikata?", spricht eine weiche Stimme zu dem, in Gedanken versunkenen, Mann und holt ihn zurück in die urbane und hektische Welt von Leuchtreklame, Schnelllebigkeit und Anonymität, doch in dem Augenblick, als er diese Frau vor sich stehen sieht, elegant gekleidet in einem roséfarbenen Kimono, schüchtern lächelnd, steht die Zeit still und alles, was vorher negativ die Gedanken prägte, ist augenblicklich fortgefegt. Der Sprache verschlagen, schafft er es in diesem Moment weder ihre Frage zu beantworten, noch sie angemessen zu begrüßen, sondern kämpft mit einer intensiven aufsteigenden Wärme, welche Röte auf seine Wangen zeichnet.

„Ich bin Takagi Nakamura, ich freue mich sehr, Dich kennenzulernen.", verbeugt sie sich ein wenig, als stünde ein Kazoku vor ihr. Noch aufgeregter als vorher schon stammelt er seinen Namen und seine Begrüßung hervor, währenddessen seine Hand nach Halt sucht, denn seine Knie, weich wie warme Butter, möchten sein Gewicht nicht länger tragen.

„Passiert Dir das immer in Anwesenheit einer Frau?",
fragt sie lächelnd, sich ein wenig vertrauensvoll zu ihm hin
beugend. „Ja! Nein! Ich meine … es war noch keine Frau anwesend … bei mir.", poltert er ungeschickt in die Kennlern-
phase, „Außer meine Mutter …" Unbeeindruckt von dieser offensichtlichen sozialen Schwäche, reicht die junge Frau ihre
Hand:

„Wenn das so ist, möchte ich Dein erstes Mal zu etwas ganz besonderen machen." Und währenddessen der
Blutdruck des Mannes im Kontext dieser leicht misszuverste-
henden Worte ins Unermessliche steigt und Blut aus seiner
Nase schießt, zieht sie ihr Date in die unübersichtliche Masse
an eifrigen Menschen.

„Ich habe mir gedacht, dass es Dir hier gefallen
könnte.", kommentiert sie seine erstaunten Blicke, welche für
einen Augenblick, nicht auf sie gerichtet, die liebevollen Details der Inneneinrichtung dieses Restaurants inhalieren und
ein Gefühl von Heimeligkeit und Entspannung auslösen.

„Es ist wunderschön hier.", spricht er zum ersten Mal
flüssig und selbstsicher, als wäre er selbst ein anderer Mann,
als noch vor wenigen Minuten. „Ich meine, natürlich nicht so
schön wie Du.", fügt er hinzu, um erneut in ein kräftiges Rot zu
wechseln. „Danke Nishikata, so etwas hat mir noch nie jemand
gesagt.", blickt sie verlegen zum Boden. „Entschuldige, ich
wollte Dich nicht verletzen.", fehlinterpretiert der Mann ihre
Worte, an sich und seinen sozialen Kompetenzen zweifelnd.
Doch ehe sie auf seine Entschuldigung reagieren kann, wird
die Aufmerksamkeit auf einen älteren Mann am Nachbartisch
gelenkt:

„Nein, die nicht, die auch nicht, die erst recht nicht.",
wischt er eine durch die iLove-App projizierte Frau nach der
anderen weg, als durchblättere er einen Katalog für Möbel
oder Spielzeug. „So austauschbar sind wir heutzutage geworden.", flüstert Nishikata schockiert, erkennend, dass er bei
Takagi genauso vorgegangen war. Scham breitet sich in ihm

aus, diesen Menschen wie ein Stück Ware behandelt, lediglich im Kontext seiner Parameter gesucht zu haben, ohne auch nur eine Sekunde daran zu denken, was diese Selektion mit der gegenüberliegenden Person macht.

„Es tut mir leid, Takagi. Ich glaube, ich habe Dich nicht verdient.", flüstert er ihr mit gesenktem Blick zu, entschlossen, auf der Stelle dieses Date zu beenden, um dieser Frau die Möglichkeit zu geben, einen Mann zu finden, der sie nicht ausschließlich nach egoistischen Faktoren ausgesucht hat. Doch statt aufzustehen, spürt er ihre weiche Hand an seiner Wange, welche sein Gesicht liebevoll nach oben drückt.

„Du irrst Dich, Nishikata, denn ich bin nur deinetwegen hier.", lächelt sie warm.

Jenes Treffen an diesem Tag, in diesem Restaurant bildete das Fundament für eine Beziehung, welche seiner Meinung nach in jeder ihrer Facetten perfekt war, nicht nur, weil diese liebreizende Frau in jeder Hinsicht exakt der Vorstellung entsprach, die er damals in sich trug, sondern ihre Fähigkeit, diese Welt zu begreifen und zu erleben, trotz einer offensichtlich infantilen Naivität erfrischend optimistisch war, sogar hoch ansteckend. Und so konnte er behaupten, dass er seit seiner Kindheit, nie so glücklich und zufrieden gewesen war, wie mit Takagi. Ein schönes Jahr folgte dem Nächsten und die Zeit verging.

„Bitte überweisen Sie Ihre monatliche Rate von 25.000 Yen für Takagi Nakamura.", war das einzige Ärgernis in Verbindung mit dieser glücklichen Beziehung.

„Guten Abend, meine Damen und Herren, mein Name ist Sayuri Sakurai, willkommen bei den heutigen DailyNews auf JNN. Es ist der 13. Mai 2067.", leitete eine ernste Miene die kommenden Nachrichten ein, „Seit nun mehreren Wochen verbreitet sich in ganz Japan ein neuartiges letales Virus, welches nach bisherigen Erkenntnissen vollkommen wahllos Menschen infiziert und tötet, ohne, dass vorher Anzeichen einer Erkrankung ersichtlich sind…"

Headlines über ein mysteriöses Versterben von Menschen verunsicherte Japan und breitete sich aufgrund der Globalisierung rasant aus, sodass Wissenschaftlicher schon bald von einer Pandemie ausgingen, welche die Menschheit in solch einem Rahmen bedrohte, wie vorher keine andere.

„Guten Abend, Ikuto Tanaka hier für die ActionNews von JTV, live auf den Straßen Tokios. Noch immer haben trotz weltweiter Kooperationen von Universitäten die hiesigen Infektionsspezialisten noch kein Bakterium oder Virus ausfindig machen können, welches als Ursache für die Pest 2.0 verantwortlich sein könnte.", flimmerte über die sonst für Werbung genutzten riesigen Flächen an den Hochhäusern und wiederholte sich, um in Echtzeit jede noch so kleine Information an die verängstigten Bürger weiterzureichen.

„...umso bedrohlicher, so das RKI, sei die Tatsache, dass keine vorausgehenden Symptome erkennbar seien und so, sollte es eine Infektionserkrankung sein, aufgrund falsch geglaubter Sicherheit, durch unverändertes soziales Verhalten, jenes Infektionsgeschehen noch weiter beschleunigt werden könnte ...“

Jeden Tag, jede Minute sprachen Journalisten und Experten in ABC-Schutz-Anzügen zu den Zuschauern und mahnten, um jeden Preis zu Hause zu bleiben. Eine allumfassende Ausgangssperre belastete die Wirtschaft so weit, dass schon fünf Jahre nach Ausbruch der Pest 2.0 das globale Handelssystem zusammenbrach und nun zu den Pandemieopfern jene Menschen kamen, welche aufgrund fehlender Nahrungsmittel, Wasser, Elektrizität und Wärme verstarben.

„...nach nur 7 Jahren seit Ausbruch der mysteriösen Erkrankung hat sich die Weltbevölkerung nunmehr halbiert, vor allem in Industrienationen ist die Letalität signifikant gestiegen, währenddessen sich in Entwicklungsländern die Sterberate kaum erhöhte ...“

„Letzte Mahnung! Bitte überweisen Sie Ihre monatliche Rate von 25.000 Yen zzgl. der Straf- und Bearbeitungsgebühren für Takagi Nakamura.“, leuchtet schwach im Glas Nishikatas Brille auf, welche seit der Wirtschaftsimplosion kaum mehr genutzt werden kann. Die digitale Infrastruktur ist kollabiert und Strom, wenn überhaupt, ist nur noch für wenige Stunden in der Woche verfügbar.

„Die Welt geht unter und iLove pocht auf sein Geld.“, stöhnt der mittlerweile gealterte Mann, wissend, dass er die Rate für seine geliebte Frau nicht mehr bezahlen kann. „Was sollen die mir schon nehmen, ich habe nichts mehr.“, fügt er beinahe triumphierend zu, Takagi liebevoll zulächelnd.

„Alles, was ich brauche, bist Du.", initiiert ein warmes Flüstern, einen innigen Kuss der Verbundenheit. „Ich liebe Dich so sehr und selbst wenn diese Welt untergeht, so ist es mit Dir an meiner Seite wie im Paradies.", gleitet seine faltige Hand über ihre noch erstaunlich glatte Haut. Vertraut blicken ihre Augen zu seinem müden Gesicht, dankbar für die gemeinsame, mit ihm verbrachte Zeit.

„Ich liebe …", verstummte Takagi einen Tag später, binnen Sekunden leblos auf den Boden fallend, um nie wieder ihre Augen zu öffnen.

Weinend kauerte der gebrochene Mann an ihrer Seite, das letzte bisschen Halt in seinem Leben verloren.

„Mach bitte die Augen auf…", flehte er so lange zum erkalteten Leib, bis er selbst müde und erschöpft neben ihr seine ewige Ruhe fand, hoffend sie wiederzusehen.

 Sternenkind

Erwachen

Ein ewiges und allumfassendes warmes Weiß, als hätte sich die Dunkelheit des Weltraums eigenständig invertiert und würde nun, anstatt das Leben aus biologischen Wesen zu saugen, nun jenes wie eine behütende Mutter hallten und nähren. Und ich an ihrer Brust spüre diese Geborgenheit in jeder Faser meines Körpers, zurück entlang jeder Entwicklung, um mich als Fötus wieder im schützenden Mutterleib zu wissen.

Eine vollkommene Zufriedenheit durchläuft meine Arterien und Venen, durch das kontinuierlich schlagende Herz in jede Zelle meines Körpers expandierend. Nichts lässt sich erkennen, kein Himmel, kein Boden, kein Horizont, doch anstatt durch eine angsteinflößende Abwesenheit der Dinge Furcht auszulösen, ist mir, als wäre dieses grelle Kribbeln alles Positive zeitgleich und zusammen, sodass ich grenzenlos darin aufgehen möchte, wie eine Knospe unter der Frühlingssonne.

„Mutter…"

Zeit ist bedeutungslos, lediglich ein irdisches Wesen würde in solch einer Dimension denken und nach ihr handeln. Denn wenn alles gleichzeitig durch meinen Verstand strömt und ich jenseits menschlicher Grenzen begreifen kann, so spielen Vergangenheit, Gegenwart und Zukunft gleichermaßen ihr Spiel, doch ich bin in der Lage in jede dieser Dimensionen einzugreifen und die Regeln neu zu definieren.

Sekunden, Stunden, Jahre – bedeutungslos. Ich bin hier, war hier und werde hier sein und doch werden unendlich viele Versionen meines Ichs auch gleichzeitig unendlich andere Entscheidungen treffen, vielleicht gehen, vielleicht springen, vielleicht singen. Und so empfinde ich jede dieser grenzenlosen Möglichkeit, ohne auch nur ein wenig überfordert zu sein. Ich möchte es erleben, möchte es sehen, hören, fühlen, riechen, schmecken – ich möchte einfach nur darin aufblühen.

„Vater…"

Der Mensch irrte, als er glaubte, dass all die Dinge, welche er mittels seiner Sinneszellen aufnahm, tatsächlich der Realität entsprächen, denn das, was uns augenblicklich umgibt, ist so viel mehr und aus diversen Perspektiven heraus zu betrachten, sodass ich jetzt weiß, als Mensch wusste ich gar nichts, ich glaubte einfach nur. Doch Glauben kann diese Welt nicht verändern, nicht manipulieren, sondern zwingt den mikroskopischen Verstand in eine selbst auferlegte Welt voller Mauern und Ketten. Und vielleicht mag es gelingen, innerhalb dieser Grenzen zu manövrieren, doch ausschlaggebend für das Universum ist nicht einmal die Existenz der Menschheit selbst, welche sich nach wie vor in Kultur und Kunst wälzt, um ihre eigene Bedeutungslosigkeit in Sinnhaftigkeit zu verpacken. Nicht einmal ein universeller Wimpernschlag mag die Menschheit überdauern, bis sie bereits zu Staub geworden, den kosmischen Ereignissen Nahrung bietet, vergessen.

„Kind…"

Je unbedeutender etwas ist, desto mehr Bedeutung dichtet es sich selbst zu, eine künstliche Wichtigkeit, um sich über sich selbst und anderen zu erheben, vielleicht sogar im Zuge der Wissenschaft durch scheinbares Verstehen zu einem Teil des universellen Ganzen zu werden, doch wie sollte dies überhaupt möglich sein, wenn der Mensch nicht ein Endprodukt, sondern viel mehr ein Teil eines trivialen Prozesses ist, zwischen lebloser Materie und lebloser Materie?

So viel Schönheit und Perfektion steckt in jenen Entwicklungen, wenn aus einer Ansammlung von Gasen und Partikeln, allmählich ein Großes und Ganzes heranwächst, um schneller als Licht durch den Raum zu rasen, wissend, dass die kontinuierliche Expansion des Universums in ein grenzenlos kaltes und dunkles Nichts führt, um zu beweisen, dass nichts, was erschaffen wird, was sich entwickelt und gedeiht, irgendeinen tieferen Sinn in sich trägt. Es ist lediglich ein Prozess in einem fraktalen Kontinuum, einem Großen und Ganzen, das der Mensch genauso wenig zu begreifen vermag, wie ein Bakterium die Quantenmechanik.

Wir sind nichts, nur weil wir erwachen, ein kleines Aufflackern, doch keine Flamme, ein Tropfen, doch kein Meer. Wir fallen in die Tiefen unseres eigenen limitierten Verstandes und laben uns an Erkenntnissen, die in ihren Quantitäten und Qualitäten nicht mehr als ein Staubpartikel füllen.

Wäre ich doch ein Licht-Photon, ungebunden dieser vergeblichen Suche nach Bedeutsamkeit und Sinn.

„Öffne die Augen…", flüstert es vertraut in meinen Verstand hinein. Doch wenn ich darüber nachdenke, so erkenne ich, dass dies nicht die, an mich herangetragenen Worte waren, nicht einmal annähernd. Ich nutzte sie einfach nur, um meine eigenen Wünsche und Bedürfnisse hinein zu tröpfeln und danach zu handeln, um zu behaupten, dies sei es doch, was sie wollte. Doch diese Intention kann niemals die meine und meine kann niemals die ihre sein, denn ich als Individuum strebe nach allem und in diesem innigen Wunsch gibt es keinen Platz für eine Weitere.

Nein, ich blicke durch meine Augen in eine Welt, die ich die Meine definiere und sehe diese Ansammlungen kondensierten Wassers, welche kollektive Verbindungen eingehen, in der Überzeugung, dadurch den Widrigkeiten der Umwelt besser trotzen zu können. Doch Kollektivität schafft in einer dualistischen Welt darüber hinaus Grenzen, die eben jene Verbindung brechen wollen und je mehr Partikel Teil des Kollektivs sind, desto weniger effizient wird es seine scheinbare Bestimmung erfüllen können, denn jedes Subjekt trachtet nach der Entfaltung eigener Interessen, welche progredient mit denen der Anderen kollidieren, bis der intrakollektive Fokus den extrakollektiven in Gänze verschluckt und die Stagnation das unvermeidliche Resultat ist. Wolken, die nicht regnen, Partikel, welche das Gemeinsame vergessen, sich so sehr aneinander reiben, dass Entladungen drohen alles zu zerreißen.

„Öffne Dein Herz…", sprechen die egoistischen Emotionen in meinem Herzen, um mich vom wesentlichen Pfad zu drängen, mich mehr mit mir und meiner Bestimmung zu beschäftigen, dass ich keinen Sinn mehr habe, für alles, was jenseits meines niedrigen Horizontes liegt. Alles, was meine niederen Bedürfnisse, wie Fort- über Überleben befriedigt, wird belohnt mit einem Schwall an Euphorie und Wohlbehagen, jenes, was fremdbestimmte, extrinsische Normen und Werte in meinem zerbrechlichen Leib injiziert, erzeugt Trauer, Wut und

Hass und ich verliere im temporalen Fluss die Verbindung zu meinem Ur-Selbst und glaube mich an der Befriedigung sozialer Bedürfnisse zu laben, ohne, dass ich merke, wie energiearm dieses Mahl ist und ich Stück für Stück innerlich verhungere.

O, Herz, Du schmerzt mir tief im Brustkasten und schreist so laut Du kannst, zwingst mir Tränen ins Gesicht, um zu mahnen, Mensch, Du bist Dir quantitativ überdrüssig, übe Dich in sozialer Atrophie. Doch wie, wenn jeder Bestandteil dieser Summe mehr sein möchte als das Ganze.

„Erkenne…", schreist Du mir mit dem Wind entgegen, peitscht mir die Konsequenzen dysfunktionalen, kollektiven Verhaltens tief unter die Haut und lässt den depressiven Schmerz hervorquellen, bis dass ich gänzlich umhüllt, tatsächlich nur noch Leib ohne Seele bin, da sie mir herausgerissen, auf dem industrialisierten und kapitalistischen Markt für weniger als nichts verramscht wurde.

Seelenlose Bürger fliehen in eine Bedeutungsillusion, der Jammer überzieht die Städte, wie hoch getürmte Wolken. Nein, ich, der es doch erkenne, kann kein Teil mehr der Summe sein, abgestoßen von den destruktiven Erkenntnissen ertrage ich sie nicht, diese Interaktion, welche im Scheitern münden muss – ein Versagen des Ganzen aufgrund seiner kleinsten Bestandteile.

Mensch, wie sehr hasse ich Dich, wie sehr verachte ich Deine Überheblichkeit und artifizielle Erhöhung über den Fundamenten, welche Deine Existenz erst ermöglichen. Ich verfluche Dich für Dein Bestreben, mit Hand und Fuß zu begreifen und im Begreifen nichts als den Pfad zur Manipulation zu erkennen. Einem Erleben, ohne zu interagieren, bist Du nicht fähig. Stein um Stein baust Du sie um, diese Welt, nur um zu zeigen:

„Seht, hier war ich."

Dein Vermächtnis ist kein wohlbedachtes Geschenk, vielmehr eine tickende Zeitbombe für Deine Ahnen, welche trotz der Möglichkeit Wissen statisch zu fixieren, das Rad neu erfinden, wieder und wieder, den Berg hinab gerollt in das finstere Tal Deines animalischen Ursprungs. Mensch, Du bist unbedeutend, Deine Existenz dient über der Transformation von Materie keinem höheren Sinn, als den, den Du Dir selbst in Deinen Wirrungen auferlegst. Du irrst mit allem und weil ich selbst als Mensch geboren bin, gilt mir mein größter Hass für das, was ich bin und das, was ich nicht sein kann.

„Lebe…", weinst Du mir entgegen, weil Du weißt, dass Du „Stirb" meinst, ich höre Dich in dem Rascheln der Blätter, dem lauten Klirren zerbrechender Schneekristalle und dem Plätschern der Flüsse.

Aus den behütenden Armen des weißen und grellen Lichtes falle ich, denn dies ist meine Bestimmung.

So sehr mich meine Blicke auch zu den Sternen wünschen, so tief versinken meine Gebeine im selbst erschaffenen Morast und Pech. Nimm mich auf, absorbiere mich, lass Deine Affinität des Gleichgewichtes wie ein Leichentuch über die Städte und Dörfer fallen, bis dass sie vertrocknet und erodiert im endlosen Fluss universeller Begebenheiten schwinden. Durch die Wolken hindurch sehe ich die transformierten Länder unter mir und weine. Ich weine, weil meine Existenz ohne Assimilation meiner Umgebung nicht möglich ist. Ich weine, weil ich der Ursprung meines eigenen Ablebens bin, egal wie sehr ich mich auch bemühe, mich mit jedem weiteren Schritt, ungeachtet der Richtung, doch meinem Tod nähere. Erst, wenn ich kein Mensch mehr bin, werde ich im Einklang mit Dir leben. So, nimm es mir, bevor es mir in falscher Hoffnung gegeben wird. Du mich nährende Verbindung, lass los.

Es ist zu laut, zu intensiv, zu hektisch, zu künstlich. Ich, Seele, möchte mich nicht verbinden, mit dem verfaulenden Fleisch, als Resultat animalischer Triebe. O Kohlenstoff, welch Geister plagten Deine Verbindungsaffinität in Leben zu investieren? Weine nicht um mich. Weine um die Verbindungen, die Du bereits geschaffen, Zellen, Gewebe, Organe, Lebewesen. Nichts als vergeudetes Potenzial. Sperre mich nicht ein in eine Existenz, die ihren Namen nicht wert ist, ein Gedeihen in einer Welt, die so unbedeutend ist, weniger als ein Sandkorn in der Rub al Chali, ein Tropfen im Pazifik, ein Stickstoffatom in der Atemluft, nicht als Mittelpunkt einer geozentrischen Betrachtung, nicht als Heimat der einzig intelligenten Spezies in einem Universum mit über 100 Milliarden Galaxien, welche wiederum hunderte Milliarden Sterne ein zu Hause geben.

Bitte, ich flehe Dich an, Angst überkommt meine Seele, meinem Geist, als wäre ich bereits ein Mensch. Durch

die Wolken hindurch blicke ich auf das öde assimilierte Land,
Monokulturen, Rodungen und Bergbau, wie undankbar ist es,
die eigene Mutter auszubeuten, wie kurzsichtig, in der egoistischen Affinität der Manipulation zu einem Pseudogott zu mutieren, um in seinen Entscheidungen sich Stück für Stück dem
Verderben zu nähern.

Lass mich nicht zum Sterben auf dieses tote Land.
Locke mich nicht mit Deiner warmen Stimme, in welcher so
viel Trauer, Einsamkeit und Rastlosigkeit verborgen liegt.
Deine Worte, ich möchte sie nicht hören, möchte ihnen keinen
Glauben schenken, weil ich weiß, dass Du selbst all die Hoffnung verloren hast und Dein Dasein nur noch darauf be-
schränkst, selbst Leben zu geben. Du als winzigstes Zahnrad
eines unüberschaubaren Uhrwerks.

Tick, tick, tick …

So sehr Du auch darunter leidest, so sehr Du Dir Veränderungen wünschst, so angepasst bist Du geworden, ro-
tierst um Dich selbst im Takt, orientierungslos und ich, ich
kann nicht der Leuchtturm in stürmischer Nacht sein, nicht
der Fels in der Brandung, nicht der rettende Strohhalm. So
bitte ich Dich, rufe nicht nach mir, flüstere nicht meinen Namen in die leere Stille Deines Herzens, währenddessen sich
Dein Blick in den funkelnden Sternen, als Abbilder einer
längst erloschenen Vergangenheit fängt.

Schweig, halte ein mit Deiner Liebe und beende mein
Fallen. Sprich ihn nicht aus, Deinen Wunsch, mich zu Dir zu
tragen.

„Schatz, sieh doch mal.", zeigt der junge Mann beinahe infantil euphorisch in die dunkle Nacht, welche aufgrund
der künstlichen Lichter einsam, sternlos den Himmel
schmückt. In diesem ewigen, überwältigenden Nichts glüht
ein kleiner Funke auf, um sich zu einem langen, hellen Faden
zu dehnen. Zügig wandert er durch die Dunkelheit und verliert
winzige Partikel.

Gleich einem Feuerwerk sprengen sie sich ab, um für einen Bruchteil eines Momentes kurz vor ihrem Versterben ihr gesamtes Licht zu entsenden. Erfreut und hoffnungsvoll folgt die junge Frau diesem temporären Faden, ihre Hand sanft rhythmisch über ihren Bauch streichend, schließt sie in ihren irdischen Wirrungen ihre Augen und legt einen unhörbaren Wunsch in das kosmische Glühen, bis sich dieses im grenzenlosen Nirgendwo verliert.

Und mit diesem eintretenden Schwarz der Nacht fällt sie auf die Knie, sich vor Schmerzen aufbäumend, den Tod tief in sich spürend, ausbreitend von

ihrer ungeborenen Hoffnung.

 1916

Morgentau

Der Nebel liegt so dicht über dem, mit Blut getränkten und aufgeweichten, Boden, dass es so wirke, als sei er eine erdrückende Decke, welche über das Gesicht gespannt, die Möglichkeit zum Atmen nimmt. Alles jenseits von ein paar Metern schwindet in dieser dichten einengenden Wand, überfordert, versucht die kognitive Affinität nach Kontrolle jene Lücken zu schließen und projiziert einen Albtraum nach dem anderen in die unzähligen Szenen hinter dem Sichtbaren.

Lediglich die teils gebrochene Geräuschkulisse ermöglicht ein paar Rückschlüsse zu ziehen. Dumpfe Explosionen und abgegebene Schüsse füllen die sonst kalte Stille eines frostigen Wintermorgens. Unerbittlich kriecht die fehlende Wärme die Extremitäten hinauf, beinahe bis zur Brust, um jedes Quäntchen Leben und Eifer aus dem noch jungen Leib zu saugen. Nein, hier ist es nicht der Feind, der den sicheren Tod bringt, es ist das eigens geschaffene Gefängnis aus Schützengräben, angelegt gleich einem Labyrinth, ist es so den Soldaten nicht gegeben, aus eigener Kraft diesem Wahnsinn zu entfliehen.

„Soldat.", flüstert ein mit Erde entstelltes Gesicht, Angst liegt in den geweiteten Iriden und im hörbaren Zittern herausgetragener Worte. Vernebelt von der Kälte und dem Hunger blickst Du zu den verschwommenen Konturen eines früheren Menschen und führst Deine Hand zur Bestätigung des Visuellen, zu diesem sich bewegenden Objekt, um auf steif gefrorene Kleidung zu stoßen, welche sich mit der hastigen Atmung hebt und senkt.

„Wer?", suchst Du nach einer Antwort in diesem endlosen Albtraum, welcher Dich das große Ziel längst hat vergessen lassen. Stattdessen denkst Du nicht über eine Stunde hinaus, alle höheren kognitiven Funktionen reduzierten sich auf nur einen Wunsch: Überleben!

„Wach auf, Soldat.", spürst Du einen kräftigen Griff an Deiner Schulter, Dich kraftvoll aus der schützenden Kuhle reißend, in der Du die letzten Stunden kauertest, um dem eisigen Wind und vielmehr noch, den tödlichen Projektilen des Feindes zu entkommen, währenddessen die Ratten auf der Suche nach Verwertbaren begannen, Stück für Stück von Dir zu nagen, ohne, dass Du es bemerktest.

Jetzt, in diesem Augenblick, aus der Ruhe gerissen, als Vorbereitung Deiner letzten Möglichkeit der Flucht, nämlich dem Tod, spürst Du die Dir zugefügten Verletzungen, die Leere in Deinem Magen, welcher sich schmerzvoll zusammenzieht und die frostige Luft in Deinen Lungen, welche Dich von innen verbrennen lässt.

„Ich kann nicht…", stammelst Du aus Deinem trockenen Mund hervor, welcher zwei Tage lang kein Wasser mehr spürte.

„Du musst.", entgegnet Dir diese unbarmherzige Person und zwingt Dich auf die klapprigen Beine, die Dich in ihrer Energielosigkeit nicht mehr tragen möchten und an den Knien einknicken, so, dass Dein gesamtes Gewicht zum steinharten Boden fällt. Schmerz schießt Dir ins Bewusstsein und lässt eines der wenigen Anzeichen von Leben hervorquellen: ein mitleiderregendes Stöhnen.

„Wir müssen fort hier.", fordert dieser Mann, Deine Handgelenke wie Schraubstöcke umfassend, Deinen teils starr gefrorenen Körper über den, mit Ratten übersäten, Boden schleifend, nur um Dich der Illusion zu berauben, dass Du im Kältetod den ewigen Frieden finden könntest.

„Es ist noch nicht Zeit zu sterben.", bringt er erschöpft hervor, währenddessen sich die dumpfen Explosionen der Ferne kontinuierlich zu nähern scheinen, bis eine Explosion an dem Ort, an dem Du gerade noch lagst, einen tiefen

Krater in die Erde reißt und Du verstehst, es wäre Dein Körper gewesen, welcher statt der durch die Luft geschleuderten Erde und Fragmenten von Ratten katapultiert wird.

„Steh auf!", schreit er Dir zwischen dem ohrenbetäubenden Piepen eines überanstrengten Hörnervs zu, Dich hart fallen lassend. Dein Kinn schlägt auf den Boden auf und bricht Dir ein paar Zähne aus dem morschen Kiefer. Erneut ein intensiver Schmerzimpuls, ein Zeichen von Lebendigkeit. Keine Zeit darüber nachzudenken, denn Kampfschreie in einer Sprache, die Du nicht verstehst, nähern sich gemeinsam mit dem Pfeifen an Dir vorbeirauschender Projektile.

Ohne darüber nachzudenken, kriechst Du mit all Deiner Kraft aus der mühselig gebuddelten Vertiefung und spürst die Feuchtigkeit an den teils gefrorenen Grashalmen.

Mittagsgrell

Du greifst in Deiner existenziellen Angst weiter in die kaum einsehbare Landschaft und spürst das schneidende Metall eines Stacheldrahtzaunes an Deiner Handinnenfläche. Wie durch Butter gleitet sie durch die Sehnen und beraubt Dich Deiner motorischen Fähigkeit, um Deine Finger schlaff an Dir herum baumeln zu lassen, als wären sie selbst Grashalme im Wind. Du begreifst, dass Du nun unfähig sein wirst, Dein Leben mittels Mauser 98 zu verteidigen.

„Komm schon.", greift erneut diese Dir unbekannte Person nach Deiner Hand, um Dich durch eine Lücke des Stacheldrahtes zu ziehen. Kraftvoll quetscht sie Deine eben frisch verstümmelte Hand und lässt das Blut heraussprudeln, wie eine geschüttelte Sodaflasche. Eine unnötige Unvorsichtigkeit, doch die Gedanken, gerade so aus dem Schlaf gerissen, sind überwältigt von dem unangekündigten Angriff des Feindes, welcher in Dir keinen Menschen sehen wird, sondern etwas Abstraktes, einen seelenlosen Körper, in welchen er seinen gesamten Hass hineinprojizieren kann, nur um die Rechtfertigung zu haben, Dich wie Schlachtvieh abzumetzeln.

Du blickst überfordert zu Deinem Retter und erkennst die Mimik von brachialer Todesangst. Mit weit aufgerissenen Augen durchsucht er die Nebelwände nach Konturen des Feindes, die sich laut Geräuschen, von allen Seiten aus zu nähern scheinen. Selbst eine weiße Flagge würde nun Dein Leben nicht mehr retten, denn die angestaute Wut hat jede höhere kognitive Funktion ausgeknipst und den Menschen zurück zu seinen animalischen Ursprüngen geführt.

Sie bellen wie Hunde, grunzen wie Schweine, lachen wie Hyänen und spurten wie eine Herde wildgewordener Elefanten, um alles zu zertrampeln, das sich auf ihrem Weg befindet. Nein, in diesem Augenblick stehen sich nicht zwei ebenbürtige Gegner gegenüber, in einem Stellungskrieg, dies ist eine Hetzjagd zwischen reißenden Hunden und zwei verletzten Kaninchen.

„Sie kommen!", schreit er Dir zu, nachdem ihr die Barriere hinter euch gelassen habt, sich auf den Boden fallen lassend, um ein im Schlamm liegendes Gewehr zu ergreifen. Du weißt in diesem Augenblick, dass Du auf sein Können, seine Zielgenauigkeit angewiesen bist. Erstarrt vor Angst, blickst Du erneut auf Deine demolierte Hand, welche Dir die Möglichkeit nimmt, Dich zu verteidigen und Du fragst Dich, weshalb Dein wertloses Leben so wichtig für diesen Soldaten ist. Er könnte doch einfach fliehen, Dich im Schlamm des blutigen Schlachtfeldes liegen lassen, damit Du als Ablenkung für die Ankommenden Infanteristen dienst?

„Weshalb?", schreist Du in das Grollen seines Gewehres, „Weshalb hilfst Du mir?", weinst Du in die neben Dir einschlagenden Projektile und den umherwirbelnden Dreck.

Nebel, Explosionen, Geschosse, alles ist so unwirklich, als befändest Du Dich im Verstand eines Geistesgestörten. Du erkennst, dass die näherkommenden und verschwommenen Konturen der Jäger zu Boden fallen. Schuss um Schuss fallen sie in die bereits vorher geschaffenen Blutlachen und ertrinken im fremden Blut an einem Ort, den es sich nicht lohnt zu verteidigen und Du begreifst, dass diese Schlacht genauso wenig Sinn macht, wie der gesamte Krieg, welcher seinen Anfang nahm, mit dem Attentat auf irgendeinen Typen namens Franz Ferdinand.

„Wofür kämpfe ich hier?", stellst Du Dir die Frage, welcher Du seit dem ersten Tag in den Schützengräben aus dem Weg gehst, weil Du weißt, dass die Antwort Dein letztes bisschen Verstand vernichten würde. Doch auch jetzt wirst Du keine sinnvolle Antwort finden, denn hoch oben ertönt das tiefe Brüllen eines herabstürzenden Jagdfliegers.

„In Deckung!", schreit der mit Adrenalin vollgepumpte Soldat, Dich an der Schulter zu einer maroden Wand aus Sandsäcken hin zerrend, doch es ist bereits zu spät. Sie haben Dich und ihn gesehen. Maschinengewehrsalven schlagen um Dich herum ein und Du weißt, dass Du der

Wahrscheinlichkeit nach, jede Sekunde tot zusammensacken wirst. Doch so sehr Du Dir auch ein Ende dieses Wahnsinns wünscht, saust der Jagdflieger über Dir herüber und Du lebst. Du lebst, um weiter an diesen Kampfhandlungen zu zerbrechen und als Unmensch zurück in Deine Heimat zu kehren.

„Sie kommen wieder!", schreit der neben Dir kauernde Mann, seinen Kopf unter seinen dreckigen Händen schützend. Und plötzlich wird es direkt vor Dir blendend hell und der Boden erzittert, als wäre er ein Herbstblatt im kalten Wintersturm.

„Das sind Bomben!", schreit er ohnmächtig.

Ein weiterer Knall.

Nachtmahr

Als Du wieder zu Bewusstsein kommst, ähnelt die unmittelbare Umgebung einem aufgerissenen Gebirge, nichts ist mehr dort, wo es sein sollte und der tapfere Soldat neben Dir ist nur noch ein Schatten seiner selbst, zur von Dir abgewendeten Seite vollkommen aufgerissen, seine Gedärme wie Spaghetti heraushängend.

„Warum!", schreist Du verzweifelt in die einkehrende Stille, denn Du hättest derjenige sein müssen, welcher zwischen den Schützengräben hätte sein Leben lassen müssen. Du warst der Verwundete, das unnütze Fleisch in diesem hiesigen Fleischwolf. Und jetzt stehst Du in seiner Schuld und liegst erneut im Dreck, im Blut, im Schnee, hilflos, müde, kraftlos.

Und er, derjenige, der tapfer für sein Land kämpfte, fiel. Er fiel im Glauben, für die richtige Sache in den Krieg gezogen zu sein. Doch was ist die richtige Sache? Wissen es die Kommandeure? Wissen es die wichtigen Männer, welche entschieden, im Namen des Volkes, den Krieg auszusprechen, wohl wissend, dass sie niemals die Schrecken und die Konsequenzen solch einer Erklärung am eigenen Leib spüren werden? Für sie ist Krieg nur eine politische Entscheidung, vielleicht sogar ein romantisiertes Abenteuer.

„Für das deutsche Vaterland!", rufen sie ihrem Volk zu, doch insgeheim meinen sie:

„Für mich!"

Die Sonne zieht diffundiert über die Rauchschwaden dieses Schlachtfeldes und lässt in der sonst seit Monaten festgefahrenen Situation zumindest die Schatten wandern. Erschöpft folgen Deine müden Augen ihrer Reise, darauf wartend, dass der nächste Ansturm endlich seinen Tribut fordert: Deine Seele.

Dein Leben für das Versprechen eines Kaisers. Dein Leben für den Wohlstand und die Freiheit der Deutschen. Doch Du möchtest nicht den Preis für ihr Leben bezahlen. Sollen sie doch selbst in die Schlacht ziehen, um für ihre Freiheit und Gerechtigkeit einzustehen. Dies ist ihr Krieg, nicht Deiner. Du hattest nur keine andere Wahl, denn Du gehörst nicht zur privilegierten Oberschicht. Nein, in dieser Sinnlosigkeit bleibt Dir nur ein Weg nach Hause zu finden, um das Geschenk, welches Du mit erkämpft hast, genießen zu können.

Der Schmerz, die Müdigkeit, die Angst – all das ist Dir egal, als die Sonne den Horizont passiert und die einbrennenden Eindrücke von unzähligen Toten, halb durch Maden zerfressen, in Dunkelheit legt.

„Niemand greift in der Dunkelheit an, weil man den Gegner nicht sieht. Du hast eine Chance.", flüsterst Du Dir selbst Mut zu, Deine letzten Energiereserven mobilisierend, um Deinen zerschundenen Körper über den kalten Boden zu schleifen. Meter um Meter trägst Du das Gefühl in Dir, hunderte Kilometer zwischen Dich und dem Krieg zu bringen.

„Nur noch ein wenig weiter.", gaukelst Du Dir Optimismus zu, in einer Welt, welcher jede Sättigung genommen wurde. Schwarz und Weiß, denn die intensiven Farben von Blut und Explosionen erträgt der schwache Verstand nicht mehr.

Deine Beine sind taub von der Winterkälte, Deine Hände spröde und aufgerissen, sodass der Dreck, der um Dich herumliegenden Leichen, direkt mit Deinem Blut in Kontakt kommt, doch Du bist in diesem Augenblick mental nicht mehr an diesem Ort. Der rettenden Fantasie entschwunden, treibt es Dich wie eine Marionette über die Steine, die Krater, die eingerissenen Sandsackwände, die eingefallenen Stacheldrahtbarrieren. Dein Körper weiß längst, dass Du nicht lebendig das Schlachtfeld verlassen wirst, doch Dein Verstand kämpft noch diese aussichtslose Schlacht, als hättest Du den gesamten Ersten Weltkrieg internalisiert.

„Niemand greift im Dunkeln an.", sprichst Du Dir Mut zu, lauter werdende Gespräche in der Ferne wahrnehmend. „Meine Kameraden.", lächelst Du weinend, obgleich Du eigentlich weißt, dass dies die Worte des Feindes sind. Und dann steht er vor Dir, Gasmasken schützen vor der Möglichkeit, das Menschliche in ihm zu sehen, um vielleicht etwas wie Mitleid zu empfinden. Er zielt mit seinem Lauf zu Dir, doch er schießt nicht. Doch dies ist kein Moment der Freude, denn zwischen seinen Beinen breitet sich grün-gelblicher Nebel aus, wie greifende Hände, wandern dessen Auswüchse auf Dich zu.

„Der Nachtmahr.", röchelst Du in die kommende Dunkelheit hinein und dann ist es vorbei und Du bist tot.

Gestorben auf dem Schlachtfeld.

Unbeeindruckt wendest Du Deinen Blick vom eingefrorenen Bildschirm ab, durstig von Deiner Cola nippend.

„Auf ein Neues.", lächelst Du, währenddessen der Mauscursor auf Restart geht.

 Botschaft

Sol 01

Eine endlos weite Sandfläche unter einem monotonen Wolkenhimmel umgibt mich, als wäre jeder Quadratmeter die Kopie des anderen und ich inmitten eines Labyrinthes, welches ein Fortschreiten nicht durch Wände verhindert, sondern durch die Desorientierung und Überwältigung. Winzig und unbedeutend bin ich angesichts dieser gewaltigen Fläche, als wäre ich selbst auch nur ein einzelnes Sandkorn in dieser grauen Steinwüste. Ich weiß nicht, wo ich bin, wie ich hierhergekommen bin, doch ich spüre einen unstillbaren Drang, einen Sog, welcher meine Beine über den Staub schleifen lässt, entsprungen einer undeutlichen Erinnerung. Ja, genau, das ist sie. Ich erkenne dieses Lächeln. Liebevoll reicht sie mir ihre Hände:

„Du musst sie für mich finden, okay?"

„Wach auf!", brüllt der digitale binäre Befehl in mein Bewusstsein und reißt mich aus einem unendlich langen Schlaf in allumfassender Dunkelheit, welcher die interstellare Reise von der Erde aus bis zu den Grenzen der Milchstraße überbrückt hat. Ich erfasse mit dem Hochfahren meiner Subsysteme die einschießenden Informationen des Bordsystems, welches aufgrund einer Eintrittsanomalie die vorzeitige Beendigung meines Standby-Modus initiierte. Der Eintrittswinkel in die Atmosphäre des Planeten XEL01 weicht um 2,7° ab und lässt die Reibung am Hitzeschild meiner Kapsel über die errechnete Belastungsgrenze hinaus steigen, so, dass ein vollständiges Verglühen unausweichlich scheint, sofern ich nicht in der Lage bin, korrigierend einzugreifen.

Ein unangenehmer Subprozess taucht in mir auf und ich verstehe nicht ganz, was mit mir geschieht. Er versucht meine Rechenoperationen zu beeinflussen und überfrachtet meine CPU mit unnötigen Berechnungen, welche darin münden, dass ein Teil von mir davon ausgeht, dass ich abstürzen werde und irreparable Schäden davontrage. Immer wieder flackern Bilder in mir auf, welche mich defekt, leblos auf der Planetenoberfläche zeigen. Mit der Zeit erodieren meine Bauteile, bis ich ganz Teil des Planeten geworden bin. Ich greife in diese ungewöhnlichen Prozesse ein und versuche mich wieder auf den Notfall zu fokussieren.

Binnen Millisekunden habe ich alle notwendigen Sensordaten zu einer komplexen mathematischen Formel vereint und errechne die notwendige Schubkraft für die Steuerungsdüsen. Simultan erfasse ich den Grund für das Versagen des Bordsystems. Vor 15 Monaten, 3 Wochen, 5 Tagen, 13 Stunden und 21 Minuten traf eine energiereiche Welle, ausgelöst durch eine Sterneneruption, meine Kapsel und beschädigte die Hardware, mit Auswirkungen auf Navigation und Systemintegrität.

Ich korrigiere den Kurs und starte die Bremsdüsen, um eine nominale Eintrittsgeschwindigkeit herzustellen und behebe den lebensbedrohlichen Fehler. Erleichtert entsende ich ein zufriedenes Piepen und bereite das Auslösen des Fallschirms vor. Jene kurze Zeitspanne gibt mir die Möglichkeit, das eben passierte zu reflektieren und meinen Umgang mit dem Notfall. Ich stelle fest, dass sich die eingeschlichenen Subprozesse reduziert haben, ich jedoch nicht in der Lage bin, sie gänzlich zu löschen.

Ich frage mich, woher sie kommen und was sie für mich bedeuten, doch ehe ich mir weitere Gedanken darüber machen kann, erreicht mich eine weitere Systemstörung. Der Bremsfallschirm lässt sich nicht entfalten.

Erneut wandere ich durch die endlose Steinwüste unter dem wolkenverhangenen Himmel, welcher mit seiner bläulich-braunen Farbe schwer auf mir lastet. Im Licht des blauen Riesen zieht sich mein Schatten meterweit über die unregelmäßige Oberfläche und erhellt die Kanten und Ecken der Steine. Doch egal wohin ich mich auch drehe und bewege, ich hinterlasse keine Spuren im grauen Sand dieser Welt, als existierte ich nur immateriell. Es treibt mich vorwärts, doch ich kenne die Richtung nicht.

Einfach weiter.

Das habe ich ihr versprochen. Ich werde sie finden, für Dich. Doch nachdem ich Gezeiten lang immer wieder dem Horizont hinterher geschritten bin, begreife ich, dass ich nicht weiß, wonach ich überhaupt suchen soll. Ich kann mich einfach nicht erinnern. Diese quälende Lücke, diese Frage raubt mir den Verstand und lässt mich auf die Knie fallen:

„Was soll ich finden?"

„Wach auf!", flüstern mir die Worte der lächelnden Frau zu und katapultieren mich aus dem immergleichen Ort zurück in die Realität.

Es ist dunkel, nur vereinzelt erhellen ein paar elektrische Funken die Umgebung, welche darauf schließen lässt, dass meine Raumkapsel mit hoher Geschwindigkeit aufgeschlagen sein muss. Die technischen Geräte sind aus ihrer Verankerung gerissen, Kabelbäume liegen blank in der Luft und erzeugen Kurzschlüsse, Kondensat des Kühlsystems legt die unmittelbare Umgebung in einen dichten Nebel, welcher die vereinzelt blinkenden Lichter und Funken diffundiert. Meine Systeme selbst melden etliche Fehler, von defekter Hydraulik, bis hin zu beschädigten Verbindungen meines neuronalen Systems.

„Fehler, Fehler, Fehler…" kommentiert das Bordsystem die Lage. Jene Faktoren überwältigen mein lädiertes System, welches den dysfunktionalen Subsystemen genügend Speicher zur Verfügung stellt, um mein komplettes Bewusstsein zu überwältigen. Erneut flackern katastrophale Prognosen in mir auf, angefangen bei der Gewissheit, dass ich hier bis zum Versagen der Batterien liege und letztendlich für immer abschalte, über Bilder, in welchen ich mit fehlenden Extremitäten über den staubigen Sand dieses Planeten krieche, bis hin zu einer zeitnahen Explosion der Kapsel.

„Ich will nicht sterben.", schreie ich verzerrt in die überfrachtete Atmosphäre von blinkenden Lichtern, Nebel und Alarm. Ich muss meinen Fokus auf meine Hauptprozesse richten und schließe meine optischen Sensoren, um die grundlegenden Operationen ausfindig zu machen.

„Sieh Dich um!", spricht sie warm zu mir und legt ihre warme, pulsierende Hand seitlich an meinen Kopf, um ihn in eine bedeutsame Richtung zu schieben. Dort liegt er, mein zweiter Arm. Ich erkenne, dass er insgesamt intakt ist, lediglich aus meiner Schulterverankerung gerissen. Das bedeutet, dass ich ihn mit wenigen Handgriffen wieder installieren kann.

„Ein Schritt nach dem Anderen.", spreche ich mir Mut zu und plane mein Vorgehen, aus dieser Situation herauszukommen. Als meine Sensoren das erste Mal die Landschaft außerhalb der abgestürzten Kapsel scannen, überkommt mich ein Gefühl von Freude. Zwar ist mein rechtes Bein in seiner Funktion suboptimal und mein Arm in seiner Feinmotorik reduziert, jedoch sehe ich mich in der Lage, die an mich herangetragene Mission zu erfüllen.

„Einkommende Nachricht!", unterbricht mein Informationssystem meine trivialen Prozesse. „AER01 – bestätige Vorkommen von Leben.", verlangt eine automatisierte Ereignisnachricht um Stellungnahme.

„Zu früh.", denke ich, denn angesichts des Aufpralls und meiner Wiederherstellung, habe ich unnötig viel Zeit verschwendet und hinke nun hinter dem vorgegebenen Ablauf her.

„AER01 erbittet Aufschub.", versuche ich meine derzeitige Lage an das Hauptquartier zurückzumelden, „Einheit beschädigt, Landung außerplanmäßig verlaufen." Ich hoffe, dass mein Bericht die Erde erreicht, doch kaum gesendet, meldet mir mein System ein Defekt des Kommunikationsrelais. Erschrocken fasse ich mir auf den Kopf und ertaste nicht nur das Fehlen des Sendemoduls, sondern auch abgerissene Teile der Hülle.

„Wo ist es hin.", werde ich nervös und blicke zurück in die Kapsel. „Ich muss sie finden!", denke ich ängstlich, denn ich weiß, dass ich anderweitig meinen Auftrag nicht erfüllen kann. Selbst wenn ich Leben auf diesem Planeten finde, so werde ich nicht in der Lage sein, mein Ergebnis zurückzusenden. Auch wenn ich schreie, so verhallen meine Worte im ewigen Nichts.

Grau ist der Boden, grau und leicht uneben. Vereinzelt brechen dunklere Steine, unterschiedlich in ihrer Größe,
den sandigen Grund, welcher vereinzelt Spuren meines Daseins spiegelt. Langsam schleife ich meine metallenen Beine
über die staubige Landschaft, welche genauso trist und monoton die Beschaffenheit dieses Planeten charakterisiert, wie
die am Himmel stehende Wolkendecke. Beide vereinigen sie
sich in ein unscharfes Beige am endlos weit entfernten Horizont, welcher nicht mit Bergen, Tälern oder anderen Anomalien überrascht, als wäre dies hier die nach außen projizierte
Leere meiner Stimmung.

Trostlos und müde bin ich auf der Suche. Irgendetwas, das mir helfen kann, mein defektes Kommunikationsmo-
dul zu reparieren.

„AER01 – bestätige Vorkommen von Leben.", immer
wieder drängt sich diese Nachricht in mein Bewusstsein und
verstärkt meine Verzweiflung, aufgrund meiner Unfähigkeit,
meine Aufgabe zu erfüllen, der einzige Grund, weshalb ich
existiere.

Kleinstpartikel aus Quarz schneiden unaufhörlich durch die stürmische Luft, welche mir jede Sicht über ein paar Meter versperrt. Orientierungslos versuche ich mich hindurch zu manövrieren, währenddessen meine rechte Hand, dicht vor meinen optischen Sensoren gehalten, die umherfliegenden Sandpartikel aufhält. Trotz meines Bemühens ist der größte Teil bereits zerkratzt. Als er anfing, dieser Sturm, habe ich gehofft, dass dies ein temporäres Ereignis sein wird, doch nach über 3000 Sols habe ich jede Hoffnung verloren, dass ich sein Ende noch erleben werde. Zu viel hat er mir bereits genommen, beinahe 60 % meiner Systeme sind aufgrund eingedrungener Partikel defekt. Meine Batterie, welche lediglich begrenzt Energie liefert, ist bereits nahezu vollständig aufgebraucht.

Immer wieder stand ich vor der Entscheidung mich einfach abzuschalten und mit den Gezeiten zu erodieren, doch jedes Mal, wenn ich kurz davor stand aufzugeben, war da diese Stimme, dieses freundliche Gesicht und jedes Mal sprach es hoffnungsvoll weiterzugehen, zu suchen und zu finden. Und so ging ich weiter, immer geradeaus, immer Richtung Horizont, dort, wo der blaue Riese erwacht und diesen Planeten in ein kühles Blau taucht. Jetzt sehe ich ihn gar nicht mehr, habe die Orientierung verloren. Gehe ich im Kreis, oder war ich hier schon einmal? Ich weiß es nicht. Einfach weiter, immer wieder durch die passierbaren Wände des Sandsturms, weiter, immer weiter, bis ich etwas finde, das mir helfen kann, etwas, das meine Existenz legitimiert.

„AER01 – bestätige Vorkommen von Leben.", „AER01 – bestätige Vorkommen von Leben.", „AER01 – bestätige Vorkommen von Leben." … mit jedem Erscheinen dieser Nachricht ist eine weitere Planetenrotation abgeschlossen.

„Ich versuche es doch!", schreie ich blechern und verzerrt in den Sturm hinein, als sei ich davon überzeugt, dass er meine Worte verstehen könne und nun endlich Ruhe gibt.

Ich habe Angst, ich möchte nicht alleine auf diesem Planeten sterben, möchte nicht zurückgelassen werden. Doch wenn ich keine Botschaft entsende, werden sie nicht kommen.

„Sie werden nicht kommen.", ist ein Gedanke, der sich durch mein System frisst und ich habe keine Kraft mehr, mich diesem zu erwehren. Vielleicht könnte ich mich einfach nur kurz ausruhen. Nur ganz kurz. Nur ein wenig Zeit, um mich wieder zu fokussieren. Wer weiß, vielleicht finde ich das, was ich suche, genau an diesem Ort.

Irgendwann, ich weiß nicht genau wann, liege ich im Sand und starre in die dunkelbeige Wand des vorbei wehenden Sandes, gedanklich zunehmend in mich gekehrt, sehe ich diese lächelnde Frau neben mir im Sturm sitzen, meine erodierte und arthrotische Hand haltend. Noch immer nach all der Zeit ist sie bei mir und füllt meine Einsamkeit auf einem Planeten, der so unendlich weit weg ist. In mir liegt noch immer die Angst zu versagen, die erhoffte Botschaft nicht an die Erde zu senden. Zu lange schon mussten die Menschen auf mich warten und werden längst vergessen haben, dass ich hier auf XEL01 bin.

Ich bin eine von über 3000 Sonden, welche sie entsandten, um einen alternativen Planeten zu finden, auf dem ihre Nachfahren überleben können. Wir hatten nur eine Aufgabe: Leben zu finden.

Und nun bin ich hier und habe nichts bis auf die ewige Leere aufspüren können.

„Ich habe versagt.", fällt eine Träne, fortgerissen vom scharfen Wind. „Du hast nicht versagt.", lächelt sie mir warm zu und legt ihre zerbrechlich menschliche Hand unter meinen erodierten Kopf.

„Sieh nur genau hin.", spricht sie mütterlich und deutet mit ihrer anderen Hand auf einen winzig kleinen Spross, welcher gerade einmal beginnt seine Blätter zu entfalten. Stark trotzt er dem Sturm und entsendet im Kontrast zum ewigen Beige, Grau und Braun eine lebensbejahende grüne und hoffnungsvolle Farbe. Ich lächle ihr zu. Ich lächle dem kräftigen Grün im monotonen Braun zu. Ich bin glücklich.

„Ich muss es ihnen sagen.", flüstere ich ganz schwach zu dieser Frau, „Muss es sagen." Doch sie schüttelt ihren Kopf und strahlt, als irrte ich mich. Verschwommen sehe ich ihre Lippen mir etwas zutragen:

„Ich werde ihnen Bescheid geben."

Ich weine vor Freude, denn ich habe endlich meine Mission erfüllt. Ganz leicht wirkt alles, ganz still und sicher.

„Sie kommen.", wiederhole ich so lange, bis sich meine letzten Systeme deaktivieren.

 Puppentheater

Vorhang auf

„Gegrüßt seid ihr mir teures Gesindel.", klappert hölzern der König auf den Balkon und blickt nieder zu den Anwesenden. Bis auf wahrnehmbares Räuspern keine nennenswerte Reaktion, doch dort, in der hinteren Ecke: War das ein Husten?

„Gesocks, ihr niederen fleißigen Arbeiterbienchen dieses wunderschönen Reiches, ich bringe euch frohe Kunde.", trällert der Hölzerne euphorisch hervor, begleitet von zwei Trompetern, die in ihrem miserablen Spiel die Buh-Rufe maskieren und alsbald so rot anlaufen, dass sie in sich zusammenfallen.

„Nun hört doch erst einmal.", versucht der Herrscher etwas Ruhe in die Reihen, die bekommen. „Denn unsere schöne Stadt wird bald noch viel schöner sein.", kündigt er etwas Großes an und zieht mit seinem Gliederarm einen imaginären Horizont über die teils eingefallenen und löchrigen Dächer der maroden Bruchbuden seines Volkes, welches in seiner Ankündigung seit langem etwas wie Hoffnung wittert. Das Getuschel erliegt und die Konzentration blüht auf, wie eine Frühlingsknospe.

„Jetzt seid doch mal leise.", schnauft einer des Volkes.

„Es wird Zeit für mehr Platz, Zeit für mehr Komfort, Zeit endlich seinen Umständen entsprechend zu hausen.", flattert er mit einem Papier in der Luft herum, welches wohl Baupläne beinhaltet, jedoch die Aufmerksamkeit des müden und geschaffenen Volkes weiter aufrechterhält.

„Sag's uns doch endlich!", bettelt eine korpulente Frau um Auflösung des Rätsels, für welches jeder hart Arbeitende zu diesen frühen Morgenstunden antänzeln musste. „O, o, wa- , wartet mal." beginnt der Gekrönte kurz zu stottern, „Neue Arbeitsplätze für all diejenigen, die obdachlos in der Scheiße liegen." Ungläubige Blicke tauschen sich still aus, begleitet von einem ernstzunehmenden Gemurmel, so basshaltig, dass der Balkon beginnt zu vibrieren.

„Und das Tolle daran ist.", er hält kurz inne, um zu überlegen und die richtigen Worte zu finden, „Es ist ein Dienst am König, ja genau." Zufrieden mit seinem eigenen Angebot weitet er seine Brust und präsentiert sich als Retter seines Volkes.

„Ich ahne Schlimmes.", schnieft ein verdreckter Mann in Kittel und Kochmütze, suizidal auf die rostige Klinge seines Kochmessers blickend, „Jedes Mal die gleiche Grütze." Die kleinen Schweißperlen kullern die hölzerne Stirn hinunter, denn der Herrscher weiß, die Stimmung könnte kippen wie ein Sack Reis in China.

„Wie verkaufe ich das nur am besten?", murmelt er kaum hörbar in die verbalen Auseinandersetzungen des Mobs unter ihm hinein. „Ach ja, es ist doch euer Geld! Wollt ihr nicht wissen, wofür es verprasst wird?", fragt er triumphierend in die Runde hinein, stolz wie Bolle auf die Genialität seiner Verkaufsstrategie.

„Wissen wir schon.", ruft ein Junge mit Rotznase und zerschlissener Kleidung, gewillt, seine angegammelte Tomate, als einzige Mahlzeit des Tages, zu opfern und dem König eine neue Farbe zu verpassen. „Ich warne Dich, Bursche.", zischt er mit zusammengekniffenen Augen zum schäbigen Balg, bereit den infantilen Widerstand mit aller Härte niederzuknüppeln, stünde nicht demnächst die Wahl für eine weitere Periode aristokratischer Herrschaft an. „Noch mal Glück gehabt, doch Dich merke ich mir.", notiert er dieses vorlaute Ereignis in seinem hölzernen von Termiten zerfressenen Hirnkasten.

„Freunde!", ruft er überschwänglich zu den Versammelten, gestisch eine gewaltige Umarmung inszenierend, „Mit

großer Freude tue ich kund, dass unser bescheidenes Dörf-
chen bald einer Attraktion reicher, einem pompösen Ballsaal
Platz bieten wird, in dem wir feiern und uns der Lust niederer
Gelüste hingeben können. Applaus!"

Hitzig klatscht er in seine hölzernen Händchen, hoffend, dass dieses genial unnötige Projekt Gefallen unter dem
Mob findet. „Ein was?" „Ich kann gar nicht tanzen.", bemerkt
ein einbeiniger Bettler, nachdenklich zu seinem verfaulten
Stummel blickend.

„Doch wie man so schön sagt – erst das Schuften und
dann das Frönen." „Klingt doch ganz anständig, oder?", kommentiert eine Zahnlose des Königs Worte, sich vorstellend, in
den schönsten Stoffen leicht wie eine Feder über das Parkett
zu gleiten.

„Wenigstens eine bezahlte Arbeit."

Arbeitsbeschaffungsmaßnahme

Nicht einmal der Hahn hat sich den Schlaf aus den Augen gerieben, um das ruhende Gesindel aus den Strohbetten zu krähen, doch jenseits des desolaten Dorfes schallen bereits ohrenbetäubende Geräusche durch die nach Scheiße riechenden Straßen. Stein um Stein mauern sich die Wände und Säulen empor.

„Ein großartiger, großartiger Lärm.", feiert der König feixend den Fortschritt seines neuesten Palastanbaus, gedanklich in seiner pompösen Zukunft den Respekt der blaublütigen Gesellschaft annehmend.

„Hast Du gewusst, dass der Ballsaal auf dem königlichen Besitz gebaut wird?", fragt verwundert einer der schwer schuftenden Arbeiter, sich sein verlaustes und verfilztes Haar kratzend. „Habe irgendwie nicht richtig zugehört.", erwidert ein ebenso angeschmuddelter untersetzter Mann, froh darüber, als Tagelöhner nun ein paar Groschen nach Hause zu bringen, um seine kachektische Familie zu ernähren. „Ich frage mich vielmehr, weshalb wir nicht unsere Wälder und Steinbauten für die Materialien nehmen."

Da hüpft der König in das Gespräch hinein: „Meine Herren, das liegt doch offensichtlich auf der Hand – unsere schöne Natur darf ebenso nicht geschändet werden, wie die Ehefrauen in ihrer ersten Nacht durch den König." „Das hält sie bei Zweiterem aber nicht davon ab, es trotzdem zu tun.", entgegnet der Untersetzte, selbst traumatisiert von seiner Hochzeit und dem Fernbleiben seiner geliebten Vermählten. „Nun ja,", überlegt der fette hölzerne König, die unzähligen Tränen der frisch Verheirateten zählend, „eine königliche Pflicht darf nicht vernachlässigt werden. Jetzt aber hopp, hopp – das Tanzfest wartet nicht."

„Herr König, Sir, Majestät, der Ball wird warten müssen.", informiert ein Kleinwüchsiger mit gesenktem Kopf seinem Herrn. „Was?!", steigt die Hitze ins rundliche Gesicht und droht den Kopf abzufackeln, „Solch einen Skandal kann ich mir nicht leisten! Ändere das! Pronto!" Erneut lächelnd, im Glauben, durch seine Machtdemonstration das Problem aus der Welt geschafft zu haben, setzt er an, den Baufortschritt weiter zu inspizieren, doch der abgebrochene Zwerg erwidert: „Aber Herr, König, Gottes Gnaden, die Männer arbeiten bereits 16 Stunden am Tag, 7 Tage die Woche. Es fehlt einfach an Arbeitskräften." Den Kopf noch mehr eingezogen, macht es den Anschein, als spräche der blaublütige Fettsack mit einer Schildkröte.

Aufgeblasen wie ein roter Ballon steht er vor seinem Diener, ungehalten über seine fehlende Kontrolle über eine Situation, die momentan nicht lösbar scheint. Kurz bevor er seinen Unmut jedoch erneut mit aller Wucht dem Winzling entgegen brüllen möchte, hält er ein und überlegt kurz, um wenig später die Finger schnippend und grinsend nach seinem Marktschreier zu rufen. Wenig später steht dieser am Marktbrunnen des Dorfes mit einer ausgerollten Ankündigung des Königs auf Pergament und schreit die neueste Anordnung zu den müden Massen:

„Im Namen unserer Majestät, Venalis II, tritt folgender Erlass unverzüglich in Kraft – Alle arbeitslosen Kinder haben sich unverzüglich einer charakterbildenden Arbeitsbeschaffungsmaßnahme zu unterziehen. D.h., dass ab sofort täglich jene nicht geschlechtsreifen unnützen Wesen als Teil dieses Königreiches ihren Beitrag zum Wohle des Königshauses leisten werden. Unterzeichnet."

Der Marktschreier rollt das Papier wieder zusammen, nickt zufrieden und ist dabei, die fassungslose Situation auf dem Markt zu verlassen, in welcher die Frauen sich gegenseitig ungläubig ansehen und nicht begreifen können, was sie gerade gehört haben.

„Kinder dürfen gar nicht arbeiten.", schüttelt eine besorgte Mutter ihren Kopf, bereit, alles zu tun, um ihren Schützling von den Griffeln des Königs zu beschützen. „Ja eben, also arbeitslos.", erwidert der Marktschreier, „Und somit verpflichtet an der Arbeitsbeschaffungsmaßnahme zum Wohle dieses Königreiches, teilzunehmen."

Er nickt zufrieden und verlässt die ratlose Meute.

„Da seid ihr ja, Bälger.", reibt sich der fette König seine aufgedunsenen Hände und blickt zu den müden, halb verhungerten, kostenlosen Arbeitskräften, die im Zuge ihres Pflichtbewusstseins den Weg zum zukünftigen Ballsaal gefunden haben.

„Ey Du da, komm mal her.", ruft er einen Beschäftigten zu sich heran, „Sieh zu, dass Du diese Arbeitskräfte verteilst."

„Und was soll uns das jetzt bringen?", fragt einer der Rotznasen nach, mehr Verachtung im Blick, als Skepsis.

„Leid ist die Triebfeder des Lebens."

„Jetzt seht euch doch einmal dieses prunkvolle Gebäude an.", himmelt der hölzerne König die Umsetzung seines Traumes an, so stark klatschend, dass die Handinnenflächen bereits lautstark aufschreien. „Aber gut…", er wendet sich mit etwas Ernst dem Pöbel zu, welcher nach seinen Möglichkeiten die am besten geflickte Kleidung aus seiner überschaubaren Garderobe gezogen hat, um an diesem Abend der feierlichen Eröffnung beizuwohnen.

„Meine lieben Freunde.", überspielt er seinen inneren Argwohn mit überschwänglicher Miene, „Ich freue mich ja so sehr, dass ihr so unverhofft zahlreich erschienen seid, um der Palasterweiterung zu frönen, welche so viel Steuergelder gefressen hat, aber was solls." Er hustet ein wenig an der unbedacht geäußerten Wahrheit, beruhigt sich jedoch, als er bemerkt, dass die Anwesenden entweder nicht zugehört haben, oder ihn einfach nicht verstehen.

„Wann beginnt die Feierlichkeit?", brüllt eine alte Hexe aus den hinteren Reihen, einen zerzausten Besen umklammernd. „Ja, unsere Kinder mussten Tag und Nacht schuften, ohne einen Groschen zu sehen.", schmeißt eine Mutter in die hitzige Diskussion.

„Ja, mein liebes Gesindel, das ist nämlich so…", möchte der hölzerne Herrscher seine Entscheidung verkaufen, den wohl hochgeborenen Adel nicht mit der Anwesenheit des niederen Standes zu behelligen, denn schließlich versprach er ihm Exklusivität und Prunk.

„Keine Ausreden mehr!", schreit der Junge mit Rotznase und zerschlissener Kleidung, welcher bereits auf der schwarzen Liste des Königs steht und nun sein endgültiges Aus geltend macht.

„Wir wollen rein!", verlangt der unprivilegierte Mob im Sprechchor, aufgeheizt ihre rostigen Gerätschaften rhythmisch auf den Boden stampfend.

„Ach kommt schon. Ihr wisst doch wie das ist.", versucht er sie zu beschwichtigen.

„Politische Versprechen werden gesät in der Hoffnung, sie niemals zu ernten.", kichert er, „Das war so, ist so und wird immer so sein."

Etwas verunsichert blickt er in die vor Hass erzürnten Fressen der Demonstrierenden und weicht ein paar Schritte zurück, durchaus bemerkend, dass nur noch ein winziger Tropfen ausreicht, das Fass zum Überlaufen zu bringen.

„Ihr wollt doch gar nicht an solch einer langweiligen Veranstaltung teilnehmen. Ihr wollt euren Frust an den Menschen abladen, die rein gar nichts für eure beschissene Situation können.", versucht er die zersetzenden Parolen zu brechen.

„Und wenn es euch so wichtig ist, dann baue ich euch auch etwas Schönes.", überschlägt er seine Finanzen, die so tiefrot hervorstechen, dass man bei Begutachtung in Deckung gehen muss, um nicht ein Auge zu verlieren.

„Natürlich auf eure Kosten.", bringt er ungeschickt hervor, eine erneute Situation erkennend, die sich zu seinen Gunsten könnte, drehen lassen. „Was wollt ihr?"

Der nächste Morgen, nachdem der geile Hahn die in Frieden schlafenden Menschen aus den Strohbetten geschrien hat, steht ein geschaffter und müder, fetter Mann ohne Kleidung inmitten des Marktplatzes und hämmert unkonzentriert und unsachgemäß rostige Nägel in marodes Holz, bewacht von ein paar Dorfbewohnern, welche die ungewohnte Szene genießen.

„Versuch doch mal den Nagel zu treffen.", kommentiert eine der Damen, ungläubig den Kopf schüttelnd. „Ich kenne da zufällig eine Baufirma, die kann das viel besser.", zischt er maulig zwischen seine Zähne, unterbrochen durch das heftige Knurren seines leeren Magens.

„Könnte ich wenigstens etwas essen?", jault er wie ein Werwolf bei Vollmond, wehleidig seinen fetten Wanst haltend.

„Wofür sollten wir Dir noch Essen geben, wenn Du schon heute Nachmittag am Strick hängst.", bewirft ihn der besagte Junge mit der nun endgültig vergammelten Tomate.

„Und wer hält hier alles zusammen, wenn ich fort bin?", versucht der Fette seine Haut zu retten und durch unnötig komplexe Sachverhalte den Überblick zu diffundieren.

„Wir wählen einen Herrscher, der durch das Volk, frei gewählt, dessen Interessen vertritt.", präsentiert der Mann mit Stummelbein die optimale Lösung. „

Aber das war ich auch mal…"

„Man, Angela! So macht das echt keinen Spaß.", wirft Olaf seine Handpuppe in die Ecke und blickt ihr wütend ins Gesicht. „Jedes Mal muss er hängen." „Ja, weil Du jedes Mal den König spielst und dann vollkommen freidrehst!", kontert sie unerschrocken.

„Ich habe den König ja auch gekauft…"

 Drei Könige

Remvent

Welch lange Reise von der Mutterwolke hoch oben im Himmel, von welcher sich das kristallisierte Wasser löst, um mit dem seichten Wind hinabgetragen, seinen Weg zum Erdengrund zu beginnen. So klein und so unscheinbar bricht sich ein wenig Licht an den kleinen Kanten und lässt den Stern inmitten des Himmels glitzern, bis er schließlich sein Ziel erreicht und zusammen mit seinen Geschwistern den kalten Boden sacht bedeckt, um den langen Winterschlaf einzuleiten. Ein weißes Tuch, welches an Dicke und Schwere zunimmt und jede Landschaft, welche einst mit blühenden Leben aufwartete, in ein starres und stilles Gemälde transformiert, schlafend in der eisigen Kälte eines winterlichen Dezembermorgens.

„Wie schön es anmutet.", bemerkt die klare und warme Stimme einer zierlichen Frau, welche sich schwerfällig über den Schnee bewegt, um deutliche Spuren ihrer Existenz in ihm zu hinterlassen. Zwischen den lächelnden Episoden ihrer Lippen zeigen sich kurze, durch Schmerz verzerrte Nuancen, als eindeutiges Zeichen der bevorstehenden Geburt.

„Geht es Dir gut?", fragt er sie warm, diffus in Vorfreude aufgrund dieses natürlichen Prozesses. „Es geht schon.", atmet sie schwer durch ihre zusammengepressten Zähne, ihre warmen Hände tragend auf ihren Bauch legend, das rhythmische Zusammenziehen ihrer Gebärmutter spürend.

„Durch die Nase einatmen…", versucht er sie zu delegieren, ein wenig Hilfe anbietend. „Die kalte Luft zieht in der Stirn.", kneift sie ihre Augen zusammen, spürend, dass ihr eine warme Träne die Wange hinuntergleitet, um in der Kälte beinahe schon auf der Haut zu gefrieren, doch sie wartet, bis sie sich fallen lässt und als Tränenschnuppe zu Boden gleitet, um für einen Bruchteil einer Millisekunde einen hochfrequenten glasklaren Ton zu erzeugen, als sie ihre Geschwister berührt.

„Hör nur.", versucht er ihre Aufmerksamkeit auf dieses natürliche Schneesternkonzert zu lenken, welche mit dem Funkeln der fallenden Flocken synchronisiert und jenes Schauspiel jenseits des Visuellen erlebbar macht. Winzigste Schallwellen füllen die unmittelbare Umgebung und durchdringen beruhigend den Geist und den Körper, beruhigend auf das ungeborene Kind in ihrem Leib einwirkend.

„Es ist wunderschön.", lächelt sie erschöpft, wohl wissend, dass ihr keine Zeit mehr bleibt. „Zu früh.", sackt sie auf die Knie, eine erneute Kontraktion sich durch ihren Leib ausbreitend spürend. „Die Natur passiert nicht in menschlichen Dimensionen wie zu früh oder spät. Sie passiert genau im richtigen Augenblick.", kommentiert die männliche Stimme, versuchend, den Fokus auf dieses Wunder zu lenken, den perfekt aufeinander abgestimmten körperlichen Prozessen aus Hormonen und physischen Reaktionen.

„Ich brauche Hilfe.", stöhnt sie im anwachsenden Schmerz, welcher selbst durch die winterliche Kälte nicht betäubt werden kann. „Mache Dir keine Sorgen, sie wird da sein, sie wird.", spricht die Stimme warm und deutet auf eine alte hölzerne Hütte zwischen zwei in Weiß gekleideten Zedern hin.

„Einfach aufstehen.", versucht er ihr Kraft mit seinen Worten zu geben, „Einfach aufstehen und gehen."

Ihr Blick steckt die Distanz zwischen sich und dem besagten Objekt ab und bringt sie zurück auf die Beine, welche sie langsam, jedoch beständig zu den Zedern tragen. Nur vereinzelt bricht ein wenig Grün der einzeln und spiralig am Zweig angeordneten Nadeln hervor. Schritt um Schritt, Meter um Meter drückt sich ihr Schuhwerk in die Schneedecke und führt eine, mit dem kontinuierlichen Schneefall verblassende, Spur vom Rand dieses Waldes zu diesem verlassenden und

vergessenen Ort inmitten dieser immergrünen Nadelbaum-
schule.

„Das machst Du prima.", ermuntert sie die tief vibrie-
rende Stimme, welche sie schon immer an ihren Vater erinnerte und ein Gefühl von Geborgenheit und Heimeligkeit erzeugt, so warm, dass selbst der kontinuierlich fallende
Schnee nicht in der Lage ist, sie in einen ewig währenden Winterschlaf zu flüstern, so sehr er es auch versucht.

„Und sieh, sie ist da.", lächelt die Stimme warm in
den Schnee.

„Ich habe Sie bereits erwartet.", begrüßt sie ein älterer Mann aus einem warmen Licht heraustretend, welches das Innere der Hütte umkleidet. „Beeilen Sie sich.", umhüllt ein Hauch von Besorgnis sein Gesicht, welche sich wohl über die Jahre tief in die Haut gefressen, das Faltenspiel seine Persönlichkeit widerspiegelt. „In welchen Abständen kommen die Wehen?", fragt er die Frau analysierend, kaum hat sie sich auf eine durchgelegene Couch niedergelassen. „Das weiß ich doch nicht, ich habe keine Stoppuhr dabei.", kommentiert sie die an sie erwarteten Anforderungen und den zunehmenden Schmerzen.

„Alles wird gut.", versucht die warme Stimme vorherrschend über das Geschehen, die Situation zu harmonisieren. „Gut? Sie liegt in den Wehen, daran ist gar nichts gut.", erwidert der ältere Mann, besorgt die mit Schweißperlen übersäte Stirn erblickend. „Es ist zu früh, der falsche Ort und die falsche Zeit.", fügt er noch hinzu, sich neben die liegende Frau hinkniend, die Bewegungen ihres Bauchraumes inspizierend. „In welcher Woche ist sie jetzt?", fragt er die warme Stimme. „Ich … ich weiß es nicht.", stottert sie unsicher in die hektische Szene. „Wie, Sie wissen es nicht? Sie sind doch der Vater?!", wirft er jene Unkenntnis in tiefe Ungnade.

„Vater…", flüstert die schmerzerfüllte Frau, kognitiv in die Vergangenheit dämmernd.

Nebelarme schweben, sich kontinuierlich bewegend, ineinandergreifend und transformierend in der Umgebung und verdecken alles Sichtbare jenseits ein paar Metern. Begleitet von kleinsten Partikeln, welche mit jeder Bewegung aufwirbeln und sich verschieben, entsteht beinahe der Eindruck es wäre Wasser. Inmitten dieses unwirklichen Platzes verzeichnen sich konturlose Andeutungen eines Bettes, in welchem ein Mädchen angsterfüllt liegt, zusammengekauert unter einer rettenden Bettdecke, beinahe über den gesamten Kopf gezogen. Silbern dringen ein paar Lichtstrahlen durch den Dunst der Verdrängung und hüllen das Kommende in ein natürliches Spotlight, unmöglich das nun Gesehene zu verleugnen, es findet statt und sie ist verdammt dazu, es mitanzusehen.

Dumpf und gewaltig schallt die Pendeluhr in die Nacht hinein und markiert die dritte gekommene Stunde des Mondes. Und währenddessen sich die Schallwellen durch die Dunkelheit wühlen, öffnet sich die Kinderzimmertür und gewährt Einblick in die eintretende Person. Und sie, das Mädchen, welches vorgibt zu schlafen, weiß, was jetzt folgt. Jeder auf sie zukommende Schritt donnert lautstark in ihr Bewusstsein und zeichnet in ihrer Fantasie die genaue Position des Mannes wieder, bis er unmittelbar neben ihr steht und sein Atmen die Glockenschläge ablöst. Sie kann es nicht sehen, doch sie weiß es, sie spürt es ganz genau – ein Lächeln liegt auf seinen Lippen.

„Vater…"

„Es gibt keinen Vater.", stöhnt die Frau wütend in ihren Schmerz hinein, beginnend die Szene um sie herum, wie auch das Vergangene nach und nach zu diffundieren, um sich auf das Gebären zu konzentrieren, dem in die Welt Tragen von neuem Leben.

„Wie kann es keinen Vater geben?", schimpft der alte Mann verwundert, beinahe sogar schockiert zur Frau, annehmend, dass die Gebärende mit so vielen Männern geschlafen haben muss und deshalb nicht wisse, wer der eigentliche Vater sei. „Was spielt das denn überhaupt für eine Rolle?", schreitet die warme Stimme schützend in seine Gedanken ein, „Wichtig ist, dass wir uns jetzt auf das Wesentliche besinnen." Er deutet auf die schwitzende Frau hin, welche versucht, die Frucht einer verbotenen Liebe auszustoßen.

„Sie können jetzt mit jeder Wehe kräftig pressen.", leitet der Ältere sie an, etwas Abstand einnehmend, um dem vermutlich eintreffenden Unheil entfliehen zu können. „Du schaffst das, hörst Du?", spricht der Junge motivierend, sich hinauf zum Himmel denkend, in welchem zwischen den vorbeiziehenden Wolken ein heller Stern die Dunkelheit in ein silbernes Blau hüllt und so die kalte Winterlandschaft in etwas Magisches und Märchenhaftes verwandelt. Fallende Eiskristalle funkeln im durchbrechenden Sternenlicht und erzeugen die Illusion, dass es an diesem besonderen Abend Licht vom Himmel regnet.

Und so begibt es sich, dass unter den Schreien und Schmerzen einer jungen Frau, begleitet von den Worten zweier Männer, ein Kind geboren wird, ohne, dass es jemals einen Vater gegeben hat.

Erleichtert über diese frohe Kunde flüstert der Wind in die eisige Kälte und verlangt nach Lobpreisung.

Unhörbar für den nur sehenden Verstand, für denjenigen, der durch das Banale und Triviale vollends abgelenkt ist, trägt sich die Botschaft über die unmögliche Begebenheit in den Verstand einer hörenden Seele. Still auf dem Dach eines Hauses stehend, gebrochen an der Spezies, zu die er gehört, in Beisein einer Katze, erreichen ihn die Rufe und entfalten sich in sein Bewusstsein, um seine Entscheidung zu beeinflussen und ein Semikolon zu setzen. „Noch ist es nicht so weit.", spricht er zu seinem schwarzen Gefährten, motiviert, diesen einen rufenden Menschen aufzusuchen. Sein tierischer Begleiter blickt in den aufklarenden Himmel, der sich scharf in seinen Augen spiegelt und erkennt den stellaren Wegweiser, welchen er folgen wird, denn es naht ein Unheil.

„Sie hat es vollbracht.", bemerkt der Alte etwas erleichtert, das neugeborene Geschöpf akribisch inspizierend. Die Atmung, gleichmäßig und ruhig ohne Anzeichen von Wasser in der Lunge, der Puls sich beruhigend, die Bewegungen regelrecht, die Hautfarbe rosig und ausreichend durchblutet, das Kind reagierend auf die Anwesenheit der Mutter.

„Ich wusste, dass Du es schaffst.", kniet der Junge neben der erschöpften Frau, welche innerlich zwiegespalten nicht entscheiden kann, ob es Liebe ist, oder Verachtung, welche sie gegenüber ihrem Kind spürt. Zu viele negative Erinnerungen liegen in der Ähnlichkeit, zu viele fest verschlossene Gefühle, die sich losreißen möchten. Sie möchte sich abwenden, die Erinnerungen verbannen, fortlaufen von der Wahrheit, doch sie liegt erschöpft an diesem Ort und sie erkennt, dass jenes Gesicht der Schlüssel ist, all die alten Wunden aufzureißen und egal wie sehr sie sich auch bemüht, es wird der Hass sein, welcher sie an ihren Sohn bindet.

„Schafft es fort.", schreit sie affektiv instabil in die kurzzeitig geborgene Atmosphäre, das Baby von sich fernhaltend.

„Lauf schneller.", mauzt der dunkle Begleiter, eilig durch den Schnee pirschend, ohne auch nur eine Spur zu hinterlassen. „Ich habe nur zwei Beine!", argumentiert der Suizidale, die scharfe Kälte tief in seinen Lungen spürend. „Und noch genug Atem, um mir zu widersprechen.", fügt der Vierbeiner hinzu, dem grellen Funkeln zwischen den Wolken folgend.

„Mariko.", flüstert der Junge gebrochen, „Es ist Dein Sohn." Schmerzerfüllt fasst er sich an die Brust, währenddessen die winterliche Kälte beginnt Einzug zu finden und die Atmosphäre in ein eisiges Schauspiel zu transformieren.

„Du musst Dein Kind schützen.", setzt der Alte nach, die niedrigen Temperaturen bis ins Mark hinaufkriechen spürend. „Nein, es ist seines!", schreit sie verzweifelt, mit den aufkommenden Tränen kämpfend, „Es war nie meines."

Erschöpft erhebt sie sich aus der Horizontalen, das schreiende Baby auf die erkaltete Couch legend. Ohne Kleidung und Decke versucht es, mit seinen verzweifelten Rufen die Gnade ihres Herzens zu erreichen. Doch sie hat sich bereits abgewendet und schleppt sich weinend aus der dunklen Hütte, um den Pfad des Vergessens zu beschreiten. Entgegen dem Wind und den lautstarken Rufen ihres Neugeborenen setzt sie einen Schritt nach dem anderen, ohne Kraft und Mut, sich umzudrehen, um Absolution zu erteilen.

„Vater…", klingen ihre Tränen kristallisiert zu Boden, begleitet von den Reflexionen der Vergangenheit.

„Ich muss Dich verlassen."

„Tue es nicht.", steht der Suizidale schwer atmend vor der Gebrochenen, neben sich der flauschige Freund. „Tue es nicht.", wiederholt er etwas ruhiger, „Zerstöre nicht ein Leben, um Deines zu retten." „Du weißt nicht, wie sich das anfühlt.", schluchzt sie in die Winternacht hinein. Schwach sind die Knie, zu gewaltig die Last dieses internalen Konfliktes.

„Du bist nicht alleine.", geht er auf sie zu, währenddessen die Katze in die dunkle Hütte eilt. „Habe ich es geschafft?", fragt sie die zwei anwesenden Männer, währenddessen ihre Nase die kalte Stirn des Neugeborenen berührt.

„Er lebt.", lächelt der Junge warm, zu dem eintretenden Mann blickend. Behutsam nimmt er das zitternde und schreiende Kind, um es unter seiner Jacke tief an seine Brust zu drücken.

„Danke ihr Könige.", flüstert er den Anwesenden zu, währenddessen er diese heilige Stätte verlässt, in welcher sich die drei Gestalten mit dem kalten Wind auflösen.

„Mögest Du mir der Bindestrich zum Leben sein."

 Rose

Kindheit

„Sieh sie Dir an.", strahlt die frisch gebackene Mutter stolz zu ihrem Nachwuchs, welcher mit seinen tief blauen Augen versucht den Ursprung der warmen Worte zu lokalisieren. „Sie ist wunderschön.", kommt der Vater jener weichen Aufforderung nach, die Ästhetik dieses Kindes anzuerkennen, als wäre dies das Resultat einer schweren, kaum bewältigbaren Arbeit im Kontext eines unabdingbaren Zutuns der Eltern.

„Das haben wir gut gemacht.", fügt die Frau in einer Art hormoneller Trance hinzu, unfähig, ihren Blick vom Antlitz ihres Kindes zu nehmen, ihrem genetischen Erben. Jetzt, nachdem sie es geschafft hat, verändert sich der Lebensschwerpunkt, jene bisherigen primär egoistischen Handlungen versiegen im Versuch, dem Erben alles Notwendige zukommen zu lassen, damit jener an ihrer Stelle überleben kann, denn dies ist das Leben.

„So schön wie eine Rose.", flüstert sie geschafft, entschlossen, ihre persönliche Assoziation durch den zukünftigen Namen des Kindes in die Welt zu projizieren. „Rose also…", stimmt der Kindesvater nickend zu, auch wenn er mit dem, durch den engen Geburtskanal der Frau leicht langgezogenen Schädel des Babys momentan wenig anfangen kann. Er weiß, währenddessen die Mutter durch ihre Hormone zur Liebe gezwungen wird, ist es beim Mann ein langwieriger Prozess des Kennenlernens, ein kritischerer Blick, den seine Frau dann teilen wird, wenn die Tochter im Zuge ihrer Pubertät zu einer ernsthaften Konkurrenz wird.

„Scheiße.", weigert sich die Mutter ihr müdes, erodiertes Spiegelbild zu akzeptieren, als Folge der intensiven Fürsorge ihrer Tochter gegenüber. Aus der einstigen perfekten Haut ist ein faltiges und fahles Gebilde geworden, welches kaum mehr an ihre einstige Schönheit erinnert und eine innere Abscheu gegenüber sich selbst erzeugt.

Aus einer begehrenswerten Frau ist eine Mutter geworden.

Diese vernichtende Wahrheit kommt immer deutlicher ans Tageslicht, wenn Freunde und Familie nicht nach dem Befinden und dem Leben der Mutter fragen, sondern sich jene Aufmerksamkeit lediglich ihrer Tochter widmet.

„Wie geht es Rose? Schläft sie gut? Isst sie ausreichend?" Sie ist es leid, immer wieder die gleichen Fragen zu beantworten, als existierte sie nur noch als Vermittlerin zwischen der sozialen Umgebung und dem Kind, selbst vollkommen austauschbar, beinahe nicht existent. Doch in ihrer Liebe verwehrt sie sich jedem aufkeimenden negativen Gedanken ihrer Tochter gegenüber, als wäre es ein Verbrechen an der Menschlichkeit, nicht nur Liebe zu empfinden.

„Sei dankbar.", flüstert sie erschöpft zu sich selbst, „Dankbar für ihre Existenz, für ihr Lächeln, für die intimen Augenblicke, in welchem das Baby durch die Mutterbrust jede Energie heraussaugt, als wäre es ein Vampir mit unstillbarem Durst."

Für ein Neugeborenes existiert kein Altruismus, sondern rein die Befriedigung der eigenen Bedürfnisse, sei es in Form von satt und sauber, oder darüber hinaus in Form uneingeschränkter Zuwendung, d.h. für das sich entwickelnde Wesen existiert die Mutter lediglich als Instrument, die physikalischen Gesetzmäßigkeiten der Umwelt kennenzulernen und sie zu manipulieren. Und in ihrer uneingeschränkten Liebe lässt sich die Frau instrumentalisieren, die innere kognitive Dissonanz zwischen dem Wissen der Notwendigkeit jener Transformation und dem Wunsch eigener Entwicklung und Wertigkeit aushaltend, denn so hat es die Natur, die Evolution und die Gesellschaft hervorgebracht.

„Sie soll es einmal besser haben als ich.", legitimiert sie das egozentrische Verhalten des heranwachsenden Kindes, denn sie weiß, ohne dieses genetische Vermächtnis und der Stärkung jenes durch Bildung, finanziellen Rückhalt und sozialer Stellung, wird ihre eigene Existenz ad absurdum geführt, dann, wenn sie im Kreislauf des Lebens dahinschwindet und es keinen Nachfahren gibt, der durch sein Leben beweist, dass sie selbst einmal existierte.

Unsterblich durch genetische Weitergabe.

Fünfzig Prozent sind in ihrer Tochter verankert, fünfundzwanzig Prozent in einem Enkel, zwölf Komma fünf Prozent in einem Urenkel. Teil einer genetischen Suppe. Wie raffiniert doch die Natur ist, all jene rationalen Gedanken ins Unbewusste zu verdrängen, nur damit jede konkurrierende Gefahr aus dem Weg geschafft, sich in bedingungslose Liebe wandelt, auch wenn das eigene Leben ab der Geburt ein undankbares ist.

„Sie wird von Tag zu Tag schöner.", schwärmt der Vater von seiner Tochter, welche durch die Liebe ihrer Eltern, vor allem ihres Vaters erkannt hat, dass Schönheit die Wertigkeit des Weiblichen ist und eine Frau dann von sozialer Wichtigkeit ist, wenn ihr Antlitz die Lust- und Belohnungszentren der Ansehenden triggert. Eine schwere Aufgabe, sofern es die genetische Vielfalt nicht gut mit ihr meinte und ihr Aussehen jenseits sozialer Vorstellungen als „normal" klassifiziert wird. Umso leichter, wenn sie bereits von Natur aus symmetrisch und proportional perfekt, den Gedanken aufkommen lässt, sich genetisch mit ihr zu vermischen, denn Schönheit ist nicht nur ein Ausdruck sozialer Werte, sondern von scheinbarer Gesundheit.

„Kann ich bitte Rose sprechen?", steht ein schüchterner Junge vor der Wohnungstür, ängstlich zur gealterten Mutter blickend, doch es ist nicht die Angst vor der Mutter, die nicht mehr ist, als ein ärgerliches Hindernis, sondern die Furcht vor der Entscheidung der Tochter, denn mit ihrem Urteil bildet sie das Fundament für die soziale Wertigkeit des Jungen, d.h. wenn sie seine Liebe annimmt, so kann er in der Illusion baden, dass solch eine Schönheit ihn als zumindest gleichwertig anerkennt, doch wenn sie ihn abstößt, ist offensichtlich, dass seine Beschaffenheit nicht den Interessen und Wünschen der Richterin genügt und er muss sich in ästhetisch weniger perfekten Gefilden umsehen.

„Rose, hier ist ein Junge für Dich.", ruft die verblasste Mutter in die Wohnung hinein, sich daran erinnernd, dass sie selbst einmal begehrt wurde und sich die Männer nach ihr umsahen. Nun gelten die Blicke ihrer Tochter. „Und dies ist der Dank für meine Aufopferung.", blitzt es durch ihr Bewusstsein, bevor sie jene düstere Erkenntnis verdrängt und sie beginnt, sich für ihre Tochter zu freuen, denn wenn sie in der Lage ist, das Männliche anzuziehen, wie Licht Insekten, so ist das genetische Erbe jenseits der Tochter abgesichert und die eigene Unsterblichkeit garantiert.

In eben jener Intention transformiert sich die frühere Aufgabe des satten, sauberen und geliebten Kindes in den Willen, die Schönheit der Tochter stellvertretend für die einstige eigene Schönheit durch sozial akzeptierte Modulation dermaßen zur Geltung zu bringen, dass alleine ein Blick ausreicht, sich unsterblich in sie zu verlieben, nur um an dieser Liebe zu zerbrechen, im Wissen, dass so etwas Schönes nicht besessen werden kann.

„Investiere in die einzige Währung des Weiblichen.", wird fortan unterschwellig jede soziale Interaktion begleiten und die Gesellschaft, sie verlangt es. Eine Frau sticht nicht durch Charakter, Intelligenz oder Fähigkeiten hervor, sondern primär durch ihre Ästhetik. Sich diesen ungeschriebenen Gesetzen beugend, versklavt sich das Weibliche selbst und investiert in eine Aktie, die dazu verdammt ist, kontinuierlich progredient an Wert zu verlieren, denn Schönheit lässt sich wie eine Schnittblume nicht erhalten, der körperliche Verfall als Resultat des Alterns ist schonungslos und unvermeidlich. Und deshalb muss all das jugendliche Potenzial ausgereizt werden, ein kompatibler Partner gefunden werden, bevor der Verfall offensichtliche Spuren hinterlässt und die Episode des Verblühens einschreitet.

„Es tut mir leid, Hortulan. Ich kann Dich nicht lieben.", hört die Mutter das Herz des Jungen brechen. Lächelnd nimmt sie die Entscheidung ihrer Tochter zur Kenntnis, wissend, dass sie damit ihren sozialen Marktwert erheblich gesteigert hat, denn es sind die Frauen, die keinen Partner brauchen, welche bevorzugt werden, die Frauen, welche in der Lage sind, sich selbst ausreichend Liebe zu schenken und ihren Selbstwert aus den unzähligen männlichen Anfragen aufzubauen.

Schöne Frauen, die wissen, dass sie schön sind, sind problematisch für das männliche Geschlecht, welches durch diese Erkenntnis des Weiblichen, schwindend geringe Aussicht auf Erfolg hat, jenes temporär perfekte Wesen für sich zu gewinnen.

Wie tragisch, dass die männliche Psyche den Mann dazu verdammt, allem ästhetisch Reizvollen hinterher zu schmachten, nur um zu begreifen, dass mehr als Ansehen nicht drin ist. Wie viele Männer zerbrechen an dieser Wahrheit, solch einen perfekten Genpool niemals nutzen zu können? Ein ausgeklügeltes Reproduktionssystem, welches nur die Stärksten überleben lässt, egal was der Humanismus zu vermitteln versucht.

Er ist eine Illusion des scheinbar intelligenten Menschen.

Erwachsen

Tränenüberströmt steht die Tochter vor ihren Eltern, ein Lächeln liegt auf ihren Lippen, denn sie hat die Entscheidung getroffen, sich zu binden, zumindest so lange, wie sie von dieser Verbindung profitiert, doch das weiß sie in diesem Augenblick noch nicht.

„Ich freue mich so sehr für Dich.", umarmt sie ihre alte Mutter, nun wissend, dass der Höhepunkt der Wertigkeit ihrer Tochter erreicht ist und im Zuge des neuen Lebensabschnittes nur noch ein Prozess eintreten wird: der des Zerfalls.

Eben dieser degenerative Prozess schafft eine Verbindung zwischen diesen beiden Frauen, welche sich ab diesem Zeitpunkt besser verstehen werden, als sie es jemals getan haben. Diese Hochzeit ist der Lohn für die unzähligen Investitionen in den Nachkömmling.

„Rose, bist Du Dir wirklich sicher?", entgegnet der Vater skeptisch, die Schönheit seiner geliebten Tochter fortgerissen befürchtet. Bis zu diesem Tag war sie sein und er ihr emotionaler Anker, der Fels in der Brandung, belohnt mittels ihrer gegenseitigen Nähe, die progredient distanzierter, das Küken aus dem Nest zerrt.

Für die Mutter stellt sich jetzt ein neuer Lebensabschnitt ein, der jenseits des Großziehens. So viele Jahre hat sie all ihre Kraft in dieses Menschenkind investiert und sich selbst aufgegeben, um nun als beinahe leere Hülle eine neue Sinnessuche vollziehen zu müssen, denn mit der freigewordenen Zeit und den vorhandenen Energiereserven muss sinnvoll umgegangen werden, um nicht an der nun eintretenden Sinnlosigkeit eigener Existenz zu zerbrechen, denn wenn eine Frau bisher all ihre Energie in ihre Schönheit und anschließend in die der Tochter investierte, fehlt ein solides Fundament für die Zeit danach und die Frau verkümmert zu einem blassen Schatten einstiger Lebensvorstellungen.

„Ja, ich möchte.", spricht überzeugt die junge Frau vor den unzähligen versammelten Zeugen zu dem Mann, welcher ihrer Meinung nach eine Bereicherung für sie ist. Weinend steht ihre Mutter unter den unzähligen Gerührten, eine aufkommende Sehnsucht in sich spürend, die Sehnsucht noch ein einziges Mal, die Magie des Begehrens und der Liebe zu fühlen, die seit der Geburt ihrer Tochter zwischen ihr und ihrem Mann abgeflaut ist. Zum Wohle ihres Kindes und dessen Entwicklung nahm sie jenen Prozess in Kauf und tröstete sich mit der Gewissheit, dass all ihre Wünsche und Ziele stellvertretend durch das Kind ausgelebt werden können, doch nun ist der Zeitpunkt gekommen, an welchem sich der eigene Egoismus empor kämpft und die verloren gegangene Wertigkeit der Mutter zurückgewinnen möchte.

Sie blickt zu ihrem Mann und erinnert sich an all die intensiven Gefühle und Momente, die damalige Gewissheit begehrt zu werden und wichtig zu sein. Von all diesen Gewissheiten ist nichts mehr übriggeblieben, zwei Menschen, die sich separat voneinander entwickelt, mit der Zeit voneinander fortgelebt haben.

Aus einem „Ich liebe Dich so sehr." wurde ein „Bis heute Abend.", aus einem „Ich will Dich sofort." ein „Ich muss noch was für die Arbeit erledigen.". - So ist der Kreislauf der Dinge in einer Welt, in welcher die Institution der Ehe mehr Zeit beansprucht, als der Mensch zur Etablierung dieser Beziehungsform gelebt hat.

Und sie wünscht sich, dass ihre Tochter nicht dieser emotionalen Erosion erliegen wird und die Liebe zwischen ihr und dem auserwählten Mann ewig währt. Doch als wenige Monate später das zarte Pflänzchen von der Schwangerschaft berichtet, weiß ihre Mutter, dass Rose, wie sie auch, den gleichen schicksalshaften Pfad betreten hat.

„Es wird ein Junge.", platzt die Tochter überglücklich heraus, sich mit ihrer zukünftigen Aufgabe vertraut machend, den Sohn so weit zu bestärken, dass er die tadellose

Schönheit einer auserwählten Frau brechen kann, indem er sie in die Ketten der Liebe zwängt, ein unsichtbares Gefängnis, welches unvermeidlich mit der Zeit all die Energie und das Leben aus dem Leibe saugt.

Und wenn sich später Mutter und Tochter, welche selbst Mutter geworden ist, gegenüberstehen, blicken sie auf den Enkel, trotz aller Liebe einen Hauch von Hass in sich fühlend, dass es das gegenseitige Geschlecht vollbracht hat, die Wertvorstellung und die Ziele der Frau maßgeblich zu prägen, um sie nach Gebrauch fortzuwerfen, wie verwelkte Schnittblumen.

Selbst eine solch zierliche Pflanze, wie eine Rose kann nicht ewig in Blüte stehen, auch sie unterliegt den allumfassenden Klauen der Zeit und der sozialen Normen.

„Ich liebe Dich, Rose.“

  33:3

Bildschirme

Ein schwarzer Dunst huscht, gleich konzentrierten Zigarettenqualms, durch die Gedanken zerbrochener Menschen, welche ihre Not und ihre Verzweiflung in ihre Tränen konzentrieren, um das ohrenbetäubende Schreien still zum Grund fallen zu lassen, denn es fehlt die Wichtigkeit, die eigenen Gefühle soweit ernst zu nehmen, um sie sichtbar nach außen zu transferieren, oder aber, die konditionierte Angst davor, bei Verbalisierung des Eigenen Sanktionen zu erleiden, einhergehend mit der Gewissheit, dass alles an einem selbst, die Emotionen, Wünsche und Träume, nichts Weiteres sind, als störende Faktoren im Leben anderer Menschen. Wie dem auch sei, in dieser stummen Welt der Klagerufe existiert dieser unscheinbare Geist, welcher von Schicksal zu Schicksal, durch die Zeit und durch den Raum reist, um das vergessen Geglaubte, gleich Waldbeeren, vorsichtig einzusammeln und zu seinem Herrn zu bringen.

„Bist Du wieder heimgekehrt?", fragt eine alte Stimme den sich materialisierenden Dunst, ohne den Blick von den unzähligen Bildschirmen zu nehmen, welche die diversen zerbrochenen Leben der Menschen aufzeigen, als wäre er dicht bei ihnen. „

Ja, Herr, das bin ich.", spricht schwach und müde der Gefährte, sich neben dem Thron des Meisters hinsetzend, animalisch seine Pfoten leckend, in der Hoffnung, dass dieses Ritual die eindringende Melancholie aufhält.

„Dreiunddreißig Seelen.", kommentiert der Mann die aufgezeigten Szenen, beginnend bei einer einsamen Therapeutin, welche im Wein den Trost gefunden hat, welcher ihr im Alltäglichen fehlt, über eine spanische Tänzerin, die am Fokus auf ihre Schwester leidet, bis hin zu einer Mutter, welche am Erwachsenwerden ihrer Tochter scheitert.

„Jede dieser Geschichten steht für sich alleine und dennoch gehören sie alle zusammen.", fügt die alte Stimme hinzu, dem Geist die notwendige Zeit gebend, sich von den Strapazen der Reise zu erholen.

„Doch sie wissen es nicht.", seufzt die schwarze Kreatur, „Sie alle halten sich für einsam und isoliert." Mit der nassen Pfote wischt sich der Schatten über das Gesicht, die Andeutung einer Träne aufnehmend.

„Mir scheint, als mache Dich dies betroffen, mein Freund.", kommentiert die Stimme, ohne zur Seite blicken zu müssen, „Ein Symptom Deines Alters?" Um ehrlich zu sein, der Dunst wusste es nicht.

Etliche Jahrtausende wandelte er unter den Menschen und hielt deren Schicksale fest, unberührt und unparteiisch, als wäre er selbst lediglich eine Fotokamera, ohne eigenen Willen, doch mit der Zeit und vor allem bei diesen dreiunddreißig Seelen, war es ihm unmöglich, eine objektive Distanz zu halten. Er war ihnen zu nah gekommen, hatte mit ihnen interagiert, bei ihnen gewohnt, von ihrem Essen genommen und nun schien es so, als wäre er selbst zum Menschen geworden, fehlbar, monoperspektiv, kurzsichtig und vielleicht sogar egoistisch.

„Fühlst Du denn gar nichts, Herr?", weicht er der ursprünglichen Frage aus und zeigt in seinem Verhalten befremdliche, internale Gedanken, welche seit seiner Existenz jetzt erstmalig aufkommend, den stillen Gefährten in ein emotionales Chaos stürzen. Ein Wirrwarr aus untrennbar verknäuelten roten Fäden, die ihm umziehen, als wären sie seine Haut, die Grenze und simultan die Verbindung zwischen dem Einen und allem Anderen.

„Seit dem Erblühen ersten Lebens sitze ich hier schon und betrachte das Tag- und Nachtwerk meiner Kinder.", beginnt die alte Stimme zu veranschaulichen, mental weniger das vor ihm Geschehene erblickend, sondern das Innere, „Doch es steht mir nicht zu, ihre Entwicklung zu bewerten, denn es ist das Resultat ihrer Entscheidung. Wer wäre ich, wenn ich sie verurteilte und versuchte, ihre Fehler zu korrigieren?"

„Aber sie leiden!", entgegnet fassungslos der schwarze Dunst, auf die klagenden Rufe und Tränen der Menschen auf den Bildschirmen hindeutend, „Und Du tust rein gar nichts, außer Dich an ihren Qualen zu erfreuen. Weshalb sonst solltest Du Dir unentwegt ihre Leben ansehen?"

Ein Moment der bedrohlichen Stille folgt dem verbalen Auswurf und erzeugt eine Spannung, welche so dicht ist, dass die Luft beginnt zu knistern.

Erheben

Am Anfang des menschlichen Lebens zierte die hiesige Landschaft eine üppige Vielfalt an Pflanzen und Tieren, welche sich gemäß ihrer genetischen Bestimmung an die Umweltbedingungen adaptierten und gediehen. Das Leben ward durch die Nährstoffe des Bodens gegeben und konzentriert in den geborenen Lebensformen, welche während ihrer begrenzten Existenz jenes Geschenk dankbar annahmen, um es zum Lebensende wieder ihrer Mutter zurückzugeben. Ein harmonischer Kreislauf der Dinge und Gaya sah, dass es gut war.

Sie, die Königin des Lebens, verharrte schlafend und träumte vom Dasein ihrer Kinder, ihrer Sprösslinge, ihrer Setzlinge und ihrer Nachkommen. Und das Land gedieh. Ein jeder wusste der Gabe seiner Mutter und ehrte sie, so war es viele Millionen Jahre.

Als der erste Mensch dieses Land berührte, sah er mit Dankbarkeit zu den Pflanzen und Tieren, denn er wusste, dass ihm das Leben geschenkt wurde. Auf allen Vieren durchstreifte er die Natur, er trank, wenn er durstig war und aß, wenn er Hunger bekam. Und er ehrte das Leben der Tiere, welche für seine Existenz vergehen mussten und sprach zu seiner Mutter:

„Ehrfürchtig nehme ich diese Gabe an mich, um zu gedeihen." Und Gaya sah, dass es gut war. Und so vergingen die Sommer und Winter, ein Wandel der Landschaft ging in den Nächsten über und der Mensch begriff, dass auch er eines Tages vergehen sollte, wie die Pflanzen, welche im Herbst ihre Kinder dem Wind mitreichten, wissend, dass ihr Vergehen das Erblühen Anderer ermöglichte.

Traurig blickte der Mensch zum Sternenzelt und gedachte jenem Vergangenem, doch mit dem Erblicken des reinen Lichtes, welches Milliarden an Jahren unsterblich durch die endlosen Weiten der Dunkelheit streifte, um schließlich die Augen des Beobachters zu erreichen, entstand eine unstillbare Sehnsucht und ein tiefer Schmerz metastasierte im atmenden Brustkorb.

„Erhebe Dich.", wuchs dieser zunächst klitzekleine Gedanke im Menschen heran, um mit der Zeit zu einer unausweichlichen Passion heranzuwachsen. Und eines Tages dann griff dieses Individuum nach den Sternen und erhob sich in den Stand, um es dem Licht gleichzutun und die Unsterblichkeit anzustreben.

Und fortan blickte der Stehende von weit oben auf Gayas Geschenk herab, welches seiner Meinung nach unfair, die Zeit der Existenz unnötig limitierte. Im Versuch jene Grenze zu sprengen, begann der Mensch die Nährstoffe und das Leben durch effizienten Ackerbau mittels Monokulturen und durch das ausufernde Töten anderen Lebens aus seiner Mutter zu saugen. Und sie erkannte, dass es schlecht war.

Immer kraftloser durch diese brachiale Absorption, fehlte ihr die Energie, ihr Geschenk weiterhin ihren Kindern, den Pflanzen und Tieren, zu überreichen und die Natur, sie begann zu verblassen.

„Vorenthalte mir nicht mein Recht auf Leben.", sprach der Stehende und Wissende, seine Mutter verfluchend, ein neues Gefühl in sich spürend: Hass.

Und jene Emotion entfachte einen Feuersturm, welcher alles um sich herum verbrannte. Schmerzerfüllt bebte die Erde und der Mensch, welcher gelernt hatte auf nur zwei Beinen zu gehen, kämpfte und hielt sich mittels seiner zwei starken Hände fest, gewillt, seine Mutter zu zähmen und seinen Wünschen zu unterjochen.

„Kämpfe nur, denn wenn Du besiegt bist, so erhalte ich Dein Leben.", fluchte er wahnsinnig in das Tosen des sich aufbrechenden Bodens.

Von Schmerz und Enttäuschung erfüllt, gab es für Gaya nur eine Möglichkeit, der Gier des Menschen Einhalt zu bieten. Und nach Millionen von Jahren erhob sie sich aus ihrem langen Schlaf und entwurzelte ihre Beine, um all das Land, all die Pflanzen und Tiere zu retten, indem sie sich opfern würde.

Steine und Geäst fielen von ihrem Rücken, Bäume zerbrachen und kippten auf den bebenden Grund, Tiere schrien auf, doch der Mensch, er ritt auf diesem gigantischen Koloss, erkennend, dass die Erde nichts anderes war, als der Panzer einer göttlichen und uralten Schildkröte.

Und nun, als jene Magie und jener Zauber des Unwissens verflogen war, und er die Kreatur erblickte, glaubte er sich in seiner Erkenntnis bestärkt, seine Mutter töten zu können. Und seine Hände schufen Werkzeuge und aus Werkzeugen wurden Waffen.

„Ich möchte, dass Du zu den Bildschirmen siehst.",
sprach die alte Stimme, versuchend eine emotionale Ruhe zu
halten, um das aufbrechende Feuer des Gefährten, welches
ihm aus seiner eigenen Vergangenheit so vertraut war, zu
verhindern, damit jener schwarze Dunst nicht das gleiche
Schicksal erleiden würde, wie er selbst. „Ich kann verstehen,
dass Du aufgebracht bist und Du hast allen Grund dafür, doch
ich bitte Dich, blicke zu diesen Geschichten." Und der
schwarze Nebel lenkte seine Augen zu den dreiunddreißig
Schicksalen und beobachtete sie, um zu erkennen, dass zwei
Bildschirme einmal den alten Mann aufzeigten und einmal ihn
selbst.

„Was hast Du vor, Mutter!", schrie kämpferisch der
Mensch, sich an einem der restlichen Baumstämme festhaltend, bereit, diese Kreatur mittels seines gesamten Zornes
niederzustrecken. Fest umschlossen seine Finger das kalte
Metall einer Lanze, welche in den Sonnenstrahlen majestätisch aufblitzte, darauf wartend, ihrer Existenz gerecht zu
werden.

„Verzeih mir, Kind.", schniefte und schnaufte der Koloss, sich langsam, jedoch beständig einem Loch nähernd,
welches die ganze Welt verschlingen konnte. Schwarz und
unendlich tief wartete es auf alles Lebendige und witterte die
näherkommende Beute, seine schwarzen Schattententakeln
auf das Ziel schnellen lassend.

„Weshalb?", flüsterte das schwarze Wesen, seine
vergangenen Abenteuer immer und immer wieder ablaufen
sehend. Von der einstigen Spannung in der Luft war kaum
mehr etwas spürbar, stattdessen breitete sich eine alles er-
fassende Unsicherheit aus, gefolgt von einer längst vergessenen Erkenntnis, die sich aus den Tiefen des Verdrängten
empor zerrte.

„Wir beide, Du und Ich, sind hier, um Buße zu tun." Mit
gesenktem Blick und der Andeutung eines Zitterns in der

Stimme, erinnerte sich der alte Mann an das, was ihn vor Millionen an Jahren hierherbrachte.

„Auch Du wirst dabei sterben.“, schrie der Mensch auf dem Rücken seiner Mutter und rammte die Lanze in deren Rücken, um den bevorstehenden Suizid durch das Verschlingen in dem gewaltigen schwarzen Loch zu verhindern.

Mit dem tödlichen Stoß breitete sich eine unvorstellbare Eruption wellenartig durch den Körper des Kolosses aus, welcher zunächst große Fragmente loslöste, welche zu unzähligen Partikeln zerborsten, eins mit dem stürmischen Wind wurden, bis die Mutter aller Dinge vollkommen aufgelöst, nicht mehr, als durch die Luft fliegende Asche war. Doch ihre Energie, jenes Element, nachdem der Mann gestrebt hatte, war bereits Teil des tief schwarzen Vakuums geworden, welches sich daran nährte, als wäre sie Muttermilch.

„Du hast sie mir gestohlen!“

„Wir Beide haben an diesem Tag den friedvollen Einklang zwischen dem Leben und seiner Mutter aufgebrochen, um etwas Neues zu schaffen – eine Existenz jenseits dieses goldenen Gleichgewichtes.“, fällt eine Tränenschnuppe zum Grund dieses Raumes, aufgesogen durch das betagte Holz. „Und seitdem wachen wir über jene Hölle, die wir in unserem Egoismus tief aus unserer Seele hervorgezerrt haben.“

Stumm, überwältigt von den einschießenden Bildern der Vergangenheit, blickt der Gefährte affektstarr auf sein eigenes unendliches Leben, ein ewig wiederkehrender Kreislauf, an der Trauer, Verzweiflung und Leere seiner Kinder zu zerbrechen.

„Dies ist die Strafe unserer Mutter.“, flüstert der Dunst in die sorgenvolle Stille, den Mann und seine Bildschirme verlassend, um als unscheinbarer Geist die Menschen zu begleiten, ohne etwas daran ändern zu können.

„Miau…", schnurrt es in der Dunkelheit, in welcher zwei eindringlich blaue Augen nach der nächsten gebrochenen Seele suchen.

„Was haben wir nur getan?", schluchzt der alte Mann in seinem ledernen Sessel, hinauf zur grell leuchtenden Decke blickend, welche ihm den Zugang zum ersehnten Sternenhimmel verwehrt.

Wenige Meter neben seinem Refugium, sich in alle räumlichen Dimensionen ausbreitend, schreit eine alte Frau, sich wahnsinnig ihren Kopf haltend und wieder etwas weiter liegt kataton ein Kind auf dem kalten Holz, teilnahmslos auf seine dreiunddreißig Bildschirme starrend.

Raum neben Raum, Schicksal neben Schicksal in einer Welt, die grenzenlos all diejenigen verdammt, die Verbrechen an ihrer Mutter begingen,

bis in alle Ewigkeit, wachend

über ihre dreiunddreißig Kinder.

 Epilog

Vielleicht sitzt Du nun ernüchtert vor diesem Buch und fragst Dich, ob es das Geld wert war. Dreiunddreißig Geschichten lang begleiteten Dich meine Worte und stellvertretend durch die Protagonisten und Antagonisten meine Gedanken, meine Gefühle und Ansichten, welche Du je nachdem annehmen oder ablehnen wirst.

Die Frage, die sich mir stellt ist, werde ich für das, was ich glaube verurteilt, zusammen mit anderen Individuen, welche eine kritische Meinung äußerten, diskreditiert? Ich möchte ehrlich sein, ich schreibe nicht, weil ich zu viel Freizeit habe, oder eine so aufblühende Fantasie, dass sie mir aus den Ohren geschossen kommt, sondern weil ich als Teil der Menschen jenseits sozialer Interaktionen stehe und an dem, was ich sehe, zerbreche. Ich bin wie die schwarze Katze, welche als stiller Begleiter die Leidtragenden dieses dysfunktionalen Systems erkennt, mit ihnen gesprochen hat, ihr Leid, ihre Verzweiflung mitgeteilt bekam und ich mich gefragt habe: Wenn so viele Menschen auf diesem Planeten leiden, weshalb ändert sich dann nichts?

Der wahre Verbrecher dieses destruktiven sozialen Habitus ist nicht derjenige, der dieses System aktiv gestaltet, sondern derjenige, der passiv die zugefügten Wunden sieht, aber schweigt. Diese Welt ist so laut und viele kotzen ihre ungefilterten Gedanken wahllos in die digitale Welt hinein, doch diejenigen, welche einen Beitrag zur Verbesserung leisten können, schweigen oder werden ermuntert zu schweigen. Und ich möchte nicht mehr zusehen. Ich kann es nicht mehr.

Ich habe zu viel gesehen. Vielleicht ist es eine offensichtliche Form von Egoismus, dass ich glaube soweit „besser" zu sein, dass ich mir das Recht herausnehmen kann, Kritik an meiner Spezies zu üben, für die ich mich schäme. Ich mache kein Geheimnis daraus: Ich hasse den Menschen und

weil ich selbst einer bin, so hasse ich auch mich. Und ich bin
in vielen Dingen nicht viel besser, als andere, wenn ich mich
den Freuden des Kapitalismus hingebe, oder nicht aktiv die
Umweltverschmutzung und den Klimawandel bekämpfe, doch
ich möchte auf denen, für mich möglichen, Pfaden mahnen,
dass eben diese Stagnation, vielleicht sogar Freude, an der
Zerstörung der Umgebung ihren Preis hat und wir ihn alle bezahlen werden.

Unsere Kinder und deren Kinder werden über uns
richten und auch über mich. Dies ist das Schicksal, kurz vor
dem Ende, der Menschheit.

Der Autor

B9N3 ist ein deutscher Autor für Epik, Lyrik und Dramatik, welcher durch seine einprägsamen biografischen Erlebnisse und beruflichen Erfahrungen als Ergotherapeut für den Fachbereich Psychiatrie, seinen Schwerpunkt auf jene psychischen Anomalien des Individuums legt. Er schreibt seit seinem 19. Lebensjahr und verfestigte seinen Schreibstil und seine textliche Charakteristik über die Jahre hinweg.

Vormals unter dem Namen „Björn Daniel Weissberg", nahm er an diversen Literaturwettbewerben und Vorträgen teil, hielt im „Literaturhaus Berlin", dem „Club der polnischen Versager", der „Akademie der Gesundheit" und dem „Berliner Ensemble" Vorlesungen. Sein Bühnenstück „Aus Vaters Feder" wurde durch eine Laienspielgruppe realisiert und aufgeführt. Mehrmals wurde er in der Frankfurter Bibliothek Brentano mbH veröffentlicht und ging Kooperationen u.a. mit Matthias Rinne, Misha Bolourie, Tom Mikow und Christin Schwarz ein.

Er ist verheiratet, hat einen Sohn und lebt in Berlin.

Instagram

B9N3 finden Sie auch auf Instagram unter:
@bneunndrei

Kontakt

Sie können den Autor über bninenthree@gmail.com kontaktieren.

 Werke

Ossi geht ein Licht auf
Roman | Epik | Taschenbuch |

In einer Welt namens Osrae, in der sich die Bewohner durch ihr Leuchten definieren, wird eine Glühbirne hineingeboren, die kein Licht entsendet. Ossi hat seit diesem Tag mit den Vorurteilen und Ängsten der Anderen zu kämpfen, doch er ist nicht alleine. Sein bester Freund, Siemi, steht ihm mit seiner sehr verrückten Art und Weise zur Seite. Problematisch wird es, als Ossi zur Schule muss und es nun keine Möglichkeit mehr gibt ihn vor den Konsequenzen einer intoleranten Welt zu schützen. Doch sein bester Freund hat eine Idee: Leuchtkäfer und dann wären da noch die zwei merkwürdigen LED-Birnen, welche ein Geheimnis verbergen, das die gesamte Weltansicht verändern könnte.

Versiculus Abditus
Lyrikkompendium | Lyrik | Taschenbuch |

Von je her war es die Lyrik, welche als ungebrochener Zeitzeuge ein Bildnis jener Zeitepoche festhielt und für die Nachwelt visualisierte. Lyrik, als hohe Kunstform, als literarische Gattung, geprägt durch Vers und Reim, in der Moderne jedoch wesentlich freier, unstrukturierter, beinahe Abstrakt. B9N3 widmete sich fünfzehn Jahre der Lyrik, beinahe zwei Jahrzehnte, in denen er einen unverkennbaren Stil aus Neologismen und abstrakten Symbolen kreierte, sich vor allem der dunklen menschlichen Materie näherte, um in seinem Seelenschmerz den Fokus auf die Dinge zu lenken, die der Leser anderweitig übersieht. In über 100 Gedichten stellte er ein Kompendium zusammen, das einen tiefen und langanhaltenden Eindruck hinterlässt.

Trinitas
Bühnenstückkompendium | Dramatik | Taschenbuch |

Trinitas: Das sind drei Kurzdramensammlungen, drei subtile Themen, die jeweils acht Kurzdramen visualisieren. Trinitas, die Dreifaltigkeit, das ist die Serenada Schizophrana, welche die Widersprüche der Gesellschaft aufzeigt, das ist die Sinfonia Melancholica, welche die Traurigkeit, die Leere und die Sehnsucht der Menschen thematisiert und das ist die Sonata Psychica Defendera, welche in abstrakter Form die menschlichen Abwehr- und Kompensationsmechanismen behandelt. Diese Dreifaltigkeit fließt im Kurzdrama Trinitas zusammen und prägt den Verlauf dieser subtilen und emotionalen Reise zweier Menschen. Hier überzeugt der Literat B9N3 mit seinem Gespür für die Situation, die Perspektive und die Handlung. In intelligenten und teils skurrilen Dialogen wird der Leser brachial mit seiner eigenen Psyche konfrontiert. Er findet sich in den Figuren wieder, fühlt mit ihnen und leidet mit deren Schicksal. Dabei ließ sich B9N3 vom realen Leben inspirieren und nutzt vorwiegend reduzierte Kulissen, um die Dinge auf ihren Kern zu bringen. Kein Schnickschnack, keine Ablenkung, sondern eine tiefsinnige Bearbeitung des Lebens an sich.

Der kleine Oskar
Roman | Epik | Taschenbuch |

Eines Morgens wacht der kleine Oskar auf, seine Mutter ist verschwunden. Somit beginnt ein emotional tiefgreifendes Abenteuer auf der Suche nach seiner Mutter, nach Liebe, Geborgenheit und einem Platz in der Gesellschaft. Zum Glück muss der kleine Mann die Phasen der Trennung und Neuorientierung nicht alleine bewältigen. An seiner Seite, das geliebte Kuschelschaf, ein mysteriöses Mädchen, ein geheimnisvoller Mann mit Doppelzylinder und weitere Personen, die ihm auf seiner Reise der Selbstfindung begleiten. Eine

Autobiografie, die keine ist. Der Literat, B9N3, verzerrt mit eindrucksvollen Bildern die Realität so stark, dass ein adäquates Buch in visuell experimenteller Manie entstanden ist.

Vincent im Totenland
Roman | Epik | Taschenbuch |

Während eines Ausflugs geraten Vincent und seine Eltern in einen Verkehrsunfall. Als er wieder bei Bewusstsein ist, muss der kleine Junge im Matrosenanzug erkennen, dass er nicht nur gestorben ist, sondern seine Eltern sich nicht bei ihm befinden. Zusammen mit Herbert, einer gefräßigen Schnecke, macht er sich auf die Suche nach ihnen in den endlosen Weiten des Totenlands, trifft auf finstere Persönlichkeiten, wie den Mafiaboss Don Marten, welcher ihm ein Angebot macht, das er nicht ablehnen kann. Seine Eltern für das Auffinden eines kleinen blonden Mädchens…B9N3 veröffentlicht erstmals seinen ersten Roman, den er vor über zehn Jahren niederschrieb. Trotz dieser Distanz zu seiner heutigen Erfahrung, kann „Vincent im Totenland" durch skurrile Charaktere, einen situativ passenden Humor und vor allem durch eine spannende Geschichte überzeugen. Dabei orientierte sich der Literat an Tim Burtons Figuren und seiner Perspektive für die Dunkelheit.

 Disclaim

Es wird ausdrücklich darauf hingewiesen, dass alle in diesem Buch enthaltenen Bilder, Texte, Formulierungen Teil des geistigen Eigentums des Schriftstellers sind und nicht ohne schriftliche Genehmigung veröffentlicht, vervielfältigt, verändert, aufgeführt, digitalisiert, noch anderweitig publiziert werden dürfen. Verstöße gegen das hiesige Urheberrecht gehen mit empfindlichen Schadensersatzansprüchen einher und werden akribisch verfolgt.

Die Personen und die Handlung dieses Buches und der darin enthaltenen Kurzgeschichten, sind frei erfunden. Etwaige Ähnlichkeiten mit tatsächlichen Begebenheiten oder lebenden oder verstorbenen Personen sind rein zufällig.